GESTÃO SOCIAL

FERNANDO GUILHERME TENÓRIO
Organizador

GESTÃO SOCIAL

Um programa de ensino, pesquisa e extensão na FGV EBAPE

• 30 ANOS •

FGV | EBAPE EDITORA

Direitos desta edição reservados à
FGV EDITORA
Rua Jornalista Orlando Dantas, 9
22231-010 | Rio de Janeiro, RJ | Brasil
Tel.: (21) 3799-4427
editora@fgv.br | pedidoseditora@fgv.br
www.fgv.br/editora

Impresso no Brasil / *Printed in Brazil*

1ª edição: 2022

Preparação de originais: Sandra Frank
Editoração eletrônica: Abreu's System
Revisão: Adriana Alves | Fatima Caroni
Capa: Estúdio 513

Dados Internacionais de Catalogação na Publicação (CIP)
Ficha catalográfica elaborada pela Biblioteca Mario Henrique Simonsen/FGV

Gestão social : um programa de ensino, pesquisa e extensão na FGV EBAPE : 30 anos / Organizador : Fernando Guilherme Tenório. - Rio de Janeiro : FGV Editora, 2022.
284 p.

Inclui bibliografia.
ISBN: 978-65-5652-095-7

1. Administração - Estudo e ensino (Pós-graduação). 2. Escola Brasileira de Administração Pública e de Empresas. 3. Fundação Getulio Vargas - Pós-graduação. I. Tenório, Fernando Guilherme. II. Fundação Getulio Vargas.

CDD - 370.7

Elaborada por Rafaela Ramos de Moraes – CRB-7/6625

Sumário

Anexos

Prefácio

*Francisco Salgado**

A pandemia que vivemos nos tem mostrado que só somos tão fortes como o mais fraco de nossos companheiros, como o mais fraco de nossos elos. Fernando Guilherme Tenório, seus colegas e discípulos vêm anunciando isso há 30 anos, quando iniciaram o Programa de Estudos de Gestão Social junto a comunidades de base, e o foram ampliando com teoria e vida para um crescente número de organizações, conselhos municipais, cooperativas, ONGs, empresas e universidades, primeiro no Brasil e depois na América Latina.

A tríade ensino-pesquisa-extensão que conforma de maneira indissolúvel o programa tem permitido uma dinâmica para ver, julgar e atuar, ou, dito de outra forma, para denunciar, anunciar e construir. Denunciar a ingenuidade da administração focada na eficiência e na eficácia, na maximização da rentabilidade, na razão instrumental, no cálculo utilitário de consequências. Anunciar a *gestão social* que, em contrapartida, considera com maior ênfase as dimensões humanas dialógicas, a razão substantiva, a reciprocidade sem cálculo ao partilhar, a emancipação e a realização em plenitude da pessoa no mundo do trabalho. Construir um campo de conhecimento de caráter acadêmico-social, com fundamentos teóricos específicos, a partir do qual surgem comunidades de práticas cujas dinâmicas permitem moldar um novo estatuto científico para compreender as organizações, para olhar a

---

* Reitor da Universidad del Azuay, no Equador. (Texto traduzido do espanhol por Ronald Polito.)

multiplicidade de formas de organizar e organizar-se, para apreciar a primazia da sociedade ante o Estado e do trabalho ante o capital.

Fernando Guilherme Tenório se constitui – com seu trabalho de toda uma vida – em uma figura intelectual à altura de seus compatriotas brasileiros Guerreiro Ramos e Paulo Freire. Sua trajetória acadêmica e de vida complementa visionariamente Jürgen Habermas e Karl Polanyi. Sua compreensão da política, da cidadania e da afirmação da vida tem pontes de convergência com Bolívar Echeverría e Enrique Dussel. Seu programa de estudos de gestão social inclui agora acadêmicos, estudantes e comunidades de vários países. Sua obra transcendeu a FGV EBAPE e é agora latino-americana.

A *gestão social* está pronta para ser semeada na terra fértil do Sul global pós-pandemia. O mercado como centro hegemônico é inviável e o Estado absorvente é inumano. Parece necessário voltar a pensar o trabalho como valor de uso e a sociedade como cidadania criadora. O desenvolvimento sustentável requer ser construído com a participação ativa de todas as organizações, tanto públicas quanto privadas, em suas diversas formas e dimensões. Sua construção requer a *gestão social*, isto é, um processo de administração dialógica cuja autoridade decisória é compartilhada e cujo princípio orientador é a razão substantiva.

Esse legado vital implica atuar eticamente com sensibilidade profunda para os outros, os excluídos, os mais fracos. Implica, além disso, ser artífice de comunidades que construam um desenvolvimento e um futuro nos quais a sociedade seja a determinante da análise, o bem comum a referência, a responsabilidade social o compromisso, a república o norte. São necessários semeadores que desmatem o terreno, retirem as ervas daninhas, reguem as sementes e cultivem as plantas com o cuidado essencial que se espera na plenitude da vida. Nossas mentes e mãos devem estar atentas para partilhar junto com os pobres, que nos mostrarão o caminho.

Apresentação

Fernando Guilherme Tenório

O relato de uma experiência institucional geralmente é escrito na segunda pessoa do plural, procurando significar que um conjunto de pessoas, ao longo de um dado período, desenvolveu atividades que mereceram ser relatadas. Aqui, porém, a narração será escrita tanto na segunda pessoa do plural quanto na primeira pessoa do singular, sem a pretensão de ser ególatra ou autobiográfico. Portanto, apesar de ser um texto extraído de uma experiência institucional, na Escola Brasileira de Administração Pública e de Empresas da Fundação Getulio Vargas (FGV EBAPE), foi organizado a partir da interpretação pessoal de quem, ao longo de três décadas, coordenou as atividades a serem descritas.

Dividimos este relato em 10 capítulos e três anexos. Nos três primeiros capítulos, fazemos uma breve descrição do surgimento e desenvolvimento do Programa de Estudos em Gestão Social (PEGS) criado na EBAPE em 1990, assim como das práticas de ensino-pesquisa-extensão implementadas até 2021. Dado o espaço disponível, não são expostos todos os textos que ao longo dessas três décadas foram elaborados para substanciar e justificar o conceito de gestão social. Apenas identificamos as principais referências bibliográficas, assim como as publicações derivadas a respeito do tema. As publicações desenvolvidas pelo programa estão relacionadas no anexo III.

Cabe ressaltar que, ao longo de ininterruptos 31 anos (1990-2021), a prática da extensão universitária, com exceções, pouco usual no âmbito da academia brasileira notadamente no campo da administração, foi implementada com a Cáritas Arquidiocesana do Rio de Janeiro, em conjunto com outras instituições de ensino superior (IES) do estado do Rio de Janeiro.

Nos capítulos 4 a 9, são apresentados textos oriundos de artigos produzidos por ex-alunos da EBAPE e de outras IES, que procuram retratar suas interpretações conceituais e as experiências por eles vividas no PEGS. No capítulo 10, da mesma forma, testemunhos escritos por colaboradores e ex-alunos das IES envolvidas, assim como de ex-alunos dos cursos na Cáritas, tornarão manifestos seus aprendizados no programa. Com isso, acreditamos que a exposição desses 10 capítulos seja suficiente, ainda que de modo reduzido, para descrever a tríade ensino-pesquisa-extensão de uma IES: a FGV EBAPE.

Gostaria de agradecer ao professor Roberto Pimenta, chefe do Centro de Formação Acadêmica e Pesquisa (CFAP) da EBAPE, cujo empenho foi fundamental para a publicação deste livro. Como apontamos, este relato também será feito na segunda pessoa do plural, e, de imediato, duas são as pessoas que, como assistentes de pesquisa, colaboram durante muitos anos com o PEGS e que, na organização deste livro, da mesma forma o fizeram: Riyuzo Ikeda Júnior e Thais Soares Kronemberger.

Boa leitura.

1. Relato histórico-conceitual*

Desenvolver a narração de um dado período (1989-2020) não significa dizer que o que ocorreu nesse intervalo de tempo só a ele pertence. Na realidade, acrescentemos 25 anos a esses 30 anteriores, uma vez que o organizador deste relato se tornou funcionário da FGV em 1964. Por que é importante fazer esta observação? Porque a formação de uma pessoa não ocorre de imediato. Ela, a formação, ocorre segundo circunstâncias pessoais e, principalmente, institucionais. E, no caso das circunstâncias institucionais, a FGV foi a responsável pelos estímulos ao alcance de saberes que favoreceram, durante os anteriores 25 anos, a possibilidade de criarmos um programa de estudos, o Programa de Estudos em Gestão Social (PEGS), o qual, cumpridos seus 31 anos de existência, torna possível fazer este relato. Desse modo, o relato do histórico institucional do PEGS, a seguir, não aconteceu da noite para o dia; foi um processo de 55 anos.

Comecemos o relato. Em 1989, iniciamos com a Cáritas Arquidiocesana do Rio de Janeiro o que posteriormente ficou caracterizado como o processo de extensão universitária da EBAPE, atividade que será descrita no capítulo 3 deste livro. Com o objetivo de melhor sistematizar o processo de extensão universitária sem distanciá-lo do ensino e da pesquisa, criamos, no ano seguinte (em 1990), na ainda Escola Brasileira de Administração Pública (EBAP), o PEGS. Portanto, a pretensão do programa não era ser apenas um espaço

* Autor: Fernando Guilherme Tenório.

limitado a práticas extensionistas, mas aproximar-se, na medida do possível, das leis induzidas por Guerreiro Ramos no seu fundamental e clássico livro *A redução sociológica*.[1] Nessa obra, o professor Guerreiro elaborou o que ele denominou "leis da redução sociológica" (Ramos, 1965:111):

> Lei do comprometimento. [...] *Nos países periféricos, a ideia e a prática da redução sociológica somente podem ocorrer ao cientista social que tenha adotado sistematicamente uma posição de engajamento ou de compromisso consciente com o seu contexto* [Ramos, 1965:112, grifo no original].
>
> Lei do caráter subsidiário da produção científica estrangeira. [...] *À luz da redução sociológica, toda produção científica estrangeira é, em princípio, subsidiária* [Ramos, 1965:120, grifo no original].
>
> Lei da universalidade dos enunciados gerais da ciência. [...] *A redução sociológica só admite a universalidade da ciência tão somente no domínio dos enunciados gerais* [Ramos, 1965: 131, grifo no original].

Desde então, as atividades desenvolvidas pelo PEGS, quer relacionadas ao ensino, à pesquisa ou à extensão, procuram praticar ou avizinhar-se do preconizado pelo professor Guerreiro por meio das prescrições apontadas em *A redução sociológica*. Outro mote fundamental às intenções do PEGS foi a Constituição de 1988, conhecida como "Constituição Cidadã", que não só pôs em relevância a questão social, como prevê a participação da cidadania nas mais diferentes instâncias da sociedade brasileira. Para tal, define, logo no seu Título I e nos seus Princípios Fundamentais, art. 1º:

---

[1] A respeito do livro *A redução sociológica*, vale reportar a seguinte frase de Guerreiro Ramos na introdução à obra: "As ideias deste livro foram fragmentariamente apresentadas nos cursos regulares que o autor tem ministrado no Instituto Superior de Estudos Brasileiros e na Escola Brasileira de Administração Pública, da Fundação Getulio Vargas" (Ramos, 1965:55).

> A República Federativa do Brasil, formada pela união indissolúvel dos Estados e Municípios e do Distrito Federal, constitui-se em Estado Democrático de Direito e tem como fundamentos:
> I - a soberania;
> II - a cidadania;
> III - a dignidade da pessoa humana;
> IV - os valores sociais do trabalho e da livre iniciativa;
> V - o pluralismo político.
> Parágrafo único. Todo o poder emana do povo, que o exerce por meio de representantes eleitos ou diretamente, nos termos desta Constituição [Brasil, 1988:3].

Desse art. 1º, destacamos dois itens fundamentais para legitimar o que pretendíamos: *cidadania* (inc. II) e, no parágrafo único, o fato de o poder ser exercido também diretamente pelo povo. Ou seja, a Constituição de 1988 preconiza que os processos de tomada de decisão, qualquer que fosse sua natureza, poderiam ser exercidos pela cidadania inclusive de forma direta, e não exclusivamente por meio dos representantes eleitos. O importante a salientar desse art. 1º é que, a partir de então, algumas instâncias no país passaram a discutir a possibilidade de praticar não só a democracia representativa, mas também a democracia deliberativa, que favorece a participação cidadã por meio de processos decisórios coletivos fundamentais à implementação de modos gerenciais, que preconiza a participação de todos os concernidos qualquer que seja o processo de tomada de decisão. Assim, como o nosso espaço institucional de estudo era dedicado à administração pública, nada mais coerente do que sermos razoáveis com a nossa Carta Magna. Para tanto, foi necessário ampliar o horizonte teórico até então utilizado, centrado exclusivamente na perspectiva unidimensional do mercado. Ou seja, o mercado como determinante, e não a sociedade como a totalidade a ser considerada, uma vez que

> o modelo de análise e planejamento de sistemas sociais que ora predomina, nos campos da administração, da ciência política, da economia e da ciência

> social em geral, é unidimensional, porque reflete o moderno paradigma que, em grande parte, considera o mercado como a principal categoria para a ordenação dos negócios pessoais e sociais [Ramos, 1981:140].[2]

Aliadas a essa leitura de Guerreiro Ramos e aos preceitos constitucionais de 1988, anteriormente descritos, são as referências preliminares do PEGS. E é a partir dessas premissas básicas que iniciamos o desdobramento conceitual do PEGS, procurando estudar de outra maneira as relações entre o Estado e a sociedade, assim como entre o capital e o trabalho. Geralmente, este tipo de discussão relacional é pautado pela sequência linear Estado-sociedade e capital-trabalho como que manifestando a subordinação da sociedade ao Estado e do trabalho ao capital. Entretanto, em nossa perspectiva de estudo e desde a Constituição de 1988, passamos a focalizar a tradicional relação invertendo a posição dessa categorização para sociedade-Estado e trabalho-capital. Aparentemente, essa mudança de posição das categorias não contribuiu substantivamente para uma análise dos fenômenos políticos, sociais, econômicos e culturais por elas gerados. No entanto, ao tomar como premissa que os estudos do programa deveriam partir da ótica da sociedade e da ótica do trabalho, acreditamos mudar o enfoque de quem deve ser o protagonista no processo dessas relações: a sociedade e o trabalho por meio do exercício da cidadania. Portanto, o cidadão é o sujeito privilegiado de vocalização daquilo que interessa à sociedade nas demandas ao Estado e daquilo que interessa ao trabalhador na interação com o capital. Isto é, a cidadania sendo vista não apenas como a base da soberania de um Estado-nação, mas também como expressão do pleno exercício de direitos exigíveis em benefício da pessoa e

---

2 Vale salientar que esse último livro do professor Guerreiro Ramos, *A nova ciência das organizações: uma reconceituação da riqueza das nações*, também foi fundamental para evitarmos o exercício teórico e prático de uma "teoria organizacional, [que,] tal como tem prevalecido, é ingênua. Assume esse caráter porque se baseia na racionalização instrumental inerente à ciência social dominante no Ocidente" (Ramos, 1981:1). À frente, os leitores perceberão que será outra a racionalidade que lastreia o significado de gestão social: a racionalidade comunicativa de Jürgen Habermas.

da coletividade. Ou seja, em ambas as inversões – sociedade-Estado e trabalho-capital, tanto os agentes públicos quanto os empresariais deveriam atuar em conformidade não só com os anseios da sociedade, inclusive com sua participação nos processos de tomada de decisão, como os trabalhadores deveriam participar ativamente nas decisões dos agentes econômicos. Portanto, a questão social, e não a econômica, era a sentença referencial a ser trabalhada no PEGS.

Apesar de não ser necessário nos determos nos fundamentos teóricos do conceito de gestão assumido pelo PEGS, dado que este texto é apenas o relato de um período, portanto uma delimitação no tempo, mas considerando que o conhecimento não avança sem uma dialética conceitual, destacamos a seguir a concepção da gestão pretendida (gestão social), contrapondo-a à concepção da gestão praticada (gestão estratégica), concepções antagônicas que têm sido o marco referencial da tríade ensino-pesquisa-extensão exercitada pelo PEGS.

Em 1998, por meio de diferentes leituras, entre elas a teoria crítica da Escola de Frankfurt, assim como o pensamento crítico de Guerreiro Ramos resumido no seu último livro, *A nova ciência das organizações* (1981), já percebíamos o significado conceitual que vinha pautando, desde 1990, as atividades do programa. Desse modo, foi escrito o artigo "Gestão social: uma perspectiva conceitual" (Tenório, 1998), que fazia a distinção entre o significado de gestão estratégica e gestão social.[3] Qual o propósito dessa distinção? Partíamos da tese de que são utilitaristas os tipos de ações que predominam no sistema econômico-social no qual vivemos, privilegiando, como já foi dito e a despeito das teorias organizacionais, a questão econômica em detrimento da questão social. Definíamos como estratégica a ação gerencial predominante. Para fazer

---

[3] Observamos que, logo que o PEGS foi criado (1990), publicamos na seção "Depoimentos" da *Revista de Administração Pública* (RAP) um pequeno texto denominado "O mito da participação" já pautando não só o que o programa deveria estudar e também demonstrando nossa inconformidade com o modismo de palavras como *discurso*, *estratégia*, *postura* e *participação*. Nosso intento era entender não o significante mas o significado de participação (Tenório, 1990).

frente a essa hegemonia, seria necessário praticarmos outro tipo de ação gerencial, a qual passamos a denominar "gestão social". A seguir, apresentaremos essa distinção por meio de duas citações extraídas do que talvez tenha sido o primeiro artigo publicado no Brasil que diferenciava um modo de gestão do outro.

> Gestão estratégica é um tipo de ação social utilitarista, fundada no cálculo de meios e fins e implementada através da interação de duas ou mais pessoas, na qual uma delas tem autoridade formal sobre a(s) outra(s). Por extensão, neste tipo de ação gerencial o sistema-empresa determina suas condições de funcionamento e o Estado se impõe sobre a sociedade. É uma combinação de competência técnica com atribuição hierárquica, o que produz a substância do comportamento tecnocrático. Por comportamento tecnocrático, entendemos toda ação social implementada sob a hegemonia do poder técnico ou tecnoburocrático, que se manifesta tanto no setor público quanto no privado, fenômeno comum às sociedades contemporâneas [Tenório, 1998:14].

> A gestão social contrapõe-se à gestão estratégica na medida em que tenta substituir a gestão tecnoburocrática, monológica, por um gerenciamento participativo, dialógico, no qual o processo decisório é exercido por meio dos diferentes sujeitos sociais [Tenório, 1998:16].[4]

---

[4] Em 2015, ambos os conceitos passaram a ser verbetes do *Dicionário de políticas públicas*. "Gestão estratégica": "tipo de ação social utilitarista, fundada no cálculo de meios e fins e implementada mediante a interação de duas ou mais pessoas, na qual uma delas tem autoridade formal sobre a(s) outra(s). Por extensão, esse tipo de ação gerencial seria aquele no qual as organizações empresariais privadas determinariam suas condições de funcionamento e o Estado se imporia à sociedade por meio de processos eminentemente fundados na técnica, configurando intervenções de caráter tecnocrático" (Di Giovanni e Nogueira, 2015:412). "Gestão social": "tenta substituir a gestão tecnoburocrática, monológica, por um gerenciamento participativo, dialógico, no qual o processo decisório é exercido por diferentes sujeitos sociais. Em seu processo de afirmação, a verdade só existe se todos os participantes da ação admitem sua validade, isto é, a verdade é a promessa de consenso racional, não é uma relação entre o indivíduo e sua percepção de mundo, mas sim um acordo alcançado por meio da crítica intersubjetiva" (Di Giovanni e Nogueira, 2015:412).

Além de Guerreiro Ramos, mais adiante no relato sobre a prática da extensão, citaremos, entre outros, Paulo Freire como referência conceitual à implementação das atividades do PEGS. Também, é necessário que sublinhemos a importância da teoria social de Jürgen Habermas, segunda geração da Escola de Frankfurt, para a definição antitética dos conceitos de gestão estratégica e gestão social. Para tanto, a referência bibliográfica fundamental foi o livro de Habermas *Teoría de la acción comunicativa*, de 1987. Aqui não cabe descrever a teoria social habermasiana; apenas destacamos duas das cinco ações sociais proferidas por Habermas: ação estratégica e ação comunicativa, que permitiram a criação dos conceitos de gestão estratégica e gestão social:

> [Ação estratégica:] quando no cálculo que o ator faz de seu êxito intervém a expectativa de decisões de ao menos outro ator que também atua com vistas à realização de seus próprios propósitos. Esse modelo de ação é interpretado de forma estritamente utilitarista; então se supõe que o ator eleja e calcule meios e fins desde o ponto de vista da maximização da utilidade ou expectativa de utilidade [Habermas, 1987:123, v. 1].

> [Ação comunicativa:] se refere à interação de ao menos dois sujeitos capazes de linguagem e de ação que (já seja com meios verbais ou com meios extraverbais) entabulam uma relação interpessoal. Os atores buscam entender-se sobre uma situação de ação para poder assim coordenar de comum acordo seus planos de ação e com eles suas ações. O conceito aqui central é o de interpretação, se refere primordialmente à negociação de definições da situação susceptível de consenso [Habermas, 1987:124, v. 1].[5]

Ressaltamos que o intuito era pôr em pauta uma possibilidade decisória diferenciada daquela predominante, isto é, uma gestão compartilhada (dialógica), em lugar da gestão estratégica (monológica),

---

[5] São os seguintes os outros três conceitos de ação social criados por Habermas: ação teleológica, ação normativa e ação dramatúrgica.

visto que a gestão não deveria ser interpretada como uma referência conceitual a ser praticada exclusivamente por um dos setores da sociedade – primeiro, segundo ou terceiro setor (agentes públicos, agentes econômicos ou agentes públicos não governamentais). O objetivo era colocar na agenda da discussão gerencial um conceito possível de ser aplicado em qualquer um dos setores da sociedade, sem distinção. Embora no artigo de 1998 fizéssemos menção de essa possibilidade ser aplicada no terceiro setor,[6] não seria de sua exclusividade a pretensão da prática de uma gestão democrática, participativa. Portanto, o propósito era promover a discussão de outra maneira de gerenciar que não aquela predominante, contudo sem perder de vista que essa possibilidade gerencial – gestão social – enfrenta desafios em uma sociedade cuja forma de organização econômica promove mais distopias do que o bem-estar da coletividade.

Após a publicação do artigo "Gestão social: uma perspectiva conceitual" (Tenório, 1998),[7] com o intuito de potenciar o significado

[6] "A origem dessas organizações [terceiro setor] foi fundada sobre uma possibilidade de coordenação de meios e fins, isto é, de ações sociais nas quais é privilegiado o processo, a maneira de como alcançar os objetivos desejados por meio de relações intersubjetivas, na qual o bem comum é o mote central dessas relações. O desempenho gerencial esperado dessas organizações é o de gestão social em vez de estratégica, a fim de neutralizar as consequências não desejadas do mercado" (Tenório, 1998:20). Porém, no ano seguinte publicávamos o artigo "Um espectro ronda o terceiro setor, o espectro do mercado", alertando para o fato de que estudos realizados no PEGS "apontam que o determinismo de mercado tende a orientar as ações das organizações que atuam neste setor" (Tenório, 1999:86). Fato que, ao longo dos últimos anos, tem ocorrido na medida em que, por outros motivos, as organizações do terceiro setor participam de processos competitivos ou submetem-se à lógica dos agentes econômicos para a manutenção da sua sobrevivência.

[7] Segundo Airton Cardoso Cançado, esse artigo, publicado em 1998, "provavelmente [foi] o primeiro texto nacional que trata, especificamente, da temática gestão social" (Cançado, 2011:77). Também Fernando de Souza Coelho e Isabela de Oliveira Menon consideram que existiu uma primeira geração que promoveu a institucionalização da gestão social como área de conhecimento e mencionam a mesma referência de Cançado para explicar o fato: "A primeira geração da GS [gestão social] é marcada por um conjunto de autores, maiormente professores seniores (na acepção de docentes com longa trajetória de orientação na pós-graduação e notória liderança de projetos de pesquisas temáticas) que intentaram apresentar o campo do saber, cada qual a partir de suas linhas de pesquisa. Fernando Tenório, que desde

que pretendíamos de uma gestão compartilhada, outros artigos foram escritos e posteriormente compilados no livro *Uma alternativa: gestão social* (Tenório, 2016a). Acrescentemos que outros textos escritos pelo mesmo autor e que reforçam o que pretendíamos com o conceito de gestão social poderão ser encontrados nos seguintes livros: *Flexibilização organizacional: mito ou realidade?* (Tenório, 2002); *Pensamento organizacional sob o olhar de Janus: ensaios críticos* (Tenório, 2013); *Gestão social: epistemologia de um paradigma* (Cançado, Pereira e Tenório, 2015);[8] *Tem razão a administração?: ensaios de teoria organizacional* (Tenório, 2016b). Seguindo essa mesma trajetória, nos anos de 2019-2021 foram escritos seis artigos: "A questão social acrescida" (Tenório, 2020a); "'Bolivarianismo' ou 'chavismo', eis a questão? Prolegômenos" (Tenório, 2020b); "Mais uma vez o conceito de gestão social" (Tenório e Araújo, 2020); "Gestão social não é o mesmo que gestão do social";[9] "Gestão social como contraposição a gestão estratégica";[10] e "O conceito de gestão social e a democracia regressiva no Brasil após 2016" (Tenório e Teixeira, 2021), com o qual concluiremos este histórico institucional.

Finalizando este histórico conceitual, diremos que todo conhecimento com pretensões acadêmicas não se desenvolve sem a contribuição bibliográfica de vários autores. Apesar de termos identificado alguns deles, infelizmente o espaço destinado a esta publicação não

1990 coordenava o Programa de Estudos em Gestão Social (PEGS) da Escola Brasileira de Administração Pública e de Empresas (EBAPE) da FGV-RJ, é um dos pioneiros na definição da GS em um artigo publicado na RAP em 1998 [...]; no texto, o autor propõe um conceito de GS como antítese da gestão estratégica monológica e tecnoburocrática nas relações capital-trabalho e Estado-sociedade" (Coelho e Menon, 2019:6). Ainda podemos citar o artigo de Amanda de Paula Aguiar Barbosa e Adriana Fumi Chim-Miki quando dizem que "o artigo intitulado 'Gestão social: uma perspectiva conceitual' de Tenório (1998) foi um dos seminais trabalhos brasileiros que apresentaram considerações acerca das delimitações entre os conceitos de gestão social, gestão estratégica e cidadania deliberativa" (Barbosa e Chim-Miki, 2020:4).

[8] Esse livro foi traduzido para o castelhano em 2019 sob o título *Gestión social: epistemologia de un paradigma* e publicado pela Casa Editora da Universidad del Azuay em 2019.

[9] Apresentado no XI Encontro Nacional de Pesquisadores em Gestão Social (ENAPEGS), *online*, de 24 a 27 de maio de 2021, na Universidade Federal de Alagoas (Ufal).

[10] Ibid.

seria suficiente para identificar as referências que, ao longo dessas três décadas, de forma direta ou indireta, contribuíram para substanciar o conceito de gestão social. Se os leitores deste relato desejarem conhecer as referências bibliográficas que apoiaram esta pretensão, poderão encontrá-las nos artigos e livros arrolados anteriormente. Apesar de todo conceito ser delimitado pelo tempo, ou seja, sua criação é histórica e nela sobreviverá ou não, e embora reconheçamos que toda ambição acadêmica também é delimitada pela não aceitação do pretendido assim como de suas possíveis interpretações,[11] deixaremos que os possíveis leitores deste relato avaliem não só a proposta conceitual (gestão social), como também uma experiência (extensão), que ao longo destes 31 anos procuraram transferir conhecimento àqueles que por algum motivo não tiveram oportunidade de adquiri-los.

É bom lembrar que em 2002, quando do acréscimo da letra "E" de "empresas" à frente do "P" de "pública" na originária Escola Brasileira de Administração Pública (EBAP), que passou a ser denominada Escola Brasileira de Administração Pública e de Empresas (EBAPE), esse acréscimo foi salutar na medida em que a distinção

[11] Maria Amélia J. Corá e Rodrigo Guimarães Motta, ao comentar os precursores do conceito de gestão social ou da primeira geração, como anteriormente apontado por Coelho e Menon, dizem que foram três os pesquisadores que passaram a desenvolver o conceito de gestão social: "Tania Fischer (UFBA), Fernando Tenório (FGV-RJ) e Luciano Junqueira (PUC-SP) são comumente referenciados como os 'papas' da gestão social, tendo cada um deles construído um caminho particular sobre gestão social" (Corá e Mota, 2019:3). Dando sequência, Corá e Motta transcrevem entrevista com a professora Rosana de Freitas Bullosa, da Universidade de Brasília (UnB): "Luciano [Junqueira], Tania [Fisher] e [Fernando] Tenório já possuíam seus projetos interdisciplinares de estudos. Mesmo estando os três na macroárea de administração, eles já estavam agregando pessoas ao redor e estudando esses temas. [...] Luciano trabalhava com o terceiro setor, Tania, com o poder local, e Tenório com democracia deliberativa. A gestão social é apropriada nos grupos de pesquisa até chegar a um ponto em que eles se encontram de novo; mesmo que não seja um encontro físico, já nasce com esta tríplice interpretação: a gestão social, como gestão social dos territórios, com Tania; a gestão do terceiro setor, com Luciano; e a gestão não estratégica, democrática e dialógica de Tenório. Esse momento é muito importante e fixa os três como cabeças de chave" (Corá e Motta, 2019:3). Concluo esta nota de rodapé comentando que muito me orgulha o fato de Bullosa colocar-me ao lado de Luciano Junqueira e Tania Fischer nesta empreitada intelectual.

entre gestão social e gestão estratégica contemplada no artigo escrito em 1998 justificaria, pela perspectiva teórica do PEGS, estudos agora dedicados não apenas aos agentes públicos, mas também aos agentes econômicos, ou seja, estudos que contemplassem a relação sociedade--Estado e trabalho-capital.

Referências

BARBOSA, A. de P. A.; CHIM-MIKI, A. F. Evolução do conceito de gestão social (1990-2018): uma análise de copalavras. *Cadernos de Gestão Pública e Cidadania*, São Paulo, v. 25, n. 80, p. 1-22, e-80525, 2020.

BRASIL. *Constituição da República Federativa do Brasil*. Brasília: Senado Federal, Centro Gráfico, 1988.

CANÇADO, A. C. *Fundamentos teóricos da gestão social*. 2011. Tese (doutorado em administração) – Universidade Federal de Lavras, Lavras, MG, 2011.

______; PEREIRA, J. R.; TENÓRIO, F. G. *Gestão social*: epistemologia de um paradigma. 2. ed. Curitiba: CRV, 2015.

COELHO, F.; MENON, I. de O. *Gestão social como campo do saber no Brasil*: uma investigação de sua produção científica pela modelagem de redes sociais. *Cadernos Gestão Pública e Cidadania*, São Paulo, v. 24, n. 70, e-79851, 2019.

CORÁ, M. A. J.; MOTTA, R. G. Intersetorialidade e redes: a trajetória de Luciano Antonio na gestão social. *Cadernos Gestão Pública e Cidadania*, São Paulo, v. 24, n. 79, 2019, e-79946, 2019.

DI GIOVANNI, G.; NOGUEIRA, M. A. (Org.). *Dicionário de políticas públicas*. São Paulo: Ed. Unesp, 2015.

HABERMAS, J. *Teoría de la acción comunicativa*. Madri: Taurus, 1987. v. 1, 2.

RAMOS, A. G. *A redução sociológica*. Rio de Janeiro: Tempo Brasileiro, 1965.

______. *A nova ciência das organizações*: uma reconceituação da riqueza das nações. Rio de Janeiro: FGV Ed., 1981.

TENÓRIO, F. G. O mito da participação. *Revista de Administração Pública (RAP)*, Rio de Janeiro, v. 24, n. 3, p. 162-164, maio/jul. 1990.

_____. Gestão social: uma perspectiva conceitual. *Revista de Administração Pública (RAP)*, Rio de Janeiro, v. 32, n. 5, p. 7-23, set./out. 1998.

_____. Um espectro ronda o terceiro setor: o espectro do mercado. *Revista de Administração Pública (RAP)*, Rio de Janeiro, v. 33, n. 5, p. 85-102, set./out. 1999.

_____. *Flexibilização organizacional*: mito ou realidade? 2. ed. Rio de Janeiro: FGV Ed., 2002.

_____. *Pensamento organizacional sob o olhar de Janus*: ensaios críticos. Ijuí: Ed. Unijuí, 2013.

_____. *Uma alternativa*: gestão social. Ijuí: Ed. Unijuí, 2016a.

_____. *Tem razão a administração?*: ensaios de teoria organizacional. 4. ed. Ijuí: Ed. Unijuí, 2016b.

_____. A questão social acrescida. *NAU Social*, v. 11, n. 20, p. 105-109, maio/out. 2020a.

_____. "Bolivarianismo" ou "chavismo", eis a questão? Prolegômenos. *Revista Debates Insubmissos*, v. 3, n. 9, set. 2020b.

_____; ARAÚJO, E. T. de. Mais uma vez o conceito de gestão social. *Cadernos EBAPE.BR*, Rio de Janeiro, v. 18, n. 4, p. 891-905, out./dez. 2020.

_____; TEIXEIRA, M. A. C. O conceito de gestão social e a democracia regressiva no Brasil após 2016. *Administração Pública e Gestão Social*, v. 13, n. 2, abr./jun. 2021.

2. Gestão social não é o mesmo que gestão do social*

Introdução, de acordo com os léxicos

É comum, no campo das ciências sociais e/ou humanas e na divisão de trabalho que dá origem a essas diversas ciências, que determinadas áreas desses conhecimentos procurem monopolizar ou se sintam no direito de apropriar-se de determinados temas de estudos da sociedade. Para algumas dessas áreas, seria "natural" que as discussões ficassem restritas a seu espaço profissional, isto é, a seu "espaço de mercado" ou mercado de trabalho. Não à toa, no Brasil, existe uma variedade de "conselhos profissionais" que muitas vezes chegam a submeter a juízo aqueles que "ultrapassam" a "fronteira" de determinada área. E a temática social é um daqueles assuntos nos quais os "direitos de propriedade" são a base da sobrevivência no tal mercado de trabalho que, consequentemente, possui o(s) seu(s) proprietário(s).

Neste texto, porém, consideramos que o tema social não deve ser monopólio de nenhuma área do conhecimento, visto que o significado da expressão "social" deve ser a preocupação de qualquer atividade humana. Assim, a palavra *social* será a determinante central deste texto, que atuará adjetivando o substantivo *gestão*. De acordo com o *Dicionário Houaiss da língua portuguesa*: "gestão *s.f.* 1 ato ou efeito de

* Autor: Fernando Guilherme Tenório.

gerir; administração, gerência" (Houaiss e Villar, 2001:1449).[1] Por sua vez, "social":

> *adj. 2g.* 1 concernente à sociedade [...] 2 concernente à amizade e união de várias pessoas [...] 3 [...] 4 relativo à comunidade, ao conjunto de cidadãos de um país; coletivo [...] 5 que tende ou é dado a viver em grupos, em sociedade; sociável, gregário [...] 6 conveniente à sociedade ou próprio dela [...] 10 o que pertence a todos; público, coletivo [...] 11 o que diz respeito ao bem-estar das massas, esp. as menos favorecidas [Houaiss e Villar, 2001:2595].[2]

Desse modo, a gestão ou o conceito de gestão do qual tratamos – *gestão social* – é aquele no qual a maneira de gerenciar, quer a *coisa pública*, quer a *coisa privada*, deve ser administrada de modo que todos os afetados – sociedade, comunidades, coletivos ou grupos – estejam envolvidos desde o processo de identificação do problema, passando pela implementação de sua solução, até a avaliação do que foi socialmente planejado. Consequentemente, a autoridade do processo e seu poder ocorrerão por meio do compartilhamento democrático do processo de tomada de decisão. Ao contrário desse tipo de gestão (gestão social), seu contraponto, o que denominamos *gestão estratégica*, segundo o dicionário consultado, *Dicionário Houaiss da língua portuguesa*, é assim definido:

---

1 Para que o texto não se transforme em um dicionário de palavras especializadas, não descreveremos a palavra *gestão* conforme o faremos com o vocábulo *social*, que, além do português, será descrito em cinco diferentes línguas: alemão, castelhano, francês, inglês e italiano.

2 A seguir descrevemos as traduções para o português do significado do verbete *social* por meio de cinco línguas. (1) Alemão: *sozial* adj.; trad.: "Comunidade, referente sociedade, pertencente a, a ela serve, beneficente, oposição a antissocial, marginal; referente à posição social, depender dela" (*Wahrig*, 1986). (2) Castelhano: *social*; trad.: "Social, sociável, pertencente ou relativo à sociedade ou às contentadas entre umas e outras classes" (*Dicionário de espanhol-português*, 1951:963). (3) Francês: *social*; trad.: social (<https://dicionario.reverso.net/frances-português>; acesso em: 23 mar. 2021). (4) Inglês: *social*; trad.: "1. Social, relativo à sociedade. 2. Sociável. 3. Que vive em sociedade" (*Novo Michaelis*, 1957:879). (5) Italiano: *sociale*; trad.: "Em sociologia, ciência s., o complexo de disciplinas que estudam fenômenos relacionados à sociedade humana" (*Enciclopedia Treccani*: <www.treccani.it/enciclopedia/sociale/>; acesso em: dez. 2020).

> estratégia *s.f.* 1 MIL arte de coordenar a ação das forças militares, políticas, econômicas e morais implicadas na condução de um conflito ou na preparação da defesa de uma nação ou comunidades de nações. 2 MIL parte da arte militar que trata das operações e movimentos de um exército até chegar, em condições vantajosas, à presença do inimigo. 3 *por ext.* arte de aplicar com eficácia os recursos de que se dispõe ou de explorar as condições favoráveis de que porventura se desfrute, visando ao alcance de determinados objetivos. 4 *p. ext.* ardil engenhoso; estratagema, subterfúgio [Houaiss e Villar, 2001:1261].[3]

Assim, podemos observar que a palavra estratégia geralmente está relacionada a conflito, inimigo, exploração e, por extensão, exprimindo ardileza, engenhosidade, estratagema e subterfúgio. Se recorrermos ao *Dicionário Houaiss de sinônimos e antônimos da língua portuguesa* e consultarmos a sinonímia dos verbetes ardil, engenhoso, estratagema e subterfúgio, não ficaremos surpresos se recordarmos que os sinônimos de tais verbetes são, geralmente, verbalizados quando se deseja solucionar conflitos, rechaçar o inimigo e até explorar o próximo. Ser ardiloso pode ser, entre outras, uma atitude capciosa, enganadora, maliciosa, patife, velhaca ou vil.[4] O que desejamos salientar é que uma estratégia pode favorecer ações não agregadoras de pessoas, de

---

3 À semelhança do verbete *social*, também descreveremos a tradução do verbete *estratégia* nas cinco línguas anteriormente anunciadas. (1) Alemão: "*Strategie* f. 19; unz.; trad.: Estratégia: A arte militar. Conduta de Guerra; Sinônimo de arte do marechal; <comum> abranger o plano de realização do pilar de ideia; <cibernética> Plano para a realização de um objetivo de integração uns com os outros. Sistemas [<francês. Stratégie> grego Strategia; stratos 'exécito' + agein 'líder']" (*Wahrig*, 1986). (2) Castelhano: *estratégia*; trad.: "*s. f.* Estratégia, arte de dirigir as operações militares; *fig.* Arte para dirigir um assunto" (*Dicionário de espanhol-português*, 1951:521). (3) Francês: *stratégie*; trad.: estratégia (<https://dicionario.reverso.net/frances-português>; acesso em: 23 mar. 2021). (4) Inglês: *strategy*; trad.: "s. Estratégia f. (também *strategics*) [...] adj. 1. Estratégico 2. Importante em estratégia, necessário para a guerra" (*Novo Michaelis*, 1957:913). (5) Italiano: *strategia*; trad.: "A técnica de identificar os objetivos gerais de uma atividade, bem como os meios mais apropriados para alcançá-los" (*Enciclopedia Treccani*: <www.treccani.it/enciclopedia/sociale/>; acesso em: dez. 2020).

4 *Dicionário Houaiss de sinônimos e antônimos da língua portuguesa* (2003:62).

comunidades, de grupos e, por via de consequência, da sociedade. Desse modo, a palavra *estratégica* adjetivando o substantivo *gestão* aqui será entendida como o processo de tomada de decisão e ação imanente àquilo que não atende aos interesses da sociedade, mas sim do mercado, espaço por excelência no qual a estratégia é a aplicação dos recursos de que se dispõe ou a exploração de condições favoráveis de que porventura se desfrute, visando ao alcance de determinados objetivos, entre eles o lucro.

Portanto, a gestão social é antitética à gestão estratégica[5] na medida em que a primeira tem como determinante a totalidade, a sociedade,[6] e a segunda tem como determinante parte da sociedade, o mercado.[7] Enquanto a moral da gestão social é o solidarismo, a moral da gestão estratégica é o mercantilismo. Desse modo, quando o determinante das decisões é o mercado, a questão econômica sobressai à questão social.[8] Assim, a gestão social no âmbito dos estudos organizacionais caracteriza-se por ser emancipatória enquanto a gestão estratégica é de natureza essencialmente utilitarista.

---

[5] A antinomia dos significados de gestão social *versus* gestão estratégica foi inspirada na dicotomia do linguista Ferdinand de Saussure.

[6] Entendemos sociedade como uma totalidade supraindividual sob a qual interagem, historicamente, culturas, instituições, ideias e valores. "A vida [...] é ela mesma uma totalidade dispersa e contraditória, [...] cujos elementos (espécies, indivíduos) estão inseparavelmente ligados [...]. A finalidade para o ser vivo e para a vida toda reside no fato de que as interações, os determinismos, formam uma totalidade" (Guterman e Lefebvre, 2018:81). [Assim, a] "verdade está na totalidade. A verdade do movimento da vida está na totalidade dos elementos em interação – meio externo e interno" (Guterman e Lefebvre, 2018:86).

[7] O mercado que procura ser o todo é aqui entendido como parte da totalidade, da sociedade, cuja análise está subordinada à lei da oferta e da procura. "Em última instância, é por isto que o controle do sistema econômico pelo mercado é consequência fundamental para toda a organização da sociedade: significa, nada menos, dirigir a sociedade como se fosse um acessório do mercado. Em vez de a economia estar embutida nas relações sociais, são as relações sociais que estão embutidas no sistema econômico" (Polanyi, 2000:77).

[8] "O modelo de análise e planejamento de sistemas sociais que ora predomina, nos campos da administração, da ciência política, da economia e da ciência social em geral, é unidimensional, porque reflete o moderno paradigma que, em grande parte, considera o mercado como a principal categoria para a ordenação dos negócios pessoais e sociais" (Ramos, 1981:140).

A questão social

Apesar de o texto não estar diretamente relacionado a descrever o significado da *questão social*, entendemos sua importância uma vez que as discussões que ela provoca têm origem nas contradições causadas pela *questão econômica*, determinante da gestão estratégica. Por questão econômica entenderemos todas aquelas decisões que são processadas segundo o entendimento de que o Estado deve intervir minimamente[9] na economia, uma vez que os agentes econômicos, empresas privadas, devem agir em função dos seus interesses parciais. Esse entendimento ou, no dizer de Karl Polanyi (2012:52, grifos no original),

> essa engenhoca institucional, [...] se tornou a força dominante da economia – agora justificadamente descrita como *economia de mercado* – originou um fenômeno ainda mais extremo: uma sociedade inteiramente inserida no mecanismo de sua própria economia – a *sociedade de mercado*.

De acordo ainda com Polanyi, essa engenhoca se transfez em um dogma religioso, um princípio indiscutível, do liberalismo econômico.

> O liberalismo econômico foi o princípio organizador de uma sociedade engajada na criação de um sistema de mercado. Nascido como mera propensão em favor de métodos não burocráticos, ele evoluiu para uma fé verdadeira na salvação secular do homem através de um mercado autorregulável. Um tal fanatismo resultou do súbito agravamento da tarefa pela qual ele se responsabilizara: a magnitude dos sofrimentos a serem

[9] "A tese do Estado mínimo está estreitamente ligada a uma visão peculiar da sociedade civil como um mecanismo autogerador de solidariedade social. Os pequenos pelotões da sociedade civil deveriam ter permissão para florescer, e o farão se não forem impedidos pela intervenção estatal. Diz-se que as virtudes da sociedade civil, se esta fosse deixada por sua própria conta, incluiriam: 'Bom caráter, honestidade, dever, dedicação, honra, serviço, autodisciplina, tolerância, respeito, justiça, autoaperfeiçoamento, confiança, civilidade, firmeza, coragem, integridade, diligência, patriotismo, consideração pelos outros, frugalidade e reverência'" (Giddens, 1999:21-22).

> infligidos a pessoas inocentes, assim como o amplo alcance das mudanças entrelaçadas que a organização da nova ordem envolvia. O credo liberal só assumiu seu fervor evangélico em resposta às necessidades de uma economia de mercado plenamente desenvolvida [Polanyi, 2000:166].[10]

Historicamente, a questão social como tema de preocupação e estudo surge no século XIX à luz das péssimas condições de trabalho originadas pela questão econômica.[11] Desde então, questão social deixa de ser um debate sobre as condições de trabalho para envolver outros temas, como educação, saúde, transporte, moradia, saneamento básico, segurança, lazer, cultura e segurança alimentar, assim como discussões sobre desigualdade de classe, gênero, raça/etnia, entre outros temas que afetem o bem-estar geral das populações menos favorecidas. Assim, a gestão do social seria o atendimento dessas disfunções por meio de

---

[10] No início dos anos 1990, precisamente em 1992, o fervor evangélico ao credo liberal econômico e político é divulgado por meio do livro de Francis Fukuyama *O fim da história e o último homem*, livro que no Brasil foi publicado pela editora Rocco (Rio de Janeiro) simultaneamente à edição norte-americana *The end of history and the last man*, publicada pela Free Press (Nova York). A tese central do livro era que a história terminava com a vitória do liberalismo econômico e político. As críticas não se fizeram esperar. No mesmo ano, 1992, o marxista inglês Perry Anderson, entre outros, publica pela editora Verso de Londres *A zone of engagement*, livro que contém um capítulo denominado "The ends of history", que foi traduzido no Brasil na forma de livro pela Zahar (Rio de Janeiro) com o título: *O fim da história: de Hegel a Fukuyama*. Dado que em uma nota de rodapé não seria possível descrever a análise contrária de Perry Anderson à tese de Fukuyama, basta lembrar que uma das objeções, o que tem a ver com a nossa contemporaneidade fundada no evangelho liberal econômico, é que Fukuyama "ignorou a persistência da desigualdade e miséria no seio das próprias sociedades capitalistas avançadas – não somente nos Estados Unidos –, o que pode moderar qualquer triunfo liberal. Não há dúvida de que o tratamento de Fukuyama sobre as questões sociais em seu ensaio foi, em certa medida, displicente" (Anderson, 1992:84).

[11] "Entre os anos trinta e cinquenta do século XIX, o brutal *pauperismo* das camadas trabalhadoras urbanas, derivado diretamente da produção capitalista, impactou a consciência social europeia e deu origem a uma larga e copiosa documentação. Intelectuais dos mais diversos matizes – reacionários e conservadores, liberais e democratas, reformadores e revolucionários – ocuparam-se do que então era designado por todos como 'questão social'" (Engels, 2010:30, grifo no original). Friedrich Engels adiante comenta que os trabalhadores ingleses diziam que a Revolução Industrial provocava neles, trabalhadores, um "*assassinato social*" (Engels, 2010:69, grifo no original).

políticas públicas, e não da esperança de que o sistema de mercado, ou simplesmente a moral mercantil, seja solidário na solução dos problemas por ele mesmo gerados.[12] Tentativas de solução desses problemas foram planejadas, principalmente com a concepção do Estado providência "que quase chegou a vencer a antiga insegurança social e a eliminar o medo do futuro [teve seu fim iniciado na década de 1980, uma vez que] o crescimento do desemprego e o surgimento de novas formas de pobreza pareciam" [afastar-nos do ideal de um Estado provedor, do *welfare state*][13] (Rosanvallon, 1998:23).

A questão social não está relacionada apenas aos temas mencionados, mas também a todo tipo de fobia, como são exemplos a xenofobia (repulsa ao estrangeiro); a homofobia (ódio aos homossexuais); a misoginia (aversão a mulheres); fobias religiosas (contra cristãos, judeus, mulçumanos e outras manifestações religiosas, como aquelas de origem africana). Porém, segundo Adela Cortina (2017), existe outra que está na raiz de muitas fobias, a *aporofobia*,[14] patologia social que tem desprezo pelos pobres. Do grego *á-poros*, pobre, e *fobéo*, repelir, aporofobia "seria o ódio, repugnância ou hostilidade para com o pobre, o sem recursos, o desamparado" (Cortina, 2017:24). Manifestações

---

12 "E mais, a lógica irrestrita do mercado acentua as diferenças entre capacidades segundo o que é útil ou não às redes globais de capital, de produção e de consumo, de tal modo que, além de desigualdade, há polarização; ou seja, os ricos estão cada vez mais ricos, sobretudo no vértice da pirâmide, e os pobres cada vez mais pobres" (Castells, 2018:18).

13 "O antagonismo ao *welfare state* é um dos traços neoliberais mais característicos. O *welfare state* é visto como a fonte de todos os males, de maneira muito parecida àquela como o capitalismo era visto outrora pela esquerda revolucionária. 'Devemos voltar os olhos para o *welfare state* com a mesma atitude de zombaria e desdém com que hoje vemos a escravidão como meio de organizar o trabalho eficaz, motivado', disse um autor. O *welfare state* 'causa um dano enormemente destrutivo a seus supostos beneficiários: os vulneráveis, os inferiores e os desafortunados [...] aleija o espírito empreendedor e autoconfiante dos indivíduos e introduz uma profunda carga de ressentimento explosivo sobre os alicerces de nossa sociedade livre'" (Giddens, 1999:23).

14 Palavra até esta data não dicionarizada na língua castelhana, mas que está sendo aceita pela mídia e por algumas organizações, como é o caso da Fundação RAIS (https://raisfundacion.org) ou Hatento – Observatório de Delitos de Odio contra Personas sin Hogar (https://hatento.org).

aporofóbicas de vez em quando chegam a ser destaque na mídia, como os casos extremos de perseguições e até morte de mendigos, moradores de rua e imigrantes.

Assim, dado que as questões sociais persistem aqui e alhures, nova maneira de administrar a questão social, ou seja, a gestão do social, é necessária. Porém, ela, a gestão do social, não ocorrerá de maneira efetiva se o processo da sua solução for realizado de modo tradicional, isto é, o Estado pensando internamente, de modo tecnoburocrático, as carências da sociedade. Ou, o que parece ser pior, delegando às estratégias do mercado a solução dos problemas sociais. Para tanto, e não só por causa disso, será necessário outro tipo de gestão em que a sociedade é o determinante no processo de tomada de decisão, qualquer que seja o arranjo jurídico dos diferentes agentes da sociedade. Significa dizer que os diferentes agentes da sociedade constituem "múltiplos tipos de organização, mas também, e mais importante ainda, que cada um deles pertence a enclaves distintos, no contexto da tessitura geral da sociedade" (Ramos, 1981:134). Enquanto o agente público deve atuar objetivando a sociedade como um todo, de modo republicano,[15] os agentes econômicos possuem "exigências próprias que não coincidem, necessariamente, com aquilo que é requerido pela qualidade da existência humana em geral" (Ramos, 1981:135). Os agentes econômicos devem ser considerados "como pertencentes a um enclave conceptual e pragmaticamente limitado [mercado], dentro do espaço vital humano [a sociedade]" (Ramos, 1981:135). Portanto, a "organização econômica é apenas um caso particular de diversos tipos de sistemas microssociais, em que as funções econômicas são

15 "O republicanismo contemporâneo [...] tem por meta a reintrodução dos valores da qualidade da vida pública. Nesse sentido, o republicanismo pode ser pensado tanto como um acréscimo à (e não supressão da) defesa liberal da liberdade individual e da garantia de direitos, quanto como um acréscimo aos procedimentos majoritários e rotineiros da democracia contemporânea. Ao reintroduzir o tema da qualificação do espaço público, o republicanismo contemporâneo, mais do que propugnar por reformas institucionais, aposta nas possibilidades de reativação das virtudes cívicas" (Di Giovanni e Nogueira 2015:888).

desempenhadas de acordo com diferentes escalas de prioridades [estratégias]" (Ramos, 1981:135).[16]

Pela perspectiva da gestão social, não seria mais a costumeira relação entre Estado e sociedade na qual o destaque está com o Estado, mas uma relação na qual é a sociedade que tem que sobressair, portanto uma vinculação *sociedade-Estado*. Nem por isso também a relação deveria ser mercado-sociedade, em que a sociedade é um mero consumidor, cliente da condição econômica oferta e procura. Na perspectiva de uma gestão concertada com a sociedade, portanto sob a relação *sociedade-mercado*, o processo decisório do agente econômico deveria estar vinculado às necessidades da sociedade, e não à produção de necessidades. Finalmente, sob a gestão social a relação do uso, e abuso, capital-trabalho deveria ser invertida para *trabalho-capital*, na medida em que quem cria valor é o trabalhador, qualquer que seja a posição que ocupe em uma dada estrutura organizacional pública ou privada.

Como já identificamos no título deste preâmbulo, o texto não tratará da gestão do social, da gerência das questões sociais, mas de *gestão social*. Apesar da importância da gestão do social não só como prática, mas também como tema de estudo, o que estamos pretendendo abordar neste texto é a descrição de um conceito gerencial que desde os anos 1990 vem sendo objeto de estudo no campo da administração e que está sendo acompanhado em outras áreas do conhecimento. No campo da administração como ciência social aplicada, o conceito de gestão social seria antitético ao de gestão estratégica, visto que gerenciar de modo social é o fazer de forma dialógica, interlocutória, em que a conversação democrática de duas ou mais pessoas é a maneira modelar de decisão. Contrário, portanto, à gestão estratégica na medida em que gerenciar dessa maneira é fazê-lo de forma monológica, monocrática, em que o pensamento flui apenas do emissor para o(s) receptor(es), do(s) superior(es) para o(s) subordinado(s).

---

16 "Empresa privada. Organização pertencente a indivíduos ou grupos, que produz e/ou comercializa bens ou serviços com o objetivo de lucro" (*Dicionário de economia*, 1987:138).

Dado o anteriormente exposto, o conceito de gestão social não é uma ruptura epistemológica ou idealista com o conceito de gestão estratégica. Gestão social é uma expressão contra processos e movimentos reais, concretos, nos quais existe uma relação de subordinação entre a sociedade e o Estado, a sociedade e o mercado, o trabalho e o capital, assim como entre o superior e o subordinado nas estruturas organizacionais. Desse modo, a gestão social é uma tentativa de superar as contradições[17] impostas pela gestão estratégica, ou seja, procura evitar o aprofundamento da polarização social.

Devemos lembrar que o conceito de gestão social, como qualquer conceito, é histórico, surge para atender a circunstâncias em determinado momento.[18] Daí que a dialética negativa de Theodor Adorno nos aponta que os conceitos que formulamos são representações que se aproximam da identificação daquilo que pretendemos explicar em dado momento, uma vez que a contradição faz parte do pensar dialético.

> Em verdade, todos os conceitos, mesmo os filosóficos, apontam para um elemento não conceitual porque eles são, por sua parte, momentos da realidade que impele a sua formação. [...] Conceitos [...] denotam de início um elemento enfaticamente não conceitual; [...] eles visam a algo para além de si mesmos. [...] Seu teor lhes é tão imanente, isto é, espiritual, quanto ôntico, ou seja, transcendente em relação a eles. [...] A filosofia que reconhece esse fato, que extingue a autarquia do conceito, arranca a venda de seus olhos. [...] Alterar essa direção da conceptualidade, voltá-la para o não idêntico, é a charneira da dialética negativa [Adorno, 2009:18-19].

---

[17] "A contradição é a alavanca principal de todo o progresso intelectual e resolve-se diária e incessantemente no desenvolvimento progressivo e infinito da humanidade" (Engels, 1976).

[18] "Se submetermos à consideração especulativa a natureza ou a história humana ou a nossa própria atividade espiritual [caso presente], encontrar-nos-emos, logo de início, com uma trama infinita de concatenações e de inúmeras influências, onde nada permanece o que era nem como e onde existia, mas tudo se destrói, se transforma, nasce e perece" (Engels, 1976:19).

Para tanto, a dialética negativa adorniana propõe a autorreflexão do pensamento que implica "que o pensamento também precisa, para ser verdadeiro, [...] pensar contra si mesmo" (Adorno, 2009:302). Na realidade, podemos acrescentar que a contradição entre gestão estratégica e gestão social está subordinada à lei dialética da unidade dos contrários. Ou seja, quando

> pensamos em uma coisa que se transforma, percebemos que não é suficiente afirmar que o estado A [gestão estratégica] desapareceu pura e simplesmente e que apareceu um estado B [gestão social]. Algo de A perdura em B; a anulação de A não é absoluta; ainda pensamos em A quando pensamos em B. [...] A unidade dos contrários não é apenas interpenetração conceitual dos termos ou dilaceramento ideal: é conflito, choque, relação viva em que os contrários se produzem e se mantêm um e outro em sua própria luta, até a vitória de um deles ou até a mútua destruição – assim, as lutas das espécies animais, das classes sociais etc. [Guterman e Lefebvre, 2018:24-27].

No caso específico do conceito de gestão social, ele foi criado no Brasil no início dos anos 1990, logo em seguida à promulgação da Constituição brasileira em 1988.[19] A Carta Magna vai contribuir de imediato para dar origem ao conceito na medida em que o art. 1º estabelece:

> A República Federativa do Brasil, formada pela união indissolúvel dos Estados e Municípios e do Distrito Federal, constitui-se em Estado Democrático de Direito e tem como fundamentos:
> I - a soberania;
> II - a cidadania;

[19] "O fato é que toda imagem conceitual do sistema do mundo é e continuará sendo, sempre, objetivamente, por força da situação histórica, e, subjetivamente, por assim o desejar a contextura espiritual de seu autor, uma imagem limitada" (Engels, 1976:33).

> III - a dignidade da pessoa humana;
> IV - os valores sociais do trabalho e da livre iniciativa;
> V - o pluralismo político.
> Parágrafo único. Todo o poder emana do povo, que o exerce por meio de representantes eleitos ou diretamente, nos termos desta Constituição [Brasil, 1988].

Assim, o poder do povo de participar da vida do país não só por meio de representantes eleitos (democracia representativa),[20] mas também por meio da participação direta (democracia deliberativa)[21] consiste em exercitar, no caso do Brasil, a Constituição de 1988. Praticar a Constituição, isto é, ser razoável com a Carta Magna, significa cultivar o patriotismo constitucional (Jelihovschi et al., 2017), ou seja,

---

[20] "Democracia representativa é a forma de governo em que os cidadãos – isto é, os titulares do poder na comunidade política – não exercem sua soberania diretamente, mas a delegam a representantes eleitos, ou seja, às autoridades escolhidas em eleições livres, periódicas, competitivas, regulares, definidas por lei e monitoradas por um corpo judicial independente" (Di Giovanni e Nogueira, 2015:252-253). Este é o conceito desejado pela democracia liberal, porém, "[mais] de dois terços dos habitantes do planeta acham que os políticos não os representam, que os partidos (todos) priorizam os próprios interesses, que os parlamentos não são representativos e que os governos são corruptos, injustos, burocráticos e opressivos. Na percepção quase unânime dos cidadãos, a pior profissão que existe é a de político" (Castells, 2018:14-15).

[21] "A democracia deliberativa é definida como resultante da decisão coletiva que emerge de arranjos que agregam escolhas coletivas estabelecidas em condições de livre e pública argumentação entre iguais, governados por essas decisões [...]. Encontramos nesse conceito a junção do ideal igualitário com o ideal republicano" (Di Giovanni e Nogueira, 2015:239). Para que tal conceito possa ser praticado, é necessário o surgimento de uma consciência cidadã revolucionária, um sentido de mudança do *status quo* que pode ser manifestada por meio de: "(a) [...] de que é possível um novo começo. Nisso se reflete uma consciência histórica modificada. [...]. (b) [...] convicção de que todos os indivíduos emancipados têm que ser autores de seus destinos. [...]. (c) [...] convicção de que o exercício da autoridade política não pode ser legitimado religiosamente (apelando para uma autoridade divina) ou metafisicamente (apelando para um direito natural, fundado ontologicamente). Pois uma política inteiramente profana tem que ser justificada pela razão" (Habermas, 1997:254-256). Portanto, a democracia deliberativa é uma democracia inclusiva na medida em que todos os envolvidos devem ser sujeitos do processo na solução das questões que os afetam.

o processo de tomada de decisão deve ser realizado no que é instituído pela Constituição, e não apenas pela opinião e/ou interesses quer de governantes ou do quadro funcional do Estado, quer de dirigentes empresariais e/ou de seu grupo de técnicos, sequer da sociedade civil organizada. São os fundamentos normativos da Constituição que deverão orientar as decisões com o objetivo de atender ao estado democrático de direito. Desse modo, a prática do patriotismo constitucional deverá ocorrer por meio de arranjos institucionais que permitam a participação de todos os concernidos, isto é, de todos os afetados pelo processo de tomada de decisão. Portanto, mais uma vez, esse é o significado que desejamos quando falamos de gestão social. Praticar uma gestão nos moldes aqui conceitualmente pretendidos é não ser somente razoável com os preceitos constitucionais, mas praticar uma moral social, uma moral democrática.

Uso inadequado de conceitos[22]

Vários são os usos e abusos, no nosso acrítico cotidiano, de palavras cujo emprego num dado momento, de maneira formal ou informal, correta ou incorreta, se intensifica como moda. No momento da escrita deste ensaio, vocábulos como *colaborador*, *empreendedor*, *parceiro* e quejandos são lugares-comuns, porém não são esses que desejamos comentar. Comentaremos sobre outros dois: *governança* e *populismo*. O primeiro porque, com ele, procura-se significar governança como um ato zeloso, diligente de administrar, e o segundo, populismo como um ato interesseiro, falsamente sociável de administrar. No entanto,

---

[22] Este item foi inspirado no artigo de Guerreiro Ramos "A teoria administrativa e a utilização inadequada de conceitos". Segundo ele, o "artigo discute a ideia de que o campo da teoria administrativa, assim descaracterizada, capitulará a um processo extrapolativo a que eu chamo 'uso inadequado de conceitos'. O processo de mutilação da teoria administrativa ocorrerá na medida em que se servir, para tratar de fatos e problemas que lhe são inerentes, de conceitos emprestados, alheios à sua natureza intrínseca" (Ramos, 1973:6).

ambos os vocábulos podem ser interpretados de modo contraditório ao senso comum.

Assim, logo no seu surgimento na ribalta dos exercícios gerenciais, governança tinha o intento de ser uma prática republicana, isto é, no caso da administração pública, as ações de Estado deveriam ser compartilhadas entre os três principais segmentos da coletividade humana: Estado, mercado e sociedade civil – não necessariamente nessa ordem. A equivalência societal seria a maneira de atuação, governança, desses setores. Porém, nem sempre os conceitos guardam relação com a realidade, isto é, sua identidade com o real não consegue individualizá-lo, o que parece ocorrer com o significante governança.

A expressão *governança* foi datada no século XV e, segundo o *Dicionário Houaiss da língua portuguesa* (Houaiss e Villar, 2001), é um substantivo feminino que significa ato de governar, governo, governação, cuja sinonímia sugere administração, comando, condução, diretoria, gerência, gestão, governadoria, governança, governo, leme, mando, rédea, regência, regime, superintendência. Como tais acepções do léxico expressam relação de obediência em que um é o superior e o outro é o subordinado, governança não significaria o apregoado, uma prática republicana. Assim, se acompanharmos o que diz o léxico, o significado original de governança não estará próximo do significado atribuído em nossos dias, isto é, uma relação de horizontalidade, de equivalência entre atores. Mesmo considerando a fluidez do vernáculo, portanto admitindo-se que uma palavra possa, ao longo da sua existência, não guardar coerência com sua acepção original, na atualidade governança tem sido usada como uma concepção de decisão e/ou ação na qual os concernidos têm os mesmos deveres e/ou direitos.

Porém o que podemos observar é o distanciamento não só da concepção original de governança como também das intenções contemporâneas de sua prática. Isto é, o intento governança, tal como apontamos no primeiro parágrafo desta seção, que significaria uma convergência de interesses entre os diferentes atores de uma dada situação decisória, os quais compaginariam seus interesses em função de um bem comum, parece não guardar relação com a realidade. O que temos observado é que a iniciativa e/ou normas estabelecidas para tal convergência de interesses sempre têm origem em algum tipo de poder estatuído. Ou seja, a demanda pela prática de governança ora tem seu ponto inicial em ator governamental, ora em ator do setor privado. Desse modo, não há equivalência de poderes, uma vez que a iniciativa não é uma congregação de ideias, visto que partiu apenas de um ator da sociedade cujos interesses irão pautar a agenda da dita governança.

Vejamos a possibilidade de uma proposta de governança ser uma mobilização do setor público. Qual garantia temos de que todos os atores de uma dada sociedade ou de um dado problema estejam ali presentes ou representados? Os arranjos institucionais para esse tipo de ação – exemplo são as audiências públicas – não garantem a participação da cidadania. O que nos assegura que o processo de divulgação e/ou canal de difusão dê garantia do pluralismo dos diferentes atores? O mesmo ocorre com a chamada governança corporativa, iniciativa não do setor público, mas do setor empresarial, mais preocupado com os interesses dos *shareholders* (acionistas) do que com os *stakeholders* (atores externos), leia-se consumidores, por exemplo. Não esqueçamos que iniciativas no emprego da palavra governança não estão restritas aos setores público e privado; verificam-se também nas organizações do terceiro setor, o que significa dizer que tais organizações estão igualmente sujeitas às patologias decorrentes do abuso de um conceito que está na moda.

Por que desconfiar do conceito de governança, que poderia substituir, como alguns desejam, ou até ser sinonímia do conceito de gestão social, uma vez que ambos os intentos conceituais surgiram no início dos anos 1990? Pelo menos duas são as respostas possíveis. A primeira é que o conceito de gestão social surge para fazer frente a outro que aparece naquele momento: a concepção de gerência social, pensamento produzido e introduzido sob a *new age* neoliberalista, por meio de um programa de treinamento promovido pelo Banco Interamericano de

Desenvolvimento (BID)[23] com o intuito de capacitar os servidores públicos da América Latina a trabalhar com políticas públicas compensatórias.[24] A segunda resposta aparece com o objetivo de contrapor o conceito de gestão social ao de gestão estratégica, significado de ações gerenciais de conteúdo competitivo, isto é, ações voltadas para atender às necessidades do mundo gerencial privado, no qual o outro é um concorrente ou alguém a ser conquistado. Assim, o conceito de gerência social, como o conceito de governança, seria antípoda ao conceito de gestão social.

Quanto ao populismo, na contemporaneidade ressurge de modo pejorativo. Apesar de ter sua formulação iniciada no quadrante final do século XIX, agora, em pleno quadrante inicial do século XXI, tem sido utilizado e estudado para explicar manifestações políticas falsídicas, eleitorais ou eleitoreiras, tanto à direita quanto à esquerda. Inclusive tem-se apontado o retorno do populismo como uma maneira de fazer frente ao neoliberalismo econômico-financeiro em voga, que acossa a grande maioria da população terrena. Tem também, infelizmente, servido de argumento xenofóbico contra imigrantes ou minorias étnicas e sexuais. Tem servido para denunciar o clientelismo, adversários políticos, ou, quando se deseja acusar um desafeto, "populista" é a melhor expressão para qualificá-lo. Daí que o tema populismo tenha se revestido de adjetivações as mais diferenciadas e seja um fenômeno cujas definições e características cobrem um amplo espectro de possibilidades.

---

[23] Programa Latino-Americano de Formación de Gerentes Sociales. Um dos cursos promovidos por esse programa era o Curso de Directivos em Deseño y Gestión de Políticas y Programas Sociales implementado pelo Instituto Interamericano para o Desenvolvimento Social (INDES) do BID. Vale lembrar que em 1993 foi publicado o livro organizado por Bernardo Kliksberg *Pobreza: um tema impostergable. Nuevas respuestas a nivel mundial.* Também é de salientar que dois capítulos aí se destacavam por serem, em princípio, os textos referenciais da concepção de gerência social: "Gerencia social: dilemas gerenciales y experiencias innovativas" e "¿Como capacitar en gerencia social?" ambos de Bernardo Kliksberg.

[24] O Brasil aderiu a este programa patrocinado pelo BID durante o primeiro governo de Fernando Henrique Cardoso (1995-1998).

No entanto, se recorremos à história, encontraremos que o populismo fez parte do passado de países como Estados Unidos da América (EUA) e Rússia. Passado, final de século XIX, no qual o populismo emerge com uma preocupação central: acudir as necessidades dos menos favorecidos. Nos EUA foi criado o People's Party (Partido do Povo) e na Rússia o movimento *narodnik*. Quem seriam e ainda são os menos favorecidos? O povo. Porém, a palavra povo pode significar conjunto de pessoas que falam a mesma língua, têm costumes e interesses semelhantes, história e tradições comuns ou, ainda, conjunto de pessoas que vivem em comunidade num determinado território ou uma multidão de pessoas. Porém, no geral, a palavra povo vai expressar aquelas pessoas que pertencem à classe mais pobre, os desfavorecidos. E é justamente com essa classe de desfavorecidos que os movimentos populistas, norte-americano e russo, no final do século XIX vão se preocupar. Lamentavelmente, políticos, partidos políticos e/ou movimentos, desde então e até agora, têm se aproveitado do substantivo povo para promover ou manter sua posição de poder. Apesar disso, raramente o povo é descrito como soberano, como aquele que deveria ser o real detentor de poder na sociedade.

Diz a história que o Partido do Povo teve origem na junção de dois outros movimentos políticos nos EUA: a Kansas Farmers Aliance (Aliança dos Agricultores do Kansas) e o Knights of Labor (Cavaleiros do Trabalho).[25] O contexto econômico dos EUA na época do surgimento do Partido do Povo favoreceu a revolta popular tanto dos pequenos agricultores quanto dos trabalhadores urbanos. No entanto, com exceções, o movimento populista norte-americano não era de orientação socialista; desejava apenas fazer reformas no capitalismo vigente. O People's Party feneceu após as eleições de 1908.[26] Por sua vez, o movimento *narodnik*, na Rússia então czarista, tem sua origem

---

25 Disponível em: <www.britannica.com/topic/Farmers-Alliance>. Acesso em: 9 out. 2018.

26 Disponível em: <www.thefreedictionary.com/Populist+(United-States)>. Acesso em: 9 out. 2018.

na intelectualidade de orientação socialista preocupada com a injustiça social que grassava naquele país da Europa Oriental. Injustiça social que ocorria notadamente com o povo que vivia no campo, com o camponês. Desse modo, os populistas russos tinham como preocupação central capacitar o homem do campo para que ele tivesse consciência da sua condição de permanente subalternidade ao sistema de governo vigente na época, o czarismo. Apesar de ser um movimento de orientação progressista, o populismo russo desapareceu com a Revolução de 1917.

Possivelmente os leitores deste texto estejam perguntando: por que o tema populista foi agregado a uma discussão sobre o conceito de gestão social? De imediato, responderíamos: não é pelo modismo de a palavra populismo ressurgir na contemporaneidade, no quadrante inicial do século XXI. O intento é saber valorizar a importância que a palavra "povo" deveria ter para o significado desejado de gestão social. Ou seja, a prática de uma gestão dialógica por meio de arranjos institucionais democráticos, preconizando o envolvimento de todos os concernidos, exige que a centralidade de suas discussões e proposições seja o povo. Ou melhor, que as demandas sociais não sejam exclusivamente aquelas admitidas e articuladas pelas interpretações dos aparelhos burocráticos existentes, quer do setor público ou empresarial privado. As demandas sociais devem ser vistas pelo gestor com atitude social, como aquelas articuladas pela demanda popular. Desse modo, o povo deve ser visto como detentor de poder, como sujeito social, não apenas como um dado, como um instrumento do poder. Se estar atento às necessidades da população, reconhecer a soberania popular é ser populista, então praticar gestão social é praticar uma ação populista, uma vez que "o populismo não é uma ideologia, mas uma forma de construção do político" (Laclau, 2013:21).

A construção do político exige, necessariamente, o reconhecimento do *demos*, de modo que a *kracia* seja praticada, isto é, que a autoridade seja do povo. Portanto, o povo deve ser reconhecido na sua soberania como sujeito em qualquer processo decisório. Não deve ser visto como um estrato social carente, uma vez que suas carências são consequentes, decorrentes, das contradições geradas por um modo de organização político-econômica de orientação estratégica em que o povo é apenas um indicador social, e não um dos agentes do processo. Portanto, se atuar com essas considerações é ser populista, a gestão social aqui pretendida guarda relação com o populismo no sentido original de seu surgimento como movimento político antagônico às oligarquias financeiras (EUA) e ao absolutismo czarista na Rússia. Assim, a gestão social é populista na medida em que o povo não é um dado da análise, mas um dos sujeitos do planejamento a ser implementado naquelas tentativas de minimizar as ainda permanentes carências sociais. E mais, a prática da gestão social não deve exercitar a *aporofóbica* patologia social de rechaçar o pobre. A pobreza é uma circunstância estrutural das sociedades em que vivemos; deve ser solucionada com a participação da mesma sociedade, e não delegada exclusivamente a políticos de turno e/ou tecnoburocratas de birô. Ou adotamos a lei do comprometimento[27] descrita por Guerreiro Ramos em *A redução sociológica* ou estaremos fadados a manter o *status quo* por meio da mesmice acadêmica.

Considerações finais

Qual o receio de o significado de gestão social não se fazer perene? Ou será um conceito de um dado momento? Não seria a gestão social um uso inadequado de conceitos no campo dos estudos organizacionais?

Desde seu contraponto, no início dos anos 1990, aos conceitos de gerência social e gestão estratégica, a noção de gestão social ainda é associada ora à gestão de políticas sociais, ora a atividades assistencialistas, ora ao terceiro setor, ora a ações caritativas e até a uma

---

27 "Lei do comprometimento. Esta lei pode ser enunciada do seguinte modo: *Nos países periféricos, a ideia e a prática da redução sociológica somente podem ocorrer ao cientista social que tenha adotado sistematicamente uma posição de engajamento ou de compromisso consciente com o seu contexto*" (Ramos, 1965:112, grifo no original).

concepção exclusiva de especificidades profissionais. De outro lado, o conceito de gestão social, como todo pensamento sistematizado, pode não guardar identidade com a realidade, uma vez que o subjetivismo neoliberal que vem sendo instituído desde os anos 1970 pretende exaltar a individualidade e não a coletividade. Por via de consequência, os elementos constitucionais oriundos da Constituição brasileira de 1988 que privilegiam a participação cidadã parecem estar sendo vilipendiados por meio de um processo no qual a cidadania, que teve voto e voz na Constituinte de 1988, não se faz presente.

O conceito de gestão social que vem sendo pretendido em parte da academia brasileira e que tem sido conscientemente adotado em outras instâncias fora do país é o de uma gestão democrática, dialógica, inclusiva, em que participem todos os afetados por qualquer tipo de tomada de decisão, cuja iniciativa pode ter origem em qualquer setor da sociedade (público, privado ou público não governamental). Desse modo, ao falarmos de gestão social não estamos falando de gerência social ou de governança, qualquer que seja a adjetivação atribuída a este último vocábulo. Não estamos falando de uma gestão utilitarista, estratégica, na qual o outro é um objeto, mas de uma gestão na qual todos os outros, vale a redundância, têm direito a participar das decisões de forma deliberativa, de atuar como sujeitos e não como objetos do processo.

Assim, para que ele seja um conceito perene não basta que a academia promova o suporte epistemológico ainda necessário, tampouco o mantenha em suas grades de ensino, pesquisa e extensão. É necessário que o momento político e institucional do país favoreça a manutenção de uma academia plural e concernente com os anseios da sociedade, sendo o mercado entendido apenas como um dos enclaves da sociedade, e não desejando ser a sociedade. Por sua vez, para que ele não configure um uso inadequado de conceitos no campo dos estudos organizacionais e de exclusividade deste mesmo campo de estudo, o conceito de gestão social deveria estar associado à necessidade da interdisciplinaridade do conhecimento, assim como ser uma atitude crítica diante das contradições impostas pela hegemonia da gestão da questão econômica, da gestão estratégica. Daí a razão pela qual a gestão social não é o mesmo que a gestão do social, uma vez que esta última – a gestão do social – se dá de forma tecnoburocrática ou atendendo a interesses estratégicos de partes da sociedade à revelia da totalidade.

Referências

ADORNO, T. W. *Dialética negativa*. Rio de Janeiro: Zahar, 2009.

ANDERSON, P. *O fim da história*: de Hegel a Fukuyama. Rio de Janeiro: Zahar, 1992.

BRASIL. *Constituição da República Federativa do Brasil*. Brasília: Senado Federal, Centro Gráfico, 1988.

CASTELLS, M. *Ruptura:* a crise da democracia liberal. Rio de Janeiro: Zahar, 2018.

CORTINA, A. *Aporofobia, el rechazo al pobre*: un desafío para la democracia. Barcelona: Paidós, 2017.

DICIONÁRIO de economia. São Paulo: Best Seller, 1987.

DICIONÁRIO de espanhol-português. Porto: Porto Ed., 1951.

DICIONÁRIO Houaiss de sinônimos e antônimos da língua portuguesa. Rio de Janeiro: Objetiva, 2003.

DI GIOVANNI, G.; NOGUEIRA, M. A. (Org.). *Dicionário de políticas públicas*. São Paulo: Ed. Unesp, 2015.

ENGELS, F. *Anti-Düring*. Rio de Janeiro: Paz e Terra, 1976.

______. *A situação da classe trabalhadora na Inglaterra*. São Paulo: Boitempo, 2010.

GIDDENS, A. *A terceira via*: reflexões sobre o impasse político atual e o futuro da social-democracia. Rio de Janeiro: Record, 1999.

GUTERMAN, N.; LEFEBVRE, H. Introdução. In: LÊNIN, V. I. *Cadernos filosóficos*: Hegel. São Paulo: Boitempo, 2018.

HABERMAS, J. *Direito e democracia*: entre facticidade e validade. Rio de Janeiro: Tempo Brasileiro, 1997. v. II.

HOUAISS, A.; VILLAR, M. de S. *Dicionário Houaiss da língua portuguesa*. Rio de Janeiro: Objetiva, 2001.

JELIHOVSCHI, A. P. G. et al. Interfaces conceituais entre patriotismo constitucional e gestão social: um estudo de caso. *CS e DT – Controle Social e Desenvolvimento Territorial*, v. 1, n. 1, p. 6-25, jan./jul. 2017.

KLIKSBERG, B. *Pobreza*: un tema impostergable – nuevas respuestas a nivel mundial. México, DF: Fondo de Cultura Económica, 1993.

LACLAU, E. *A razão populista*. São Paulo: Três Estrelas, 2013.

NOVO Michaelis: dicionário ilustrado. São Paulo: Melhoramentos, 1957.

POLANYI, K. *A grande transformação:* as origens da nossa época. 2. ed. Rio de Janeiro: Campus, 2000.

_____. *A subsistência do homem e ensaios correlatos*. Rio de Janeiro: Contraponto, 2012.

RAMOS, A. G. *A redução sociológica*. Rio de Janeiro: Tempo Brasileiro, 1965.

_____. A teoria administrativa e a utilização inadequada de conceitos. *Revista de Administração Pública (RAP)*, v. 7, n. 3, p. 5-17, jul./set. 1973.

_____. *A nova ciência das organizações:* uma reconceituação da riqueza das nações. Rio de Janeiro: FGV Ed., 1981.

ROSANVALLON, P. *A nova questão social*: repensando o Estado providência. Brasília: Instituto Teotônio Vilela, 1998.

WAHRIG, G. *Wahrig deutsches Wörterbuch*. Munique: Mosaik, 1986.

3. Relatos do ensino, da pesquisa e da prática extensionista*

Ensino e pesquisa

Comumente, nos informes das instituições de ensino superior (IES) se faz uma direta associação entre o ensino e a pesquisa e, quando ocorre, a extensão vem em seguida. No caso específico deste texto, a extensão foi o tema inicial do surgimento do PEGS, conforme descrito nos capítulos 1 e 2. No entanto, simultaneamente ao processo de extensão com a Cáritas, o programa desenvolveu projetos de consultoria e/ou pesquisa que procuravam pôr em prática ainda sem uma clara definição conceitual do significado de gestão social, mas que se encaminhavam nessa direção na medida em que tais projetos serviriam como processos de aprendizagem para uma compreensão melhor das relações entre sociedade e Estado e entre trabalho e capital, referências fundamentais dos objetivos do PEGS. Reforçamos esse propósito referencial do programa desde uma perspectiva epistemológica que procurava reconstruir o conhecimento por meio da produção social, e não como resultado de saberes oniscientes; portanto, propósito que tem compromisso com práticas intersubjetivas antes que com as individuais.

No final dos anos 1990, precisamente em dezembro de 1998, o PEGS publicou um memorial dando conta dos seus primeiros oito anos de existência, período no qual foram realizadas 13 pesquisas, oito cursos ministrados com a Cáritas, cinco assessorias técnicas,

* Autor: Fernando Guilherme Tenório.

publicação de quatro livros e de 14 artigos em periódicos acadêmicos, 25 participações em congressos e seminários, realização de seis fóruns, assim como a orientação de oito dissertações.[1] Durante esse período (de 1990 a 1998), gostaríamos de destacar quatro atividades que consideramos fundamentais para o processo de aprendizagem no programa sem, contudo, diminuir a importância das demais práticas realizadas pelo PEGS nesse intervalo de tempo.

A primeira delas foi a pesquisa para criação de um banco de dados com referências bibliográficas sobre a relação sociedade-Estado e trabalho-capital. Esse projeto contou com o apoio financeiro do Conselho Nacional de Desenvolvimento Científico e Tecnológico (CNPq). Um dos objetivos desse banco de dados era potencializar o PEGS com um repertório bibliográfico sobre seus temas de estudo. Outro destaque foi a participação do PEGS no Comitê Técnico do Programa Gestão Pública e Cidadania implementado pela Escola de Administração de Empresas de São Paulo (Eaesp) da FGV com apoio financeiro da Fundação Ford e do Banco Nacional de Desenvolvimento Econômico e Social (BNDES). Por que salientamos esta participação coordenada pelo professor Peter Spink? Porque foi nesse programa, que durou 10 anos (de 1996 a 2005), que percebemos que um dos propósitos do PEGS – estudar a relação sociedade-Estado por meio da participação cidadã – era uma realidade conceitual e prática. Acrescentamos a esses destaques a participação do PEGS, durante o primeiro governo de Fernando Henrique Cardoso (1995-1998), na Rede Nacional de Capacitação em Gestão de Programas Sociais, Programa de Apoio à Gestão Social no Brasil, da Casa Civil da Presidência da República/Pnud. O PEGS foi o responsável pela coordenação, no estado do Rio de Janeiro, de três cursos sobre gestão social para funcionários do estado.[2]

---

[1] Em 2006, o PEGS, por meio da *Revista de Administração Pública (RAP)*, publicou na seção "Documentos" um balanço de suas atividades sob o título "A trajetória do Programa de Estudos em Gestão Social (PEGS)" (Tenório, 2006:1145-1162).

[2] A descrição desse memorial abarcando o período de 1990 a 1998 poderá ser encontrada em Tenório (1999).

No ano 2000, uma demanda do governo do estado do Maranhão fez com que o PEGS elaborasse o Programa de Capacitação Comunitária para o Desenvolvimento Regional – o Local como Referência: uma Proposta Metodológica Preliminar. O programa foi posteriormente implementado pelo governo daquele estado.[3] Ainda no final do mesmo ano, um novo memorial foi publicado na *Revista de Administração Pública*, abrangendo o período de 1990 a 2000 e apresentando os seguintes resultados: 42 artigos, 12 livros, quatro capítulos de livros, 15 pesquisas, nove trabalhos técnicos, orientação de 39 dissertações e de uma tese.[4]

Entre 2010 e 2019, o PEGS desenvolveu três projetos de pesquisa com apoio da Fundação Capes (Coordenação de Aperfeiçoamento de Pessoal de Nível Superior). O primeiro deles, Gestão Social: Ensino, Pesquisa e Prática, teve a participação direta, afora a coordenação do PEGS, de seis universidades e outras seis como colaboradoras.[5] Foi significativa a produção de publicações por meio desse projeto: 157 artigos, nove livros, 133 capítulos de livros, 20 livros organizados, 252 trabalhos publicados em anais completos, 48 trabalhos publicados em anais resumidos e 63 trabalhos publicados em anais resumos expandidos.

---

[3] A exposição desse programa de capacitação poderá ser encontrada em dois números da *Revista de Administração Pública* (Tenório, 2000a, 2000b).

[4] A descrição desse memorial abarcando o período de 1990 a 2000 poderá ser encontrada em Tenório (2006).

[5] Universidade Federal do Ceará (UFC); Universidade Federal Rural do Rio de Janeiro (UFRRJ); Universidade Federal de Lavras (Ufla); Universidade Federal de Santa Catarina (UFSC); Universidade Regional do Noroeste do Estado do Rio Grande do Sul (Unijuí); Pontifícia Universidade Católica de São Paulo (PUC-SP). Além dessas seis universidades, outras seis participaram como colaboradoras no projeto: Universidad de Arte e Ciências Sociais do Chile (Uarcis); Universidad Autônoma de Barcelona (UAB) – Institut de Govern y Políticas Públicas (Igop); Universidad Andina Simon Bolívar (Uasb) – Programa de Doutorado em Administração; Universidade Federal Fluminense (UFF) – Polo Universitário de Volta Redonda; Universidade Federal do Rio de Janeiro (UFRJ) – Coppe – Laboratório de Sistemas Avançados de Engenharia de Produção (Sage); Universidade Federal de Tocantins (UFT) – Programa de Pós-Graduação em Desenvolvimento Regional.

Já o segundo projeto, denominado Controle Social e Desenvolvimento Territorial, teve a participação, além do PEGS como coordenador, de três universidades: Universidade Federal Rural do Rio de Janeiro (UFRRJ), Universidade Federal de Tocantins (UFT) e Universidade Regional do Noroeste do Estado do Rio Grande do Sul (Unijuí). O resultado foi a publicação de quatro livros[6] e da revista digital *Controle Social e Desenvolvimento Territorial (CS e DT)* com 10 números publicados até a presente data.[7] O terceiro projeto, Peregrinos da Ordem do Desenvolvimento, também sob a coordenação do PEGS e com a participação da Universidade Federal de Pernambuco (UFPE) e Universidade Federal Rural do Rio de Janeiro (UFRRJ), foi concluído com a publicação do livro *Peregrinos da ordem do desenvolvimento: gestores públicos do Nordeste na formação do estado republicano (1930-1964)*.[8]

Cabe destacar que vários foram os projetos executados pelo PEGS com apoio de instituições de fomento à pesquisa, como a Capes, o CNPq (Conselho Nacional de Desenvolvimento Científico e Tecnológico), a Childhood Brasil,[9] o Pró-Pesquisa da EBAPE, assim como a FGV por meio de recursos do Projeto de Pesquisa Aplicada (PPA). Os resultados desses diferentes apoios financeiros proporcionaram a produção de artigos e livros impressos ou sob a forma de *e-books*, que serão identificados no anexo I deste livro.[10]

---

6 Os quatro volumes foram editados no formato de *e-books* com distribuição grátis e com o mesmo título: *Controle social de territórios* (Tenório, 2018; Allebrandt e Tenório, 2018; Villela e Tenório, 2018; Cançado e Tenório, 2018).

7 Disponível em: <https://sistemas.uft.edu.br/periodicos/index.php/csdt>. Acesso em: jan. 2021.

8 Tenório e Wanderley (2019): livro na forma de *e-book* e que pode ser obtido de forma gratuita no site da editora.

9 O apoio da Childhood Brasil resultou na publicação de um livro organizado por Barbosa e Tenório (2008). Acrescentar que esta foi uma pesquisa coordenada pela EBAPE/PEGS nas cidades de Brasília (DF), Manaus (AM), Rio de Janeiro (RJ), Salvador (BA) e São Paulo (SP) e contou com a participação das seguintes IES: Universidade de Brasília (UnB), Universidade Federal do Amazonas (UFA), EBAPE, Universidade Federal da Bahia (UFBA) e Escola de Administração de Empresas de São Paulo (Eaesp) da FGV.

10 Total de artigos publicados: 78; capítulos de livros: 41; livros: 34; verbetes de dicionários: 2.

Finalmente, quanto à produção acadêmica relacionada com o PEGS, foram realizados dois estágios pós-doutorais, defendidas cinco teses de doutorado, 41 dissertações de mestrado e 12 trabalhos de iniciação científica (graduação).

Extensão universitária

Da tríade ensino-pesquisa-extensão, a extensão universitária tem sido percebida e praticada mais como atividade acessória do que como algo importante no universo acadêmico. Um exemplo disso é a pequena divulgação de atividades extensionistas praticadas pelas IES. A extensão é mais privilegiada pelas ciências agrárias, um pouco pelas ciências sociais e, com exceções, quase nada pelas ciências sociais aplicadas, como é o caso da administração. Nessa área de conhecimento, a difusão de saberes, dentro e desde o espaço universitário, está condicionada a interesses na maioria das vezes subordinados à lógica do mercado ou à da eficiência burocrática, sem considerar a relação desse conhecimento com a sociedade e suas carências. Portanto, o conhecimento produzido e transmitido pela administração parece não perceber que seu determinante de ação deveria ser a sociedade, e não apenas especificidades dessa totalidade, como a eficiência e/ou produtividade das organizações. Em síntese, a questão econômica predomina sobre a questão social.

Aliado a essa predominância, há o desconhecimento de que, há mais de 100 anos, o clamor por uma universidade a serviço da sociedade faz parte das reivindicações estudantis, iniciadas em 1918 na Universidade Nacional de Córdoba, Argentina. Uma das reivindicações desse período que estimulou outras universidades na América Latina foi justamente a extensão universitária, ou seja, de que as IES deveriam estar aptas a transmitir conhecimento aos menos favorecidos pelo sistema socioeconômico. Fundamentados nessa histórica reivindicação, passamos a desenvolver projetos de extensão universitária na então

EBAP,[11] sobre o que, como fato muito inusitado, comento que passou a circular na escola a frase: "Quem gosta de pobre é Tenório". Se é assim, esse gostar já dura ininterruptas três décadas. As atividades de extensão começaram em 1989 nas dependências da Cáritas Arquidiocesana do Rio de Janeiro por meio do curso Elaboração de Projetos Comunitários. Devemos lembrar que, no início desse processo, o único "extensionista" da EBAP era o Tenório, ou seja, os cursos eram dados pelo "bloco do eu sozinho".

E por que a Cáritas como espaço dessa prática extensionista? Como sabemos, a Cáritas, em nível internacional, tem uma grande aproximação com as comunidades por meio das paróquias e pastorais da Igreja Católica, ou seja, é um espaço de ação próximo à realidade social, e não apenas ilustrado por meio de dados estatísticos ou referências bibliográficas.[12] Acrescente-se a isso o fato de ter conhecido duas assistentes sociais, Jane Miranda Cardoso, na época coordenadora da Cáritas, e Helena Bertho de Carvalho, que, apesar de não ser funcionária da Cáritas, ali atuava como voluntária. Fui apresentado por Helena ao sociólogo Ivandro da Costa Sales, profissional com larga experiência em extensão universitária. Cito de imediato esses três personagens porque foram estímulos intelectuais e de vivência que me ajudaram a compreender melhor o significado da extensão e de trabalhar com a questão social não só por meio de dados estatísticos, mas próximo da realidade.

Também não cabe dúvida de que a leitura da obra de Paulo Freire foi fundamental. Entre seus livros, destacamos *Extensão ou comunicação?*, no qual ele comenta que o processo de extensão é educativo e dialógico "com aqueles que, quase sempre, pensam que nada sabem,

---

11 Em 2002 foi acrescido à EBAP o "E" de empresas, e a escola passou a ser denominada Escola Brasileira de Administração Pública e de Empresas (EBAPE).

12 Vale observar que vez por outra a expressão "com a Cáritas" complementa frases nesse relato. Por que com a Cáritas? Porque o protagonismo da atividade descrita se deve ao histórico dessa instituição, que desde 1968 atua junto às comunidades periféricas do município do Rio de Janeiro. As ações implementadas pela EBAPE/PEGS são de apoio acadêmico a essa instituição da Igreja Católica. Inclusive, os diplomas para os participantes dos cursos, assim como para os monitores (que atuam como trabalhadores voluntários), são emitidos pela Cáritas.

para que estes, transformando seu pensar que nada sabem em saber que pouco sabem, possam igualmente saber mais" (Freire, 1983a:25). Ou seja, o extensionista deve ir a "campo" sabendo que detém um conhecimento, mas que aqueles que o receberão também possuem um conhecimento, uma prática, uma vivência de mundo que deve ser respeitada. Por sua vez, o extensionista deve entender que a "educação é comunicação, é diálogo, na medida em que não é [apenas] transferência de saber, mas um encontro de sujeitos interlocutores que buscam a significação dos significados" (Freire, 1983a:69).

Outros dois livros contribuíram para nossa interpretação do significado de extensão universitária. O primeiro a ser citado e que consideramos complementar ao pensamento freiriano é *Como trabalhar com o povo*, de Clodovis Boff, onde está escrito que não há regras para trabalhar com o povo, que "cada um tem que assumir o risco, pois o risco faz parte de todo aprendizado [...] Acerta-se no trabalho popular através de 'tentativas e erros'" (Boff, 1986:10). E com essa observação de Clodovis Boff procuramos, por tentativas e erros, implementar as atividades com a Cáritas.

O segundo livro é de Herbert José de Souza (1985:7), mais conhecido como Betinho, *Como se faz análise de conjuntura*, sempre atual ao dizer, logo na introdução:

> No momento em que toda a sociedade brasileira acompanha ativamente o desenrolar dos acontecimentos políticos, fica evidente que não basta apenas estar com a leitura dos jornais [telejornais, *blogs* e/ou noticiários radiofônicos] em dia para entender o que está ocorrendo. No volume de informações [acrescido contemporaneamente das redes sociais] que é veiculado todos os dias é necessário identificar os ingredientes, os atores, os interesses em jogo. Fazer isso é fazer análise de conjuntura.

Procurando atender a esse pressuposto sugerido por Betinho, sempre que iniciamos os cursos, ou se surgirem fatos que podem apoiar uma interpretação melhor do conteúdo exposto, dados e/ou informações conjunturais durante o processo, os apresentamos e discutimos com os participantes. A análise de conjuntura, ou seja, a contextualização, também contribui para o exercício final de cada curso se, nessa ocasião, os participantes forem estimulados a elaborar um projeto ou escrever um relatório dos casos estudados ou visitados.

Não há dúvida, porém, de que vieram estímulos da Teologia da Libertação, que, então, quando iniciamos as atividades em 1989, fazia parte do ideário de alguns segmentos da Igreja Católica na América Latina. Essa teologia foi fundada na Filosofia da Libertação, que no dizer de um pioneiro desse pensamento, Enrique Dussel (1996:199), tem como "pivô central o homem, como liberdade, como exterioridade, como pessoa, como oprimido". Portanto, desde sempre, entendemos que o conhecimento transmitido, fundamentado em conhecimentos sociotécnicos, poderia contribuir para o encaminhamento de sua emancipação por meio de ações refletidas, e que

> [a] não ser assim, a ação é puro ativismo. [...] Desta forma, nem um diletante jogo de palavras vazias – quebra-cabeça intelectual –, que, por não ser reflexão verdadeira, não conduz à ação, nem ação pela ação. Mas ambas, ação e reflexão, como unidade que não deve ser dicotomizada [Freire, 1983a:57].

Daí nosso grande dilema pedagógico: transmitir conhecimentos oriundos de racionalidades instrumentais que servissem como meio, mas, ao mesmo tempo, como prática que contribuísse para a reflexão e mudança do *status quo* dominante em situações periféricas.

Em 1999, foi publicado um artigo coletivamente redigido por alunos do curso de Mestrado em Administração Pública da EBAPE[13] que não somente descrevia suas experiências como monitores nos cursos,

[13] Adélia Cristina Zembrão da Silva; Alketa Peci; Carlos Dias Leal; Fausta Prociosa M. da Silva Cadete; João Soares Orban; Losé Luís Abreu Dutra; Lessandra da Silva; Marco Aurélio Nunes de Barros; Patrícia Asunción Loaija Calderón; Valéria Rosa Bicudo (Silva, 1999).

mas também trazia um pequeno histórico dos 10 primeiros anos de atividades com a Cáritas. Nesses anos de implementação dos cursos no subsolo da Catedral Metropolitana do Rio de Janeiro, onde até a presente data o PEGS desenvolve suas atividades de extensão, o nome que procurava formalizar essa experiência era Escritório-Modelo de Projetos Comunitários (EMPC). Porém, chegavam à Cáritas novas demandas, vindas de paróquias, pastorais e comunidades, que demonstravam a necessidade de ampliar o escopo de conhecimentos a serem transferidos pelo programa. Desse modo, passamos a perfilar no programa o que, no início dos anos 2000, passou a ser chamado de Laboratório de Transferência de Tecnologias Sociais (LTTS),[14] em substituição ao EMPC. O objetivo do laboratório era, e continua sendo, transmitir conteúdos da área de administração, mas acrescentando outros que possam agregar novos saberes às comunidades atendidas. Por essa razão, foram desenvolvidos os seguintes cursos: Formação Política e Cidadania: os Conselhos Municipais como Referência; Gestão Comunitária com Ênfase em Sustentabilidade Ambiental;[15] Gestão e Economia Solidária. Possivelmente, o que estávamos fazendo aproximava-se daquilo que ficou conhecido como solidariedade técnica, que significa ser

> a responsabilidade recíproca, construída a partir do diálogo livre e qualificado entre os atores da sociedade, do Estado e do capital, que enseja o surgimento de inovações sociais e tecnológicas, visando ao desenvolvimento social e solidário, baseado na paz, na democracia e na justiça social [Lianza e Addor, 2005:27].

Já é o momento de explicarmos como as atividades implementadas no então EMPC e no presente Laboratório de Transferência de Tecno-

---

[14] Transferência de tecnologia social entendida como o processo de transmissão de conhecimento a populações e movimentos sociais necessitados de aprendizados técnicos.

[15] Esse curso originou a produção de um livro com o mesmo nome, *Gestão comunitária com ênfase em sustentabilidade ambiental* (Tenório e Valle, 2018).

logias Sociais (LTTS) foram desenvolvidas ao longo dessas três décadas. Ao iniciar o "bloco do eu sozinho", outros foliões foram aderindo aos poucos, matriculando-se em disciplinas eletivas no mestrado da EBAP ("Gestão de projetos", "Gestão social I e II"),[16] participando no PEGS por meio de projetos e bolsas de estudo financiados pela FGV e/ou pela Capes ou pela interação com outras IES do estado do Rio de Janeiro — Universidade Federal Fluminense (UFF, *campus* Volta Redonda); Universidade Federal do Rio de Janeiro (UFRJ), por meio da Coppe (Instituto Luiz Coimbra de Pós-Graduação e Pesquisa em Engenharia da UFRJ); Universidade Federal Rural do Rio de Janeiro (UFRRJ); Universidade do Estado do Rio de Janeiro (Uerj) — assim como Controladoria-Geral da União (CGU Rio de Janeiro). A participação dessas IES ocorreu por diversos motivos, entre eles porque ex-alunos da FGV EBAPE que participaram das atividades do PEGS como discentes da escola tornaram-se docentes nessas IES. Outro motivo está relacionado à *expertise* dessas IES em temas que não fazem parte das discussões da EBAPE, como é o caso da questão ambiental, apoiada pela UFRJ/Coppe; do desenvolvimento territorial, apoiado pela UFRRJ; e da economia solidária, defendida pela UFF (Volta Redonda). É também um caso específico o da CGU-RJ quanto ao tema da transparência pública. Portanto, o método de trabalho foi desenvolvido na forma de uma rede de IES e da interdisciplinaridade necessária, dadas as temáticas dos cursos implementados com a Cáritas. Portanto, sob a coordenação da EBAPE/PEGS, várias IES participam das atividades do programa, atuando não só na Cáritas no município do Rio de Janeiro, mas também em outras no interior do estado, e colaborando com as IES acima mencionadas em atividades de extensão concernentes às do PEGS.

Ao longo desses 32 anos, cerca de 1.500 pessoas participaram dos cursos. É um número aproximado, porque não temos dados de 1989,

---

[16] Gestão social I é dedicada aos fundamentos teóricos; gestão social II, aos projetos de pesquisa e extensão.

1994-1996 e 2000. Apesar disso, e segundo os registros disponíveis na Cáritas, a maioria dos participantes é originária de bairros periféricos do município do Rio de Janeiro, como Bangu, Campo Grande e Santa Cruz; de municípios da Baixada Fluminense, como Duque de Caxias, Belford Roxo e Nova Iguaçu; e de cidades como Maricá, Nova Friburgo, Resende, Seropédica, Volta Redonda e Valença.[17]

Em 2010, por meio de um projeto apresentado à Fundação Carlos Chagas Filho de Amparo à Pesquisa do Estado do Rio de Janeiro (Faperj), obtiveram-se recursos financeiros que apoiaram a compra de computadores, impressoras e equipamentos audiovisuais que permitiram a modernização da sala que ocupamos no subsolo da Catedral Metropolitana do Rio de Janeiro. No ano seguinte, 2011, até o presente, 2021, recursos orçamentários da EBAPE passaram a contribuir para o pagamento de bolsas de estudos e manutenção dos equipamentos adquiridos pela Faperj. Acrescente-se que, desde 1989, a Cáritas apoia a implementação das atividades do PEGS, mas em 2019, dada a crescente demanda, seus recursos também passaram a apoiar o LTTS com ajudas de custo e/ou bolsas aos graduandos, mestrandos e doutorandos oriundos das diferentes IES que atuam no laboratório.

Regressemos a 1989, quando realizamos o primeiro curso com a Cáritas, de Elaboração de Projetos Comunitários. Em 1991, com o apoio da Arquidiocese do Rio, publicamos o livro *Elaboração de projetos comunitários: uma abordagem prática* (Tenório et al., 1991). Na sequência, foram implementados os cursos Elaboração de Projetos Comunitários, Administração de Projetos Comunitários e Avaliação de Projetos Comunitários. Em 1995, foram publicados os seguintes livros: *Administração de projetos comunitários: abordagem prática,*[18]

[17] Inicialmente, as atividades restringiam-se ao município do Rio de Janeiro; depois, estenderam-se a outros municípios do estado do Rio.

[18] Esse livro foi financeiramente apoiado pelas seguintes instituições: Red Iberoamericana de Insituciones de Formación e Investigación en Gerencia Pública (Rigep) e Federação de Órgãos para Assistência Social e Educacional (Fase). Tais recursos suplementaram bolsas de estudo, contribuindo para a elaboração do livro *Avaliação de projetos comunitários: uma abordagem prática* (Tenório, Silva e Carvalho, 1991a, 1991b).

Avaliação de projetos comunitários: abordagem prática e *Elaboração de projetos comunitários: abordagem prática*.[19] Em 2008, após revisão, os três livros foram compendiados em um, *Gestão comunitária: uma abordagem prática* (Tenório, 2008).

Ainda que de forma resumida, vale lembrar que o método que praticamos para a elaboração desses três primeiros livros contou com a participação direta de alunos do curso de Mestrado em Administração Pública da EBAP (ainda chamada assim, mudando para EBAPE apenas em 2002). Esses mestrandos atuavam como pesquisadores, redatores dos livros e monitores nos cursos com a Cáritas. As validações para compreensão de seus conteúdos tiveram a participação dos integrantes dos respectivos cursos e de técnicos da própria Cáritas. Assim, desde o início das atividades do PEGS, procuramos desenvolver as atividades sob uma perspectiva interdisciplinar e, consequentemente, de modo coletivo, para sermos coerentes com o que pretendíamos: desenvolver os estudos por meio de processos participativos. Por essa razão, a estrutura inicial do método adotado, seguido até a presente data, sempre busca contemplar o diálogo com a incorporação de diferentes saberes.

O primeiro livro, de 1991, *Elaboração de projetos comunitários: uma abordagem prática*, passou a servir como referência do método a ser adotado na elaboração dos que vieram a seguir, que contempla:

- redação do conteúdo conceitual segundo as etapas da lógica de elaboração de projetos;
- análise crítica, por pessoas atuantes em movimentos comunitários urbanos e rurais, do conteúdo conceitual e da redação originalmente utilizada;
- consolidação das observações e sugestões feitas no segundo momento.

A redação preliminar de *Elaboração de projetos comunitários*, o primeiro livro, contou com a seguinte participação interdisciplinar (em

[19] Os três livros foram publicados pela editora Loyola (Tenório, 1995a, 1995b, 1995c).

ordem alfabética): Eliana Marinho da Silva (arquiteta que ilustrou o livro), Fernando Guilherme Tenório (administrador), Helena Bertho da Silva (assistente social) e Helenice Feijó de Carvalho (engenheira). Por uma questão de espaço, exemplificamos apenas este caso. Os demais livros citados foram desenvolvidos da mesma maneira, mas com a contribuição de outros alunos da EBAPE ao longo dessas três décadas.

Desde o primeiro, os cursos são implementados atendendo à programação de um trimestre, com aulas teóricas e práticas. Funcionam com o conteúdo sendo apresentado em um dia da semana, geralmente quinta-feira na parte da tarde, para, na semana seguinte, ser discutida com os participantes a possibilidade prática do conteúdo apresentado, ou, quando necessário, seu reforço cognitivo. Também são realizadas visitas a projetos e/ou instituições que sirvam como referência à temática central de cada curso. Em função do patrocínio da Faperj para a aquisição de computadores e outros implementos audiovisuais, proporcionamos aulas de introdução à computação aos que ainda não possuem experiência com esse tipo de equipamento.

No ano de 2020, com a pandemia originada pelo coronavírus, causando a Covid-19, os cursos presenciais passaram a ser implementados de forma virtual. A FGV disponibilizou uma conta em uma plataforma de videoconferência através da qual os transmitimos. Não há dúvida quanto aos desafios dessa experiência de ensino a distância. Um deles refere-se ao aprendizado dos monitores e dos participantes diante dessa tecnologia de ensino. Embora o número de participantes possa ser maior no formato virtual, comparativamente ao presencial, as atividades dialógicas e as práticas e visitas exercitadas no processo presencial ficam restritas no virtual. Por sua vez, não são incomuns problemas com a transmissão via internet e com os "ruídos" causados pela falta de experiência com o uso dessas tecnologias. Foi necessário reduzir o número de horas-aula. No formato presencial, o tempo de aula era de aproximadamente duas horas e 30 minutos; no remoto, passou para uma hora e 30 minutos. Um dos motivos para a redução está relacionado ao fato de que as pessoas participam dos cursos a partir de seus ambientes domésticos, o que gera dificuldades comuns pelo entorno doméstico, assim como dificuldade de atenção ao conteúdo exposto.

Outro problema a ser considerado no uso dessas novas tecnologias de comunicação a distância tem a ver com a demanda, número de inscritos. A plataforma que usamos comporta apenas 300 pessoas. A quantidade de inscritos para o curso Gestão e Economia Solidária no ano 2020 ultrapassou 500, inclusive com inscrições oriundas de outros estados que não apenas o Rio de Janeiro. Em função dessa demanda, discutimos com os funcionários da Cáritas, assim como com os professores do curso, a delimitação do número de pessoas que deveriam ser aceitas para participar do curso. Chegamos a um consenso de que não mais de 150 pessoas deveriam ser aceitas. Questões de ordem pedagógica fizeram parte dessa discussão. Elaboramos o perfil das pessoas a serem selecionadas, preferencialmente provenientes de comunidades que tenham relação direta com a Cáritas e com os processos de extensão das IES envolvidas.

Apesar desses contratempos, acreditamos na possibilidade do uso dessas tecnologias, uma vez que podemos envolver participantes e/ou professores além dos limites do estado do Rio de Janeiro. Por exemplo, no curso Gestão Comunitária com Ênfase em Sustentabilidade Ambiental, uma monitora transmitiu o conteúdo referente ao desperdício de alimentos estando em Barcelona.[20] Já no curso Gestão e Economia Solidária, houve a participação de professores da Universidade Federal de Tocantins (UFT) e da Universidade Federal de Lavras (Ufla).[21] Quando do término da redação deste livro, já tínhamos convidado especialistas de Chile, Colômbia, Equador e

20 Tal atividade teve a participação da ex-doutoranda da Coppe/UFRJ Alba Cánovas, que, estudando no Brasil, participou desde o primeiro curso dedicado à sustentabilidade ambiental.

21 Professor Airton Cardoso Cançado (UFT), responsável pelo tema "Cooperativas populares", e professor José Roberto Pereira (Ufla), pelo tema "Incubadoras tecnológicas e cooperativas populares".

Espanha, a fim de expor experiências de seus respectivos países.[22] Ou seja, com essa disponibilidade tecnológica, ampliamos a rede de IES envolvidas no processo de extensão universitária da FGV EBAPE. Da mesma forma, ao término desta redação, estávamos discutindo a programação do curso Formação Política e Cidadania: os Conselhos Municipais como Referência, com a possibilidade de participação de monitores de IES de fora dos limites geográficos do estado do Rio de Janeiro e até do Brasil.

Essa experiência, praticando o curso de maneira remota, talvez alente a esperança de, pós-pandemia, continuarmos a desenvolver projetos de extensão, notadamente aqueles de transferência de conhecimento, para um número maior de pessoas, haja vista a demanda que foi provocada com o uso dessa tecnologia da comunicação. No entanto, uma pergunta, entre outras, poderíamos de imediato formular: como fica a qualidade da percepção do que é virtualmente transferido, uma vez que "educação é comunicação, é diálogo, na medida em que não é [apenas] transferência de saber, mas um encontro de sujeitos interlocutores que buscam a significação dos significados" (Freire, 1983a:69)?

Repetimos uma frase anteriormente mencionada, mas com outro objetivo: sem a segunda pessoa do plural, possivelmente a primeira do singular não alcançasse os resultados de um trabalho que já dura três décadas, o que significa dizer que precisamos agradecer à segunda pessoa do plural, os monitores da EBAPE e das demais IES envolvidas, pela valiosa contribuição ao PEGS. O espaço aqui disponível não seria suficiente para arrolar todos os que, de maneira direta ou indireta, contribuíram para o desenvolvimento do programa e de suas atividades extensionistas, contudo gostaríamos de identificar alguns desses nomes que atuaram de forma direta no PEGS como assistentes de pesquisa; outros aparecerão no capítulo 10, "Depoimentos", e/ou

---

22 Chile: Pablo Monje Reis; Colômbia: Karem Elizabeth Sanchez de Roldan; Equador: Efrain Naranjo; Espanha: Alba Cánovas; EUA: Ericka O. Erickson; Portugal: Carla Rebelo M. Magalhães.

nas capas dos livros no anexo. Por ordem alfabética: Alex Vargas, Allene Lage, Ana Carla Prado da Silveira Paiva, Ana Paula Gomes Jelihovschi, Anderson Felisberto Dias, Carlos Alberto Sarmento do Nascimento, José Luís Abreu Dutra, Lessandra da Silva, Riyuzo Ikeda Júnior, Suzana Feixas, Thais Soares Kronemberger, Thassia Andrina Silva de Paula e Valdeir Martins de Faria. A contribuição de todos foi valiosíssima para o desenvolvimento de um coletivo com propósitos acadêmicos no atendimento de uma atividade pouco valorizada – a extensão universitária.

Estendemos esses agradecimentos à ex-professora da EBAPE Deborah Moraes Zoanin, que durante o período no qual ocupou cargos de direção na escola apoiou as atividades do PEGS, notadamente aquelas relacionadas à Cáritas. Da mesma forma, ao professor José Roberto Pimenta, atualmente chefe do Centro de Formação e Pesquisa (CFAP) da EBAPE. Incluímos nos agradecimentos o pessoal da Cáritas, nas pessoas de Cândido Feliciano da Ponte Neto (diretor executivo), Janete Rodrigues Salgueiro (coordenadora de projetos), Maria da Conceição da Silva Pereira (secretária), Ivo Pereira da Silva (assistente administrativo) e Valdineia Justino Gomes (auxiliar de serviços gerais).

Finalmente, e aí retornamos à primeira pessoa do singular, não posso esquecer a timidez que foi, ao longo desses anos, projetar na EBAPE, e por via de consequência na FGV, as pretensões do PEGS. Desde então, e passadas três décadas, essa timidez relaciona-se ao chiste inicial, "quem gosta de pobre é Tenório". Essa frase era interpretada como se relativa ao "primo pobre" da escola, daí o acanhamento. Porém, acredita-se que a perenidade dessa atividade demonstra sua legitimidade enquanto processo de uma área de conhecimento – administração –, geralmente alheia a propostas dessa natureza porque, para uma grande maioria, o conhecimento dito superior, de 3º grau, aí incluindo graduação, mestrado e doutorado, deve ser detido apenas pela elite, que pode retê-lo, transmiti-lo e/ou aplicá-lo.

Referências

ALLEBRANDT, S. L.; TENÓRIO, F. G. (Org.). *Controle social de territórios*: teoria e prática. Ijuí: Ed. Unijuí, 2018. v. 2.

BARBOSA, L. G. M.; TENÓRIO, F. G. *O setor turístico* versus *a exploração sexual na infância e adolescência*. Rio de Janeiro: FGV Ed., 2008.

BOFF, C. *Como trabalhar com o povo*. Petrópolis: Vozes, 1986.

CANÇADO, A. C.; TENÓRIO, F. G. (Org.). *Controle social de territórios*: teoria e prática. Ijuí: Ed. Unijuí, 2018. v. 4.

DUSSEL, E. *Filosofía de la liberación*. Bogotá: Nueva América, 1996.

ECHEVERRÍA, B. *La modernidad de lo barroco*. México DF: Ediciones Era, 2000.

FREIRE, P. *Extensão ou comunicação?* 7. ed. Rio de Janeiro: Paz e Terra, 1983a.

______. *Pedagogia do oprimido*. 15. ed. Rio de Janeiro: Paz e Terra, 1983b.

LIANZA, S.; ADDOR, F. (Org.). *Tecnologia e desenvolvimento social e solidário*. Porto Alegre: Ed. UFRGS, 2005.

SILVA, L. da (Org.). Análise do processo de uma experiência em construção de projetos comunitários: para repensar a formação do administrador. *Revista de Administração Pública (RAP)*, Rio de Janeiro, v. 33, n. 5, p. 155-159, set./out. 1999.

SOUZA, H. J. de. *Como se faz análise de conjuntura*. 3. ed. Petrópolis: Vozes, 1985.

TENÓRIO, F. G. (Org.). *Administração de projetos comunitários*: abordagem prática. São Paulo: Loyola, 1995a.

______ (Org.). *Avaliação de projetos comunitários*: abordagem prática. São Paulo: Loyola, 1995b.

______ (Org.). *Elaboração de projetos comunitários*: abordagem prática. São Paulo: Loyola, 1995c.

______. Programa de Estudo em Gestão Social: memorial (dezembro de 1998). *Revista Brasileira de Administração Pública (RAP)*, v. 33, p. 183-189, 1999.

_____ (Org.). Programa de Capacitação Comunitária para o Desenvolvimento Regional – o local como referência: uma proposta metodológica preliminar. Parte I: estratégia de intervenção. *Revista de Administração Pública (RAP)*, Rio de Janeiro, v. 34, n. 1, p. 261-267, jan./fev. 2000a.

_____ (Org.). Programa de Capacitação Comunitária para o Desenvolvimento Regional – o local como referência: proposta pedagógica e metodológica. Parte II: estratégia pedagógica. *Revista de Administração Pública (RAP)*, Rio de Janeiro, v. 34, n. 2, p. 147-151, mar./abr. 2000b.

_____. A trajetória do Programa de Estudos em Gestão Social (PEGS). *Revista de Administração Pública (RAP)*, Rio de Janeiro, v. 40, n. 6, p. 1145-1162, 2006.

_____ (Org.). *Gestão comunitária*: uma abordagem prática. Rio de Janeiro: FGV Ed., 2008.

_____ (Org.). *Controle social de territórios*: teoria e prática. Palmas: EdUFT, 2018. v. 1.

_____; SILVA, H. B.; CARVALHO, H. F. de. *Elaboração de projetos comunitários*: abordagem prática. São Paulo: Marques Saraiva, 1991a.

_____; _____; _____. *Elaboração de projetos comunitários*: abordagem prática. 2. ed. São Paulo: Loyola, 1991b.

_____; VALLE, R. *Gestão comunitária com ênfase em sustentabilidade ambiental*. Rio de Janeiro: FGV Ed., 2018.

_____; WANDERLEY, S. E. de P. V. (Org.). *Peregrinos da ordem do desenvolvimento*: gestores públicos do Nordeste na formação do Estado republicano (1930-1964). Ijuí: Ed. Unijuí, 2019.

_____ et al. *Elaboração de projetos comunitários*: uma abordagem prática. Rio de Janeiro: Marques Saraiva, 1991.

VILLELA, L. E.; TENÓRIO, F. G. (Org.). *Controle social de territórios*: teoria e prática. Ijuí: Ed. Unijuí, 2018. v. 3.

4. Extensão universitária com gestão social: a experiência do Laboratório de Transferência de Tecnologias Sociais (LTTS)*

Introdução

O presente texto procura descrever, à luz do referencial sobre gestão social e extensão universitária, uma experiência de cursos de formação e cidadania em diferentes temas junto a comunidades da Região Metropolitana do Rio de Janeiro (RMRJ) realizados pelo Programa de Estudos em Gestão Social (PEGS) da Escola Brasileira de Administração Pública e de Empresas da Fundação Getulio Vargas (FGV EBAPE) em conjunto com a Cáritas Arquidiocesana do Rio de Janeiro (Carj) e demais instituições de ensino superior (IES) sediadas no estado do Rio de Janeiro.

A extensão universitária pelo PEGS/FGV EBAPE é realizada há 30 anos e já alcançou cerca de 1.500 concluintes nos cursos como elaboração, implementação e avaliação de projetos comunitários; qualificação da participação em conselhos municipais; sustentabilidade ambiental e, mais recentemente, economia solidária. Soma-se a isso a inserção da extensão universitária na formação acadêmica de discentes dos cursos de graduação em administração, economia e ciências sociais, como também de mestrado e doutorado em administração, administração pública e engenharia de produção das IES participantes do LTTS.

---

* Tenório, Kronemberger e Ikeda Júnior (2019).

Desde 2011, com a implantação do LTTS, as atividades de extensão foram aperfeiçoadas e mais bem desenvolvidas com o apoio de equipamentos de informática e multimídia, o que também possibilitou a criação de um curso de informática. Com o laboratório, uma rede de pesquisadores de distintas IES foi constituída, sendo composta por docentes e discentes da Universidade Federal Rural do Rio de Janeiro (UFRRJ); Universidade Federal Fluminense (UFF, Volta Redonda); Instituto Alberto Luiz Coimbra de Pós-Graduação e Pesquisa de Engenharia (Coppe) da Universidade Federal do Rio de Janeiro (UFRJ); Universidade do Estado do Rio de Janeiro (Uerj).

A metodologia dos cursos é baseada na pedagogia da autonomia de Paulo Freire (1992, 2005), no trabalho em comunidades de Clodovis Boff (1986) e nas formas de transferência de tecnologia social do Instituto de Tecnologia Social (ITS). Por tecnologia social compreende-se um conjunto de técnicas, metodologias transformadoras, desenvolvidas e/ou aplicadas na interação com a população e apropriadas por ela, que representam soluções para a inclusão social e melhoria das condições de vida (Instituto de Tecnologia Social, 2004).

A pesquisa-ação de Michel Thiollent (1988) também é adotada como método no desenvolvimento das atividades de extensão em que discentes e pesquisadores têm um envolvimento orgânico e uma relação intersubjetiva com os sujeitos integrantes do processo. A pesquisa-ação é definida como um tipo de pesquisa social com base empírica, concebida e realizada em associação com uma ação ou com a investigação de um problema coletivo no qual os pesquisadores estão envolvidos de forma participativa: "[...] com a pesquisa-ação os pesquisadores pretendem desempenhar um papel ativo na própria realidade dos fatos observados" (Thiollent, 1988:16).

Sustentado em tais fundamentos, o texto está estruturado em seis seções, além desta introdução, das considerações finais e das referências bibliográficas. A segunda seção apresenta e discute o conceito de gestão social e extensão universitária, considerados temas geradores no desenvolvimento da experiência extensionista pesquisada. A seguir, apresenta-se brevemente a metodologia de pesquisa na coleta dos dados e análise dos cursos de extensão desenvolvidos no âmbito do LTTS. As demais seções dedicam-se a descrever os cursos de extensão em elaboração de projetos comunitários com ênfase em sustentabilidade ambiental, gestão em economia solidária e formação política e cidadania em conselhos gestores. Por fim, na última seção, são tecidas as considerações finais com destaque para a sistematização dos principais resultados alcançados na realização dos cursos de extensão analisados.

Gestão social e extensão universitária: construindo conexões

A gestão social é compreendida como o processo gerencial dialógico no qual a autoridade decisória é compartilhada entre os participantes da ação em qualquer sistema social. O adjetivo social qualificando o substantivo gestão é visto como o espaço privilegiado de relações sociais no qual todos têm direito à fala, sem nenhum tipo de coação (Tenório, 2008b).

Entendida como um processo dialógico, a gestão social só se fundamenta se todos os participantes da ação social admitem sua validade, ou seja, a verdade é um acordo alcançado por meio da discussão crítica, da apreciação intersubjetiva. Sob a atuação da ação comunicativa, nesse tipo de ação o indivíduo busca motivar o outro para que ele concorde com seu argumento, sendo a linguagem utilizada como fonte de integração social (Tenório, 2008b).

A teoria da ação comunicativa de Jürgen Habermas constitui a base epistemológica do conceito de gestão social. Por ação, entende-se não apenas uma intervenção na realidade, o "fazer", mas a realização de relações sociais em uma inter-relação, sendo a comunicação o elemento essencial da ação, já que nenhuma interação social acontece sem a comunicação (Repa, 2008).

Dessa forma, a ação comunicativa é compreendida em oposição à ação estratégica. Enquanto a primeira volta-se para o diálogo, para o entendimento sobre determinada situação alcançado por meio de um acordo que leve ao consenso das definições, na segunda o processo é coordenado por pelo menos um dos participantes da ação, por meio de decisões que refletem interesses próprios (Aragão, 1992).

Na ação comunicativa, os indivíduos, ao propor suas questões, precisam apresentá-las sobre bases racionais, ou seja, sem o exercício do poder coercitivo, com todos tendo direitos iguais à fala, a expor seus argumentos através da razão, discursivamente. "Quem fala expõe suas ideias de maneira racional e quem ouve reage tomando posições motivadas também pela razão" (Tenório, 2002:77). Nesse tipo de ação social, as pessoas envolvidas chegam a um acordo para decidir suas ações, e o ajuste é alcançado pelo reconhecimento intersubjetivo das pretensões de validade do discurso de cada um dos participantes.

Pode-se dizer que o conceito de gestão social está diretamente relacionado com a extensão universitária, uma vez que esta última é compreendida como uma construção ou (re)construção de conhecimento, envolvendo, além de discentes e docentes, representantes de outros espaços e culturas, perspectivas e níveis de educação diferenciados. A construção extensionista não se limita à universidade, mas abrange uma diversidade de públicos externos com os quais é necessário estabelecer uma interlocução para a identificação de problemas, troca de informações e proposições, enfim, um processo que desde seu início ocorre de forma coletiva (Thiollent, 2002).

A ótica da gestão social se alinha às perspectivas pedagógicas de Paulo Freire (1992, 2005), pois adota o procedimento dialógico de comunicação interativa entre educador e educando. Freire (1992) também destaca que a extensão é realizada para a conscientização das problemáticas sociais e da transformação da realidade. Mas, para que haja efetivo benefício ao mundo das contribuições extensionistas, a construção de conhecimento pela prática da extensão deve ser pensada como um processo dialógico.

Freire (1992) acredita que a comunicação só consegue ser incisiva, convincente e internalizada na realidade social quando a prática de extensão está presente. O educador/professor/pesquisador/extensionista deve reconhecer a flexibilidade em lecionar/transmitir/educar/ensinar e acreditar na troca de experiências entre o aluno/destinatário do conhecimento/educando e o educador.

Freire (2005) propõe uma prática pedagógica em favor da reflexão crítica, da ética, do respeito à dignidade, ao saber e à autonomia do educando, ou seja, uma pedagogia da emancipação do sujeito, da construção conjunta do conhecimento entre educando e educador.

Ainda sobre a interface entre gestão social e extensão universitária, outro ponto diz respeito à busca pelo bem comum. Este constitui a finalidade de uma gestão democrática e participativa, uma vez que a legitimidade das decisões deve ter origem em processos de discussão, orientados pelos princípios da inclusão de segmentos tradicionalmente excluídos, do pluralismo e da igualdade participativa entre membros participantes, da autonomia do indivíduo e do bem-estar da comunidade (Tenório et al., 2008).

O mesmo ocorre no campo da extensão universitária, pois a prática pedagógica está a serviço de um processo transformador, emancipatório e democrático, desenvolvida por meio do diálogo e do respeito cultural local (Serrano, 2011). Como destaca Boff (1986), trabalhar com a comunidade é buscar a emancipação social e tecer relações dialógicas, participativas e inclusivas. É provocar e fomentar o processo de reflexão conjunto com os membros do povo a partir das experiências vivenciadas pelos diversos indivíduos.

Para tanto, o binômio universidade-sociedade cumpre um papel importante no processo educativo emancipatório, pois a extensão universitária constitui um dos pilares da razão de ser de uma IES (Gadotti, 2017; Del-Masso et al., 2015), que deverá desenvolver a construção do conhecimento pela integração entre universidade e ambiente no qual está inserida, além de devolver esse saber à sociedade (Jantke e Caro, 2013).

Metodologia

Esta seção possui abordagem qualitativa e realiza uma revisão bibliográfica de investigação descritiva em torno dos temas sobre extensão universitária e gestão social, especialmente quanto à contribuição da metodologia de trabalho em comunidades de Boff (1986) e da pedagogia emancipatória de Freire (1992, 2005).

A pesquisa-ação consiste no método dos cursos de extensão universitária desenvolvidos no LTTS ao pressupor uma interação e cooperação entre os diversos atores. Ao considerar esse pressuposto, a metodologia de pesquisa e extensão adquire um caráter participativo, inclusive no plano subjetivo. Além disso, considera-se que a metodologia participativa assume dimensões da crítica, da reflexividade e da emancipação (Thiollent, 2002).

A investigação para este texto foi delimitada por três tipos de cursos de extensão (Gestão Comunitária com Ênfase em Sustentabilidade Ambiental; Formação Política e Cidadania em Conselhos Municipais; Gestão da Economia Solidária) e também pelo recorte temporal da década atual devido a uma maior quantidade de registros de informações coletadas.

A observação participante foi a técnica considerada pelos pesquisadores na realização da pesquisa de campo e no registro das informações para a compreensão da realidade vivenciada pelos participantes nos cursos de extensão (Minayo, 2013).

As informações também foram coletadas nas fichas de inscrição, que possuíam dados gerais sobre os inscritos no curso (faixa etária, local de residência, existência de vínculo associativo), além de formulários de avaliação aplicados ao final de cada curso, tendo por finalidade captar a percepção dos participantes em relação aos conteúdos discutidos, material didático adotado, atuação dos facilitadores no processo de aprendizagem e também sobre as atividades propostas em cada temática trabalhada.

A discussão dos resultados seguiu a análise descritiva, e a interpretação das informações foi realizada ao longo do processo de investigação buscando articular os dados coletados com o propósito da pesquisa e com sua fundamentação teórica (Gomes, 2013).

Laboratório de Transferência de Tecnologias Sociais (LTTS)

Em 2011, para melhor desenvolvimento das atividades de extensão universitária que já vinham sendo realizadas pelo PEGS/FGV EBAPE desde 1990 em parceria com a Cáritas Arquidiocesana do Rio de Janeiro, foi implementado um laboratório de informática com a finalidade de garantir infraestrutura física e apoio tecnológico para a realização dos cursos de extensão. Denominado Laboratório de Transferência de Tecnologias Sociais (LTTS), os equipamentos – computadores, *laptops*, *datashow* e sistema de áudio –, além do acesso à internet, contribuíram para o aperfeiçoamento das atividades, além de inaugurar a oferta de cursos de informática.

A implantação do LTTS possibilitou a formação de uma rede de pesquisadores pertencentes a cinco IES sediadas no estado do Rio de Janeiro: FGV EBAPE; UFRRJ; UFF Volta Redonda; Coppe/UFRJ; Uerj.

O desenvolvimento dos cursos de extensão (Gestão Comunitária com Ênfase em Sustentabilidade Ambiental; Formação Política e Cidadania em Conselhos Municipais; Gestão e Economia Solidária e Informática Básica) conta com a participação de professores e estudantes de graduação e pós-graduação com formação em diversas áreas do conhecimento: economia, administração, administração pública, ciências sociais e engenharia de produção.

No total, desde 1990, os cursos de extensão já contaram com mais de mil concluintes residentes em diversos municípios da RMRJ em diferentes níveis de escolaridade, como ensino fundamental e curso superior completo. Soma-se a isso a realização de edições do curso sobre a temática dos conselhos gestores em municípios localizados no interior do estado do Rio de Janeiro, como: Volta Redonda, Resende, Maricá, Nova Friburgo e Valença.

A seguir, os cursos de extensão desenvolvidos nos últimos anos no LTTS apresentados na seguinte ordem: (1) Gestão Comunitária com Ênfase em Sustentabilidade Ambiental; (2) Formação Política e Cidadania: os Conselhos Municipais como Referência; (3) Gestão e Economia Solidária, com destaque para a descrição do perfil do público participante, conteúdo programático, metodologia de aprendizagem e resultados alcançados.

Curso Gestão Comunitária com Ênfase em Sustentabilidade Ambiental

O curso Gestão Comunitária com Ênfase em Sustentabilidade Ambiental teve início em 2013 e conta com a participação de estudantes de pós-graduação (mestrado e doutorado) e professores na área de engenharia de produção do Laboratório de Sistemas Avançados em Gestão (Sage) da Coppe/UFRJ, além de pesquisadores do PEGS/FGV EBAPE e das demais IES sediadas no estado do Rio de Janeiro, como Uerj e UFRRJ. Tais pesquisadores atuam como facilitadores no processo de aprendizagem tanto no conteúdo de sustentabilidade ambiental, para aqueles com formação em engenharia de produção, quanto em técnicas de elaboração de projetos sociais, para os docentes e discentes na área de conhecimento em ciências sociais aplicadas.

O principal objetivo do curso consiste na elaboração de projetos comunitários em sustentabilidade ambiental pelo público participante. Busca-se a conscientização da população acerca dos problemas ambientais vivenciados em suas localidades de residência e atuação, como também a reflexão sobre estratégias de redução de tais problemáticas pelo referencial da gestão social, a partir da construção de uma proposta de intervenção social.

Por projeto comunitário, entende-se um conjunto de ações organizadas que, por meio da participação da comunidade, atenderá às necessidades vivenciadas e solucionará problemas de abrangência coletiva. O projeto deve ter uma estratégia de ação na qual a comunidade deixa de ser o sujeito passivo para ser o sujeito determinante do processo de transformação de sua condição socioeconômica e política (Tenório, 1995:18).

Sobre o público participante, no período de 2013-2018, destaca-se a presença significativa das mulheres, com percentual de inscrições acima de 60% em todas as edições do curso. Os dados por ano revelam que em 2013 o percentual alcançou 70%; em 2014, 64%; em 2016, 73%; em 2017, 62%; e, em 2018, 80% de público feminino como participante.

Quanto à localidade de residência dos participantes, há uma representatividade em diversos bairros do município do Rio de Janeiro, com destaque para as zonas Norte e Oeste, consideradas mais vulneráveis em aspectos socioeconômicos, bem como na prestação de serviços públicos. Em termos de abrangência estadual, há também maior número de participantes que residem nos municípios da RMRJ, com destaque para Itaguaí, Duque de Caxias, Nova Iguaçu, Japeri e Belford Roxo.

O curso tem a duração de 40 horas e é dividido em dois módulos, sendo o primeiro dedicado a temas com foco em sustentabilidade ambiental enquanto o segundo está direcionado ao método de elaboração de projetos sociais. De forma geral, a ementa do curso aborda conteúdos sobre: problemas ambientais; ciclo de vida do produto; resíduos sólidos e desperdício alimentar, além da Política Nacional de Resíduos Sólidos (Lei nº 12.305/2010). Soma-se a isso o aprendizado sobre as etapas e elementos necessários para a elaboração de um projeto que compreende as fases de identificação (levantamento de informações para a construção do diagnóstico, caracterização do problema ambiental, definição de objetivos a serem alcançados, beneficiários, recursos necessários); viabilidade (técnica, econômica, financeira, gerencial, social e ecológica); descrição do projeto com a redação de todos os elementos que o constituem (incluindo justificativa, metodologia, parcerias e financiadores, cronograma de atividades, programação orçamentária, acompanhamento e avaliação) e, por fim, a etapa de análise destinada à verificação da proposta do projeto em atender às necessidades da comunidade.

Além do referencial teórico sobre sustentabilidade e metodologia de projetos, o curso possui uma parte prática, com a programação de visitas técnicas a projetos sociais, e realização de atividades sobre situações-problema na temática ambiental que exigem pesquisa e discussão em grupo na definição da melhor proposta a ser desenvolvida para o enfrentamento do problema.

O material didático foi desenvolvido especialmente para o curso e elaborado em forma de texto de apoio pelos facilitadores participantes do LTTS. Os conteúdos na área de sustentabilidade ambiental foram elaborados pelos discentes de pós-graduação do Sage/Coppe/UFRJ devido à experiência adquirida em pesquisa sobre temas como resíduos sólidos, logística reversa e ciclo de vida de produtos. Já a parte dedicada ao método para elaboração de projetos sociais contou com a atuação de docentes e discentes do PEGS/FGV EBAPE e das demais IES participantes pertencentes a cursos de formação na área de ciências sociais aplicadas e interdisciplinares.

É importante destacar que os textos foram lidos e discutidos com o público participante em quatro edições dos cursos de extensão, a fim de alcançar um formato didático de material de apoio. Após revisões, o material foi publicado em formato de livro e conta com uma seção especial dedicada aos projetos comunitários em sustentabilidade ambiental elaborados pelos participantes do curso.[1]

A metodologia de aprendizagem adotada na elaboração dos projetos comunitários segue a pedagogia de Freire (2005), ou seja, o respeito aos saberes e à autonomia do educando como forma de produção do conhecimento. Portanto, valoriza-se o diálogo em vez do monólogo, a construção coletiva em detrimento da atuação individual, a inclusão e o pluralismo de segmentos participantes, assim como preconiza-se a gestão social, durante os encontros promovidos pelo curso de extensão (Tenório et al., 2008).

No total, no período de 2013 a 2018 o curso contou com 121 inscritos, tendo 63 concluintes e 21 projetos comunitários elaborados sobre problemáticas ambientais vivenciadas pelo público participante. O quadro 1

[1] Em 2018, foi publicado o livro *Gestão comunitária com ênfase em sustentabilidade ambiental* (FGV Editora), organizado por Fernando Guilherme Tenório e Rogério Valle.

destaca os diversos temas dos projetos comunitários em sustentabilidade ambiental organizados por ano de edição do curso de extensão.

Quadro 1
Temas dos projetos comunitários em sustentabilidade ambiental (2013-2018)

Ano de edição	Projetos comunitários em sustentabilidade ambiental
2013	Produção de humus a partir de podas de árvores e rejeitos orgânicos, utilizando o processo de compostagem na Baixada Fluminense.
	Promoção de campanha de conscientização aos moradores com relação ao descarte adequado de lixo na rede de esgoto e sensibilização dos órgãos públicos quanto à manutenção da rede no município de São Gonçalo (RJ).
	Implantação da coleta do óleo de cozinha no bairro Rocha, município de São Gonçalo (RJ).
2014	Reestruturação do espaço da Paróquia Sagrada Família para promoção do descarte adequado e reciclagem de resíduos sólidos no bairro Taquara, Zona Oeste do Rio de Janeiro.
	Reaproveitamento de óleo de cozinha para confecção de sabão para lavar louça no município de Itaguaí (RJ).
	Manutenção das margens do rio Faria-Timbó e realização da coleta seletiva no bairro Engenho da Rainha, Zona Norte do Rio de Janeiro.
	Mutirão dos moradores para limpeza urbana e realização de campanhas de incentivo à reciclagem nas residências no bairro Oswaldo Cruz, Zona Norte do Rio de Janeiro.
2016	Criação de um grupo de geração de renda pela economia sustentável e solidária na comunidade Guandu do Sena, no bairro de Bangu, Zona Oeste do Rio de Janeiro.
	Coleta seletiva na comunidade Corte Oito, no município de Duque de Caxias (RJ).
	Educação ambiental para melhor utilização dos recursos hídricos nas paróquias do vicariato norte, subúrbio e oeste do município do Rio de Janeiro.
2017	Recuperação ambiental, replantio e recomposição paisagística no entorno da praça de Santa Maria, no bairro da Taquara, Zona Oeste do município do Rio de Janeiro.
	Captação de águas pluviais e reúso da água.
	Óleo, Meu Lindo, na Paróquia Nossa Senhora do Desterro, no bairro Campo Grande, Zona Oeste do Rio de Janeiro.
	Rua Limpa, Rua Linda: conservação da limpeza urbana na rua Pedro Américo, no bairro do Catete, município do Rio de Janeiro.
	Colhendo Saúde: hortas domiciliares nas paróquias São José e Nossa Senhora das Dores (município do Rio de Janeiro).
2018	Educação ambiental no Colégio Santa Teresa de Jesus, na Tijuca, município do Rio de Janeiro.
	Muro Sustentável, na Aldeia Maracanã, município do Rio de Janeiro.
	Reaproveitamento de resíduos orgânicos na cozinha da Casa de Saúde São José, no Humaitá, município do Rio de Janeiro.
	Reutilização de óleo de cozinha na comunidade Jardim Bela Vista, Campo Grande, município do Rio de Janeiro.
	Reaproveitamento de resíduos orgânicos com ênfase em reeducação alimentar na Creche Nossa Senhora da Cabeça, município de Nova Iguaçu (RJ).

Fonte: elaborado pelos autores.

De forma geral, em trabalho anterior sobre a análise das ações de extensão do PEGS/FGV EBAPE, Cruz et al. (2011) destacam os aspectos dessa experiência que guardam relação com o referencial sobre extensão universitária: a interface entre universidade e sociedade no processo de produção de conhecimento; a valorização da participação social e da cidadania ao longo da aprendizagem; o desenvolvimento de ações de intervenção social em prol do bem-estar da comunidade.

No curso Gestão Comunitária com Ênfase em Sustentabilidade Ambiental, pode-se perceber que a extensão universitária é conduzida pela ação de pesquisadores, docentes e discentes na construção do conhecimento pela interação entre universidade e sociedade, com o intuito de transformação da realidade social. Soma-se a isso a qualificação dos participantes em conteúdos sobre elaboração de projetos, que permite a reflexão sobre os problemas ambientais vivenciados em diferentes locais, bem como a construção de estratégias de enfrentamento para tais problemáticas. Destacam-se, também, a mobilização e a organização social dos participantes em seus respectivos bairros e localidades em torno de um projeto comum que beneficie a comunidade à luz do referencial da gestão social.

Curso Formação Política e Cidadania: os Conselhos Municipais como Referência

O curso Formação Política e Cidadania: os Conselhos Municipais como Referência possui como principal objetivo mobilizar e qualificar a população para atuar em conselhos municipais de políticas públicas, tendo por finalidade contribuir com o potencial democrático e participativo dessas instâncias.

É por meio do trabalho conjunto com a comunidade, na troca de saberes sobre a importância da participação de representantes da sociedade civil nesses espaços e da conscientização crítica pela comunidade da dinâmica de funcionamento dos conselhos, que o curso pretende alcançar seu objetivo.

A realização do curso justifica-se pelos diversos entraves, presentes no funcionamento dos conselhos, que comprometem as características inovadoras do ponto de vista democrático-participativo desses espaços. Entre tais entraves, destacam-se: a presença de uma cultura política autoritária e antidemocrática; a dicotomia consulta *versus* deliberação, percebida na centralidade do Poder Executivo local nesse processo; o predomínio de uma razão tecnoburocrática; a falta de qualificação técnica e política especializada para o exercício da função de conselheiro; a frágil inclusão e rotatividade de novos membros e respectivas entidades como representantes da sociedade (Dagnino, 2002).

O caminho para solucionar tais entraves pode ser perseguido pela mobilização para a participação efetiva de representantes da sociedade civil nesses espaços públicos, buscando e fazendo valer o direito à cidadania (Labra, 2009).

Nesse sentido, ressalta-se o papel da universidade em atividades de ensino, pesquisa e extensão, principalmente a partir desta última, na medida em que tal mobilização da sociedade pode ser potencializada no exercício de uma prática pedagógica em favor da reflexão crítica e do caráter eminentemente político da educação. Um dos objetivos da extensão universitária é possibilitar a passagem da "consciência ingênua" para a "consciência crítica" num processo de diálogo de respeito aos saberes e da autonomia do educando (Freire, 1980).

O curso é realizado desde 2011, possui carga total de 40 horas e conta com oito temáticas em seu conteúdo programático: (1) conceito de gestão social e sua aplicação nos conselhos municipais; (2) trajetória das políticas sociais e o papel da burocracia; (3) noções sobre a Constituição Federal de 1988 e rupturas com o modelo anterior de cidadania; (4) dinâmica política dos atores sociais; (5) composição, funções e institucionalização dos conselhos municipais; (6) transparência e controle social; (7) papel dos conselheiros de políticas públicas; (8) avanços e dificuldades existentes na atuação dos conselhos gestores.

Cada temática é mediada por docentes e discentes pertencentes às IES participantes do LTTS (FGV EBAPE, UFF Volta Redonda, UFRRJ), além da participação da Controladoria-Geral da União (CGU) no Rio de Janeiro em uma das temáticas do curso sobre transparência e controle social. Destaca-se a realização de atividades práticas e dinâmicas com a utilização de tecnologias digitais, tendo por finalidade reforçar e aplicar os principais conceitos abordados. As experiências individuais são discutidas e colocam em evidência questões relevantes para o fomento à participação da população nos conselhos municipais.

Essa perspectiva interativa se aplica ainda ao material didático elaborado especialmente para o curso, num processo dialógico que contou com a contribuição dos alunos, a partir da leitura e do debate crítico norteado pela aproximação entre teoria e prática sobre as questões que envolvem a construção da cidadania e o fortalecimento da relação entre sociedade e Estado. Ressalta-se que o material didático recebeu o apoio da Faperj (Edital nº 8/2012 – Programa de Apoio à Produção de Material Didático para Atividades de Ensino e/ou Pesquisa) e também do Programa Pró-Administração/Capes (Edital nº 9/2010) para publicação em forma de livro.

Ao final do curso, os participantes frequentam em grupo uma reunião ordinária de um dos conselhos gestores do município do Rio de Janeiro, a fim de relacionar o conhecimento adquirido no curso com a prática de funcionamento desses arranjos institucionais.

Sobre o perfil dos inscritos, nas duas últimas edições do curso realizadas em 2017 e 2018, observa-se um maior número de participantes na faixa etária de 47 a 57 anos (38%), seguido daqueles que possuem entre 58 e 68 anos (24%). São menores os percentuais de inscritos com idade de 25 a 35 anos (10%), 36 a 46 anos (14%) e 69 a 80 anos (14%).

Em relação à localidade de residência, nas três últimas edições do curso, diversos municípios da Região Metropolitana do Rio de Janeiro foram registrados nas fichas de inscrição, com destaque para Niterói, Rio de Janeiro, Maricá e São Gonçalo.

Ao longo das edições, podem ser percebidos resultados que contribuíram para o alcance de seu objetivo principal, em especial o fortalecimento da cidadania participativa ao estabelecer ações de conscientização junto à comunidade sobre a importância do envolvimento da população em instâncias decisórias (Kronemberger et al., 2012). No total, no período 2011-2018, cerca de 150 participantes concluíram o curso.

Enquanto prática extensionista, o curso tem se caracterizado como um instrumento para a conscientização da comunidade acerca da importância da participação em conselhos municipais e sobre os entraves presentes na dinâmica de funcionamento desses arranjos institucionais. Soma-se a isso a percepção da comunidade sobre os conselhos como espaços de reivindicações de direitos e de participação da sociedade no processo deliberativo e de acompanhamento das políticas públicas junto ao Estado.

Ressalta-se, ainda, a partir da constituição e do desenvolvimento desse curso, que foram estabelecidas parcerias com a UFRRJ e a UFF Volta Redonda, situadas em municípios do interior do estado do Rio de Janeiro, por meio de projetos de pesquisa com a finalidade de promover a ampliação e a interiorização dessa atividade de extensão. Somado ao apoio da Cáritas Arquidiocesana do Rio de Janeiro (Carj), o curso já foi realizado nos municípios de Volta Redonda, Resende, Valença, Maricá e Nova Friburgo.

Destaca-se a inserção dos participantes do curso em conferências e conselhos municipais do Rio de Janeiro, além do incremento na qualificação da participação daqueles que já atuam como conselheiros municipais e distritais, estes últimos na área de saúde.

Curso Gestão e Economia Solidária

A temática da economia solidária constitui o mais recente tema abordado nos cursos de extensão pelo PEGS/FGV EBAPE, e sua realização foi incentivada pela atuação da Cáritas Arquidiocesana do Rio de Janeiro como membro da sociedade civil no Conselho Estadual de Economia Solidária do Rio de Janeiro. Este último constitui um órgão colegiado, com funções deliberativas e fiscalizatórias, vinculado à Secretaria Estadual de Trabalho e Renda, cujas finalidades são o fomento e o fortalecimento da política pública economia solidária.

A economia solidária contrapõe-se ao modelo econômico capitalista e constitui um modo de produção cuja propriedade é coletiva ou associada. É compreendida como uma organização coletiva autogestionária em que os próprios trabalhadores são os proprietários dos meios de produção e devem agir de forma coletiva, seja no momento da repartição dos recursos, seja no processo de tomada de decisão (Singer, 2002).

Nesse sentido, a finalidade do curso consiste em promover a formação e o conhecimento em economia solidária: a disseminação dos valores democráticos, solidários e autogestionários característicos do processo produtivo, o formato de gestão e de produção de bens e serviços e uma economia do bem viver.

A primeira edição do curso ocorreu em 2018 e contou com 48 inscritos, tendo 30 concluintes. Ressalta-se que uma parcela significativa dos participantes já estava inserida em práticas no campo da economia solidária, sendo que 34% integram espaços de discussão sobre a temática do curso, como o conselho estadual e os fóruns municipais em economia solidária, enquanto 65% participam de outros espaços associativos não relacionados à economia solidária, como organizações do terceiro setor, coletivos, redes e fóruns de discussão. Destaca-se também a participação de membros da Secretaria de Trabalho e Renda do Estado do Rio de Janeiro no curso de extensão em economia solidária.

Ainda em relação ao perfil dos participantes, 73% são mulheres e a maior parte do total de inscritos reside na Zona Norte do município do Rio de Janeiro, seguido da Zona Oeste e de outros municípios da RMRJ. Dessa forma, a localidade de residência dos participantes guarda semelhança com o curso de extensão Gestão Comunitária com Ênfase em Sustentabilidade Ambiental.

Em relação ao conteúdo programático, o curso Gestão em Economia Solidária é composto pelos seguintes temas: (1) histórico e construção do conceito de economia solidária; (2) movimento da economia solidária e suas formas de articulação; (3) política pública de economia solidária; (4) educação popular e economia solidária; (5) natureza e aspectos legais dos empreendimentos de economia solidária; (6) desafios da autogestão, relações interpessoais e racionalidade econômica; (7) comercialização, prestação de serviços e construção de redes na economia solidária; (8) finanças solidárias; (9) incubadoras tecnológicas e cooperativas populares.

Assim como nos demais cursos de extensão desenvolvidos pelo LTTS, a metodologia de aprendizagem é estruturada em encontros dedicados ao conteúdo dos temas listados anteriormente, além de aulas práticas com a realização de atividades de pesquisa e questões para debates relacionados ao campo da economia solidária. Há ainda a realização de uma visita técnica à Cooperativa de Trabalho e Produção de Catadores de Materiais Recicláveis de Irajá-RJ (Coopfuturo). Sobre esta última, os participantes do curso demonstraram curiosidade em saber sobre o surgimento da cooperativa, apoiadores e financiadores, forma de gestão e processo de produção.

Ao longo do curso, o referencial sobre gestão social e sua compreensão enquanto uma prática dialógica, democrática e participativa no processo de tomada de decisão coletiva esteve presente no conteúdo programático sobre economia solidária, especialmente no fazer solidário, na interação entre os membros participantes e na autogestão dos empreendimentos econômicos solidários.

Na percepção dos participantes, a importância da economia solidária pode ser percebida nos trechos destacados a seguir, reproduzidos do formulário de avaliação aplicado ao final do curso:

> Um meio do desenvolvimento humano e inclusão social. Ajudando no desenvolvimento local [E1].

A economia solidária cria um referencial de práticas e de valores construídos coletivamente, de forma autônoma e independente frente a uma economia de mercado [E2].

Modelo de organização com desenvolvimento, cidadania e inclusão social [E3].

A importância da economia está diretamente relacionada a uma sociedade mais humanizada, igualitária e possível [E5].

Observa-se que os valores da economia solidária destacados pelos participantes do curso podem ser identificados em Singer (2002), quando discorre sobre a propriedade coletiva, a cooperação entre os trabalhadores, a solidariedade e a igualdade como princípios básicos da economia solidária, além da importância da disposição de mecanismos estatais de redistribuição solidária da renda.

Considerações finais

A experiência de extensão universitária analisada diz respeito à realização de cursos junto a comunidades da RMRJ em temáticas como gestão comunitária em sustentabilidade ambiental, formação e cidadania em conselhos municipais, gestão e economia solidária. Tais cursos de extensão são desenvolvidos no âmbito do Laboratório de Transferência de Tecnologias Sociais, sob a organização do PEGS/FGV EBAPE, em conjunto com a Cáritas Arquidiocesana do Rio de Janeiro e quatro universidades públicas sediadas no estado do Rio de Janeiro.

A trajetória da experiência de extensão universitária teve início em 1989 e, na década atual, alcançou os seguintes aperfeiçoamentos: (1) implementação de um laboratório de informática com equipamentos multimídia; (2) formação e qualificação do público participante, sobretudo moradores e lideranças comunitárias em diversos municípios da RMRJ, em conteúdos sobre elaboração de projetos sociais com ênfase em sustentabilidade ambiental, conselhos municipais e economia solidária; (3) diversificação dos cursos de gestão em temas considerados relevantes, a partir das problemáticas vivenciadas pelos participantes em suas respectivas realidades sociais; (4) elaboração de projetos comunitários direcionados para a redução das problemáticas ambientais vivenciadas pelos participantes do curso; (5) trabalho em forma de rede por uma equipe de pesquisadores – discentes e docentes – em diferentes formações acadêmicas, o que possibilitou o diálogo e a construção coletiva do conhecimento por uma perspectiva interdisciplinar; (6) produção de materiais didáticos elaborados pela metodologia da pesquisa-ação, em que discentes e pesquisadores estão envolvidos de forma permanente com o público participante.

A base para o desenvolvimento e a disseminação das atividades de extensão descritas neste texto é a gestão social como um processo de tomada de decisão coletiva, sem coerção, baseada na inteligibilidade da linguagem, no diálogo entre os envolvidos e no entendimento esclarecido como processo, na transparência de informações e ações e na emancipação como finalidade (Cançado, Tenório e Pereira, 2011).

A gestão social só adquire sentido quando envolve a comunidade na construção coletiva do conhecimento pela extensão universitária e quando estabelece conexão com a pedagogia emancipatória de Paulo Freire (1992, 2005); o trabalho em comunidades de Clodovis Boff (1986) e o referencial sobre tecnologia social na construção de metodologias transformadoras que promovam a inclusão social com a participação da comunidade.

Referências

ARAGÃO, L. M. C. *Razão comunicativa e teoria social crítica em Jürgen Habermas*. Rio de Janeiro: Tempo Brasileiro, 1992.

BOFF, C. *Como trabalhar com o povo*: metodologia do trabalho popular. Petrópolis: Vozes, 1986.

CANÇADO, A.; TENÓRIO, F. G.; PEREIRA, J. R. Gestão social: reflexões teóricas e conceituais. *Cadernos EBAPE.BR*, Rio de Janeiro, v. 9, n. 3, art. 1, set. 2011.

CRUZ, B. P. A. et al. Extensão universitária e responsabilidade social: 20 anos de experiência de uma instituição de ensino superior. *Revista de Gestão Social e Ambiental*, São Paulo, v. 5, n. 3, p. 3-16, set./dez. 2011.

DAGNINO, E. Participação política em conselhos gestores de políticas sociais no Paraná. In: PERISSINOTTO, R.; FUKS, M. *Democracia*: teoria e prática. Rio de Janeiro: Relume-Dumará; Curitiba: Fundação Araucária, 2002.

DEL-MASSO, M. C. S. et al. Extensão universitária e as demandas sociais. *Revista Ciência em Extensão*, v. 11, n. 1, p. 2-7, 2015.

FREIRE, P. *Conscientização*: teoria e prática da libertação. São Paulo: Moraes, 1980.

______. *Extensão ou comunicação?* 10. ed. São Paulo: Paz e Terra, 1992.

______. *Pedagogia da autonomia*: saberes necessários à prática educativa. 31. ed. São Paulo: Paz e Terra, 2005.

GADOTTI, M. *Extensão universitária*: para quê? São Paulo: Instituto Paulo Freire, 2017.

GOMES, R. Análise e interpretação de dados de pesquisa qualitativa. In: MINAYO, M. C. S.; DESLANDES, S. F.; GOMES, R. *Pesquisa social*: teoria, método e criatividade. Petrópolis: Vozes, 2013.

INSTITUTO DE TECNOLOGIA SOCIAL. *Tecnologia social*: uma estratégia para o desenvolvimento. Rio de Janeiro: Fundação Banco do Brasil, 2004.

JANTKE, R. V.; CARO, S. M. P. A extensão e o exercício da cidadania. In: SÍVERES, L. (Org.). *A extensão universitária como princípio de aprendizagem*. Brasília: Liber, 2013. Disponível em: <http://unesdoc.unesco.org/images/0023/002320/232083por.pdf>. Acesso em: 29 jun. 2019.

KRONEMBERGER, T. S. et al. Os conselhos municipais de políticas públicas sob o olhar da comunidade: uma experiência de extensão universitária. *Revista Desenvolvimento em Questão*, Ijuí, v. 10, n. 21, p. 146-177, 2012.

LABRA, M. E. Política nacional de participação na saúde: entre a utopia democrática do controle social e a práxis predatória do clientelismo empresarial. In: FLEURY, S.; LOBATO, L. V. C. (Org.). *Participação, democracia e saúde*. Rio de Janeiro: Cebes, 2009.

MINAYO, M. C. S. Trabalho de campo: contexto de observação, interação e descoberta. In: _____; DESLANDES, S. F.; GOMES, R. *Pesquisa social*: teoria, método e criatividade. Petrópolis: Vozes, 2013.

REPA, L. Jürgen Habermas e o modelo reconstrutivo de teoria crítica. In: NOBRE, M. (Org.). *Curso livre de teoria crítica*. Campinas: Papirus, 2008.

SERRANO, R. M. S. M. *Conceitos de extensão universitária*: um diálogo com Paulo Freire. [S.l.: s.n.], 2011. Disponível em: <https://issuu.com/praticasintegraisnutricao/docs/conceitos_de_extens__o_universit__r>. Acesso em: 30 jun. 2019.

SINGER, P. *Introdução à economia solidária*. São Paulo: Ed. Fundação Perseu Abramo, 2002.

TENÓRIO, F. G. (Coord.). *Elaboração de projetos comunitários*: uma abordagem prática. São Paulo: Loyola, 1995.

_____. *Flexibilização organizacional, mito ou realidade?* Rio de Janeiro: FGV Ed., 2002.

_____. *Tem razão a administração?* Ensaios de teoria organizacional. 3.ed. rev. e ampl. Ijuí: Ed. Unijui, 2008a.

_____. *Um espectro ronda o terceiro setor*: o espectro do mercado. Ensaios de gestão social. 3. ed. rev. e ampl. Ijuí: Ed. Unijui, 2008b.

_____; KRONEMBERGER, T. S.; IKEDA JÚNIOR, R. Extensão universitária com gestão social: a experiência do Laboratório de Transferência de Tecnologias Sociais (LTTS). *Revista Debates Insubmissos*, Caruaru, ano 2, v. 2, n. 6, maio/ago. 2019.

_____ et al. Critérios para a avaliação de processos decisórios participativos deliberativos na implementação de políticas públicas. In: ENCONTRO DE ADMINISTRAÇÃO PÚBLICA E GOVERNANÇA, 3., 2008, Salvador. *Anais*... Curitiba: Anpad, 2008.

THIOLLENT, M. *Metodologia da pesquisa-ação*. 4. ed. São Paulo: Cortez, 1988.

_____. Construção do conhecimento e metodologia da extensão. In: CONGRESSO BRASILEIRO DE EXTENSÃO UNIVERSITÁRIA (CBEU), I., 2002, João Pessoa. *Anais*... João Pessoa: CBEU, 2002.

5. O Programa de Estudos em Gestão Social (PEGS/FGV EBAPE) como instrumento do desenvolvimento e da democracia*

Introdução

Capacitar, instruir, transmitir e renovar conhecimentos são palavras importantes quando se trata da participação social nas mais diversas instâncias democráticas. Assim, este trabalho tem por objetivo mostrar a perspectiva do Programa de Estudos em Gestão Social (PEGS/FGV EBAPE)[1] em relação a sua atuação nos campos de ensino, pesquisa e extensão no período de 2015 a 2017, de transformações socioeconômicas, culturais e políticas no Brasil.

Para tanto, Tenório (2012) traz o entendimento de que a gestão social é instrumento do desenvolvimento à medida que inclui, desenvolve o diálogo, permite o debate e deve favorecer um ambiente de esfera pública em que todos os atores envolvidos (sociedade civil, Estado e mercado) elevem suas demandas, opiniões e conjecturas sem causar um desserviço aos demais em prol de seus respectivos interesses. Habermas (2011) afirma que através do diálogo, da boa comunicação e do entendimento comum as controvérsias em torno de determinada demanda poderão ser solucionadas sem que haja entraves maiores, mas, para tanto, as ingerências nos canais de comunicações devem ser

* Ikeda Júnior et al. (2018).

[1] O Programa de Estudos em Gestão Social está vinculado à Escola Brasileira de Administração Pública e de Empresas da Fundação Getulio Vargas (FGV EBAPE), sob coordenação do professor doutor Fernando Guilherme Tenório.

evitadas a fim de construir um ambiente genuinamente democrático de entendimento.

Um ponto a levantar diz respeito ao desenvolvimento, que para ser alcançado tem como um dos elementos de base a gestão social (Villela et al., 2014). Em um território multidimensional (Sachs, 2008), como o estado do Rio de Janeiro especificamente, os trabalhos para transmissão de tais conhecimentos de capacitação e instrução de pessoal para atuar com a temática da gestão social e do controle social tornam complexas, mas gratificantes, as empreitadas. Já num ambiente complexo como o Brasil, com suas multifaces socioeconômicas, políticas e culturais, articular forças em prol do bem comum e do desenvolvimento é empenho de trabalho em conjunto e de equipe dedicada à causa maior (Perico, 2009).

Este texto traz como metodologia uma análise bibliográfica de investigação descritiva, pesquisas de campo e imersão social no contexto pedagógico e administrativo nos campos da gestão social e do controle social, tendo o PEGS/FGV EBAPE como seu elemento norteador.

No período analisado, o Brasil passou por transformações nas suas mais diversas faces, e uma das que mais preocupam na atual conjuntura ocorre acerca da participação social e seus instrumentos de acesso à "voz" da população como legítimas demandas da democracia brasileira nas ações do Estado.

Os trabalhos de desenvolvimento de cursos a partir do PEGS e responsabilidades administrativas e acadêmicas, bem como ações de interação e estreitamento de laços com as mais diversas instituições de ensino superior (IES) no Brasil e na América Latina, são alguns marcos emanados a partir programa. As perspectivas de formação de mão de obra para atuação de conselhos, gestores comunitários, sustentabilidade ambiental e formação de gestores em economia solidária são alguns trabalhos tencionados para os próximos anos e que já estão presentes no âmago do PEGS há décadas, com aproximadamente mil concluintes dos cursos, por exemplo.

Fundamentação teórica do PEGS: a gestão social e o controle social

Habermas (2011:28) destaca que o "nível do discurso do debate político" é elemento essencial e indispensável sob o prisma republicano. Outro ponto na questão a que concerne tal diálogo diz respeito aos parâmetros amplos de satisfação, ou seja, a generalização do discurso não satisfaz um discurso de debate político adequado a uma sociedade emancipada com o povo soberano (Habermas, 2003 apud Cançado, Sausen e Villela, 2013). Habermas (2011), porém, discorda da ideia de uma totalidade social no diálogo informal da opinião pública como embasamento para uma política deliberativa plena.

Diante do fenômeno em que o Estado deve estar atento ao "mundo da vida" e sempre com os canais de comunicação abertos às transformações sociais, pode-se estabelecer que a esfera pública não possui uma delimitação exterior. Uma tradução para tal afirmação diz respeito à caracterização "pelos horizontes abertos, permeáveis e deslocáveis..." (Cançado, Sausen e Villela, 2013:101), ou seja, a esfera pública deve estar adequada a absorver as transformações da sociedade para melhor entendê-la e atendê-la.

Habermas (2011:92) afirma que a esfera pública é "como uma rede adequada para comunicação de conteúdo, tomadas de posição e opiniões; nela os fluxos comunicacionais são filtrados e sintetizados, a ponto de se considerarem opiniões públicas enfeixadas em temas específicos".

Os canais de comunicação da esfera pública encontram nas instituições da sociedade civil o ambiente necessário para que sejam institucionalizados os "discursos de interesse público", por meio das instituições existentes, tais quais organizações e associações livres, não estatais e não econômicas. Tais instituições são o âmago institucional da sociedade civil. Em suma, é na sociedade civil, mais precisamente nas instituições dela, que são solucionados problemas, "pois exercem influência sobre a formação institucionalizada da opinião e da vontade" (Cançado, Sausen e Villela, 2013:102).

O conceito de bem-estar aqui abordado baseia-se em Perico (2009), numa reflexão acerca do desenvolvimento humano e qualidade de vida a partir de distintos modelos e projetos territoriais. O bem-estar é o ápice do desenvolvimento territorial sustentável, o objetivo último e maior. Por tal cenário, importante se torna a contextualização local diante dos indicadores oficiais de progresso nas diversas áreas multidimensionais.

Com o desenvolvimento das esferas públicas ocorrendo por meio da comunicação, é possível verificar a independência e emancipação delas em relação ao mercado e ao Estado. Sendo assim, na administração da própria sociedade e dos recursos intrínsecos a ela é que ocorre o chamado fenômeno da gestão social. Como exemplificação, há um equilíbrio de poderes entre os três setores (sociedade civil, Estado e mercado), e, quando tais setores entram no discurso da gestão social, há um equilíbrio de poderes no momento da argumentação, do diálogo e do aceite das opiniões (Cançado, Sausen e Villela, 2013).

Um conceito de gestão social a ser levado em consideração, com a finalidade de delimitar a terminologia, é o de Cançado, Tenório e Pereira (2011:697 apud Cançado, Sausen e Villela, 2013:17), que verifica, em síntese, que

> a gestão social pode ser apresentada como a tomada de decisão coletiva, sem coerção, baseada na inteligibilidade da linguagem, na dialogicidade e no entendimento esclarecido como processo, na transparência como pressuposto e na emancipação enquanto fim último.

Apesar de ser um conceito claro sobre gestão social, tal concepção é ampla. Os limites impostos pela definição acima dizem respeito a um cenário sem prejuízos para o desenvolvimento deste trabalho, pois assim a pesquisa foi objetiva e concisa. Uma ressalva se faz: a gestão social é instrumento de decisão coletiva, diálogo e entendimento.

A negociação não faz parte de tal temática, uma vez que a possibilidade de barganhas e desequilíbrio de poderes é real e presente nas discussões em torno do bem-estar coletivo (Cançado, Sausen e Villela, 2013), prevalecendo em parte considerável dos casos a vontade do mais forte (mercado ou Estado).

Vale lembrar ainda que a governabilidade é a disposição de a sociedade civil poder levar a cabo processos de longo prazo, ou seja, gestão social para o desenvolvimento territorial sustentável a partir da equidade de poderes dialógicos entre os atores sociedade civil, Estado e mercado. O diálogo deve focar na questão das potencialidades do local (recursos e capacidades) a fim de promover um avanço a partir do lugar que está em pauta (Perico, 2009).

Por outro lado, ainda há de se discutir o controle social que tem sua origem nos chamados "direitos fundamentais", que se encontram no rol da Constituição da República Federativa do Brasil (1988), bem como em dispositivos infraconstitucionais (Motta e Barchet, 2009). O controle social, segundo Siraque (2009:103 apud Tenório, 2012:30), é

> ato realizado individual ou coletivamente pelos membros da sociedade, por meio de entidades juridicamente organizadas ou não, através dos diversos instrumentos jurídicos colocados à disposição da cidadania para fiscalizar, vigiar, velar, examinar, inquirir e colher informações a respeito de algo.

Assim, o instrumento do controle social é espontâneo por parte do cidadão para com os atos do Estado, mas para os agentes públicos nada mais é do que dever-poder instituído no normativo brasileiro para fiscalizar e controlar as atividades do poder público. Para um agente estatal o controle é institucional, e para o cidadão é direito garantido constitucionalmente pelo art. 1º, parágrafo único, da Carta Magna de 1988, submetendo a administração pública à soberania do povo (Tenório, 2012).

Para Perico (2009:101), o instrumento do controle social dá o poder e a "corresponsabilidade" aos atores sociais na administração do território no qual o cidadão está inserido. A exposição de tais argumentos deixa evidente que "o controle social é o complemento estratégico da gestão social do território...". A sensibilidade e a capacidade de mobilização são os elementos essenciais na busca pelo controle social, uma vez que o cidadão tem de estar engajado na busca final de sua participação para o desenvolvimento do território em que está inserido. O amadurecimento político, seja em qual âmbito for, é o resultado do controle social (fluxos de informação, ambiente social arejado, objetivos e metas avaliados, ciclo de gestão apropriado, entre outros), sendo este a expressão positiva do uso massivo do instrumental (Perico, 2009). Assim, a Controladoria-Geral da União (Brasil, 2016) traz em seu âmago o conceito de controle social, disseminando-o onde quer que haja instituições de controladoria, como nos municípios. A CGU avalia que o controle social afere os objetivos, processos e resultados da administração pública (Poder Executivo) e demais poderes da República (Legislativo e Judiciário), seja dos governantes ou do próprio funcionalismo público para benefício da coletividade.

Em casos recentes de aproximação popular com o poder público, bem como na ativa participação da população diante dos atos estatais, podemos verificar, na década de 1980, o movimento das "Diretas Já" (1984) e a elaboração da Constituição da República (1988), via Constituinte (1985-1987), que incluiu em sua redação diversos direitos e garantias sociais, bem como descentralizou parte considerável dos afazeres públicos e aumentou a importância e participação dos municípios na República, fortalecendo esses entes federados. O surgimento das organizações não governamentais (ONGs), na década de 1990, foi outro evento que aproximou as discussões entre o Estado e a sociedade civil, institucionalizando esta última no formato da participação na elaboração e na implementação de políticas públicas, adicionando força à esfera pública (Tenório, 2012).

A contribuição da gestão social e dos processos de participação popular em decisões que interfiram no desenvolvimento local é grande. Pode-se dizer que a gestão social e o desenvolvimento local são conceitos indissociáveis (Villela et al., 2014), levando à multidimensionalidade do desenvolvimento citada por Sachs (2004 apud Cançado, Sausen e Villela, 2013). A questão do fortalecimento da entidade municipal na atual Constituição da República preserva o desenvolvimento local como centro das atenções sobre o bem maior: o bem comum, aquele que se revela como o indicador de desenvolvimento por meio dos processos de discussão.

A valorização do desenvolvimento local via municípios ocorreu por dois fatores importantes. Segundo Ultramari e Duarte (2009), a frustração dos Estados nacionais em lidar com problemáticas sociais básicas e a adoção do modelo neoliberal foram os fatores que contribuíram para a emergência municipal no arcabouço desenvolvimentista. A contribuição neoliberal por meio de um Estado que se afasta de funções produtivas e mesmo típicas – principalmente sobre a economia nacional –, bem como de tarefas sociais, incentiva a competição entre pessoas, instituições e entes. O repasse de responsabilidades dos âmbitos nacional e regional para o local pode ser visto como "um novo ensaio, uma nova tentativa de busca de algo que não dera certo" (Ultramari e Duarte, 2009:22). Insta salientar que a contribuição de movimentos democráticos e sociais, além de experiências em gestão social e controle social nas décadas anteriores ao período de redemocratização (1985), possibilitaram também o levante do local face ao regional e nacional.

Colateralmente à descentralização de poder para os espaços locais, ocorre a institucionalização da sociedade civil por meio de ONGs, associações de moradores, organizações profissionais, entre outras, que viram no arranjo institucional uma nova forma de poder, a fim de se "organizar e resolver seus próprios problemas", ocupando os espaços deixados pelo Estado (Ultramari e Duarte, 2009:22).

O eixo "ensino"

O Programa de Estudos em Gestão Social incentivou, entre 2015 e 2017, a criação e o fomento de diversas disciplinas em instituições de ensino superior no Brasil e na América do Sul em geral.

O surgimento de disciplinas se deu por meio de docentes de graduação e pós-graduação em suas respectivas universidades, conforme o quadro 1. A vinculação de professores e discentes a projetos acadêmicos ligados ao PEGS se deu por meio de associação e colaboração em publicações, disseminação da temática, interação entre centros de ensino, entre outros elementos.

Quadro 1
IES colaboradoras e associadas às atividades do Programa de Estudos em Gestão Social em 2017[2]

	Instituição de ensino superior	Programa de Pós-Graduação (PPG)/Cursos	Disciplinas ministradas na graduação e pós-graduação
1	Fundação Getulio Vargas (FGV)	Escola Brasileira de Administração Pública e de Empresas (EBAPE)	Gestão social avançada; Projetos sociais; Gestão e controle social; outras
2	Universidade Federal do Tocantins (UFT)	Programa de Pós-Graduação em Desenvolvimento Regional (PPGDR)	Gestão social; Gestão social e políticas públicas
3	Universidade Federal Rural do Rio de Janeiro (UFRRJ)	Programa de Pós-Graduação em Desenvolvimento Territorial e Políticas Públicas (PPGDT) e Programa de Pós-Graduação em Ciência, Tecnologia e Inovação em Agropecuária (PPGCTIA)	Economia regional e urbana, Economia agrária; Arranjos produtivos locais e desenvolvimento local; Integração regional, inovação e internacionalização; Desenvolvimento econômico; outras
4	Universidade Regional do Noroeste do Estado do Rio Grande do Sul (Unijuí)	Programa de Pós-Graduação em Desenvolvimento Regional (PPGDR)	Gestão social e desenvolvimento
5	Universidade Federal de Lavras (Ufla)	Programa de Pós-Graduação em Administração (PPGA)	Gestão social
6	Universidade Federal de Santa Catarina (UFSC)	Programa de Pós-Graduação em Administração (PPGA)	Gestão social

Fonte: levantamento realizado pelos autores para controle interno do PEGS (2018).

2 Dados coletados entre 2015 e 2017.

As disciplinas aplicadas nos centros de ensino do quadro 1 também são metas estabelecidas pelos próprios docentes e pesquisadores vinculados ao PEGS e IES em projetos de pesquisa como forma de consolidar a temática no sistema de ensino superior do Brasil.

O PEGS possui projetos vinculados aos editais Capes/Pró-Integração (55/2013) e Capes/Pró-Administração (9/2018). Esses projetos tinham a previsão de estabelecer disciplinas, no âmbito das universidades vinculadas aos respectivos editais, tendo a IES FGV EBAPE como coordenadora-geral e o Programa de Estudos em Gestão Social seu papel central na coordenação de informação e atividades financeiras, administrativas e acadêmicas nas relações entre todos os centros envolvidos nos projetos dos editais Capes citados.

Na próxima seção, serão especificados mais detalhes sobre um dos projetos dos editais Capes, bem como sobre as metas estabelecidas no Pró-Integração (projeto Gestão Social e Cidadania: o Controle Social do Desenvolvimento Regional – Edital nº 55/2013).

O eixo "pesquisa"

As pesquisas vinculadas ao Programa de Estudos em Gestão Social ocorrem em diversas frentes. As principais delas ocorrem por meio de projetos de pesquisa. Entre 2015 e 2017, o projeto Gestão Social e Cidadania: o Controle Social do Desenvolvimento Regional (Edital nº 55/2013 – Pró-Integração/Capes) foi o principal elemento norteador das ações do PEGS/EBAPE em pesquisas e fortalecimento da rede de pesquisadores a ele vinculados.

Segundo os relatórios parciais do Pró-Integração,[3] o projeto está inserido em duas áreas temáticas e em três subtemas do Edital MDA/Capes/Pró-integração nº 55/2013:

[3] Foram produzidos quatro relatórios parciais do projeto ano a ano até o momento, todos de acesso restrito ao público junto à Capes.

- área temática 1: estratégias, políticas e modelos de gestão em desenvolvimento regional. Subtema 3: modelos de gestão e governança de políticas regionais;
- área temática 2: mecanismos e instrumentos de apoio ao desenvolvimento regional. Subtema 5: inovação e educação como fatores para o desenvolvimento do território. Subtema 6. Papel das instituições de ensino superior em apoio ao desenvolvimento regional.

Esse projeto conta com a participação de três IES: FGV EBAPE (coordenadora-geral), Universidade Federal do Tocantins (UFT) e Universidade Federal Rural do Rio de Janeiro (UFRRJ), além da colaboração de três centros de ensino: Universidade Regional do Noroeste do Estado do Rio Grande do Sul (Unijuí), Universidade Federal de Lavras (Ufla) e Universidade Federal de Santa Catarina (UFSC).

Cabe ressaltar a participação e interação entre o PEGS e IES estrangeiras de ensino na América do Sul, como a Universidad Andina Simón Bolívar (Equador), Universidad Nacional de General Sarmiento (Argentina), Universidad de Chile e Universidad de Los Lagos (Chile).

A integração, troca de ideias e experiências, constante contato, interações, publicações de trabalhos acadêmicos também são pontos importantes a elucidar sobre a atuação do PEGS nesses três anos apenas.

A publicação de livros por colaboradores do programa, organização/participação de/em eventos e elaboração de artigos estão resumidos no quadro 2, que traz a quantidade de publicações realizadas pela equipe do PEGS e IES colaboradoras no período 2014-2017.

Quadro 2
Resumo das publicações dos integrantes e IES colaboradoras[4] do PEGS/EBAPE

	2014	2015	2016	2017	Total
Artigos publicados em periódicos (completos)	35	29	27	19	110
Livros publicados/organizados	2 (org.)	2 (1 org. e 1 publicado como 2ª edição)	2 (1 org. e 1 publicado)	0	6
Capítulos de livros	15	14	1	1	31
Trabalhos publicados em anais de eventos (completos)	22	31	41	8	102
Trabalhos publicados em anais de eventos (resumos)	5	5	3	2	15
Trabalhos publicados em anais de eventos (resumos expandidos)	8	6	10	1	25
Total	**87**	**87**	**84**	**31**	**289**

Fonte: os dados foram levantados para controle interno do PEGS e estão disponíveis no Relatório Parcial do ano 4 (Pró-Integração).

Vale ressaltar que o PEGS teve cinco outros livros publicados que foram produzidos em âmbito de diversos projetos, como os três já publicados.[5] Os livros não contabilizados foram produzidos em âmbito de diversos projetos, como os três já publicados em meio ao Capes/Pró-Administração (Edital 9/2008), que foram finalizados entre 2014 e 2016. Um livro que está na editora UFT foi produzido com base em pesquisas de campo e trabalhos de pós-graduação de bolsistas e colaboradores do Pró-Integração, e o que está na FGV foi produzido a partir de cursos de extensão com a temática da sustentabilidade ambiental, cujo detalhamento será elucidado na seção seguinte deste relato.

4 Consideradas as seguintes IES colaboradoras: UFT, UFRRJ, Unijuí, Ufla e UFSC.

5 Os livros são os seguintes: *Gestão social e gestão estratégica* (Tenório, 2013); *Gestão social e conselhos gestores* (Tenório e Kronemberger, 2016); *Controle social de territórios: teoria e prática* (Tenório e Villela, 2018); *Controle social de territórios: teoria e prática* (Tenório e Allebrandt, 2018); *Controle social de territórios: teoria e prática* (Tenório e Villela, 2018); *Controle social de territórios: teoria e prática* (Cardoso e Tenório, 2018).

No âmbito de pesquisa, o PEGS ainda criou, em parceria com a UFT e a UFRRJ, a revista *Controle Social e Desenvolvimento Territorial (CSDT)*, que está hospedada na seguinte plataforma: <https://sistemas.uft.edu.br/periodicos/index.php/csdt>. A gerência dela é realizada por um bolsista de doutorado da UFRRJ com o auxílio de professores colaboradores do PEGS. Em sua terceira edição (2018.1), a revista já contava com diversos indexadores e publicações internacionais de IES parceiras do programa.

Outra atividade do PEGS é a manutenção de seu *site*, que é importante plataforma para manutenção da transparência das atividades dos projetos vinculados ao programa e cursos de extensão. O *site* do PEGS está no seguinte endereço: <http://pegs.ebape.fgv.br/> e é mantido por um bolsista de doutorado, contando ainda com a colaboração de professores e técnicos da FGV EBAPE nas atualizações.

Nesse sentido, a equipe do PEGS é composta pelos seguintes atores que, em suas respectivas essencialidades, atuam cada um pelo fortalecimento da rede de pesquisadores vinculada ao programa e pelo bom funcionamento de cada um dos setores do organismo. O quadro 3 mostra os integrantes diretos e colaboradores do PEGS/EBAPE.

O PEGS absorveu ainda um projeto Capes/Memórias Brasileiras, que trata das biografias de diversos atores da história do Brasil que muito contribuíram para a administração e a economia, além de terem direto envolvimento no amadurecimento do Estado brasileiro entre 1930 e 1964. O projeto Peregrinos da Ordem do Desenvolvimento: Gestores Públicos do Nordeste na Formação do Estado Republicano (1930-1964) – Alberto Guerreiro Ramos, Celso Furtado, Cleantho de Paiva Leite, Jesus Soares Pereira e Rômulo Almeida (edital nº 13/2015 Capes/Memórias Brasileiras) tem como colaboradores os elencados no quadro 3. Apesar de a temática deste projeto não ter relação direta com a gestão e o controle social, em muito contribui no embasamento sobre as discussões do desenvolvimento e da administração pública no país, sobretudo no concernente à importância das mentes pensantes no Nordeste.

Quadro 3
Integrantes do PEGS/FGV EBAPE[6]

	Nome	IES	Função
1	Fernando Guilherme Tenório	FGV	Coordenador-geral
2	Marco Antonio Carvalho Teixeira	FGV	Professor doutor colaborador
3	Airton Cardoso Cançado	UFT	Professor doutor colaborador
4	Lamounier Erthal Villela	UFRRJ	Professor doutor colaborador
5	Sérgio Luís Allebrandt	Unijuí	Professor doutor colaborador
6	José Roberto Pereira	Ufla	Professor doutor colaborador
7	Luís Moretto Neto	UFSC	Professor doutor colaborador
8	Cézar Augusto Miranda Guedes	UFRRJ	Professor doutor colaborador
9	Thais Soares Kronemberger	UFF	Professora colaboradora
10	Anderson Dias Felisberto	FGV	Colaborador
11	Diego Altieri	FGV	Pesquisador (doutorando)
12	Alex Luiz Barros Vargas	UFRRJ	Pesquisador (doutorando)
13	Carlos Alberto Sarmento do Nascimento	UFRRJ	Pesquisador (doutorando)
14	Riyuzo Ikeda Júnior	UFRRJ	Pesquisador (doutorando)
15	Ana Paula Gomes Jelihovschi	FGV	Pesquisadora (mestra)
16	Thássia Andryna Silva de Paula	UFRRJ	Pesquisadora (graduanda)
17	Dayenne Gomes Brandão de Oliveira	UFRRJ	Pesquisadora (graduanda)

Fonte: levantamento realizado pelos autores para controle interno do PEGS (2018).

O projeto Capes/Memórias Brasileiras tem como IES participantes a FGV EBAPE, como coordenadora-geral, a Universidade Federal de Pernambuco (UFPE) e a Universidade Federal Rural do Rio de Janeiro (UFRRJ). Ver quadro 4.

Há um livro não contabilizado no quadro 2 (Tenório e Wanderley, 2019), publicado com base nas pesquisas de campo, coleta de dados e colaboração de pesquisadores vinculado ao projeto Capes/Memórias Brasileiras em 2019.

[6] Equipe completa até janeiro de 2018.

Quadro 4
Colaboradores do projeto Capes/Memórias Brasileiras

1	Fernando Guilherme Tenório	FGV	Coordenador-geral
2	Marcos Costa Lima	UFPE	Professor doutor colaborador
3	Cézar Augusto Miranda Guedes	UFRRJ	Professor doutor colaborador
4	Sérgio Eduardo de Pinho Velho Wanderley	UFRRJ	Professor doutor (pós-doutor)
5	Guilherme Mendes Tenório	UFRRJ	Professor doutor (pós-doutor)
6	Riyuzo Ikeda Júnior	UFRRJ	Colaborador (doutorando)
7	Tieta Tenório de Andrade Bitu	UFPE	Colaboradora (mestranda)
8	Daniel Delfino Souza	UFRRJ	Colaborador (mestrando)
9	Diana Lacs Sichel	FGV	Colaboradora (graduanda)
10	Vatusi de Paula Silva	FGV	Colaboradora (graduanda)
11	Gabriela Lopes Sales	UFPE	Colaboradora (graduanda)

Fonte: levantamento realizado pelos autores para controle interno do PEGS (2018).

O eixo "extensão"

Há 28 anos, o PEGS mantém suporte a cursos, na área de participação social, relacionados aos conselhos temáticos municipais ou em sustentabilidade ambiental. Essa parceria se dá junto à Cáritas Arquidiocesana do Rio de Janeiro (Carj), entidade da Igreja Católica no Rio de Janeiro.

Os cursos são ofertados bimestralmente no Laboratório de Transferência de Tecnologias Sociais (LTTS), localizado no subsolo da Catedral Metropolitana do Rio de Janeiro, no Centro. Este espaço foi cedido pela Carj, equipado com financiamento da Fundação Carlos Chagas de Amparo à Pesquisa do Estado do Rio de Janeiro (Faperj) e tem apoio da Fundação Getulio Vargas.

Entre 2015 e 2017, foram oferecidos cursos com duas temáticas no município do Rio de Janeiro. Os cursos foram os seguintes: Gestão Comunitária com Ênfase em Sustentabilidade Ambiental[7] e Formação

---

[7] Esse curso contou com o apoio das seguintes IES: Laboratório de Sistemas Avançados de Gestão da Universidade Federal do Rio de Janeiro (Sage/Coppe/UFRJ), Universidade Federal Rural do Rio de Janeiro (UFRRJ), Universidade Federal Fluminense (*campus* Volta Redonda) e Universidade do Estado do Rio de Janeiro (Uerj).

Política e Cidadania: os Conselhos Municipais como Referência.[8] A localização central do laboratório em relação à RMRJ atraiu alunos dos mais diversos municípios do estado e também foi ali instalado para facilitar deslocamentos dos alunos e professores envolvidos nas atividades semanais.

A fim de promover a temática da participação e capacitação de agentes para os conselhos, em 2015 a coordenação-geral dos cursos decidiu pela oferta do curso Formação Política e Cidadania: os Conselhos Municipais como Referência no município de Maricá (RJ), como a primeira experiência no interior do estado, e contou com o apoio da Subsecretaria Municipal de Política sobre Drogas local. O espaço foi cedido pela prefeitura; o corpo docente, deslocamento e material foram providos pelo PEGS/EBAPE.

Com um curso bem-sucedido em Maricá (RJ), a Diocese de Nova Friburgo (RJ) apoiou a realização do mesmo naquele município da Região Serrana em 2016, sendo essa a segunda concretização no interior.

Por fim, foi realizado mais um curso voltado aos conselhos municipais em Valença (RJ), no sul do estado, com o apoio financeiro e mobilizatório da Cáritas Diocesana local, com apoio da prefeitura ao ceder o espaço para tal finalidade e do PEGS ao prover pessoal e material.

Com essas experiências vivenciadas no interior do estado do Rio de Janeiro, o PEGS levou cursos a regiões que antes necessitavam da temática e não possuíam fácil acesso à capital.

Para o ano de 2018 não havia previsão de realizar cursos no interior do Rio de Janeiro devido à elaboração de material para um curso proposto de Gestão e Economia Solidária, a ser realizado no segundo trimestre do corrente. Esse novo curso acabou por demandar tempo e esforços para realizar sua primeira edição, do mesmo modo que a continuidade dos dois outros já previstos, estando a equipe engajada na concretização dos trabalhos no primeiro e terceiro trimestres do ano.

---

[8] Esse curso contou com o apoio das seguintes IES: Universidade Federal Rural do Rio de Janeiro (UFRRJ), Universidade Federal Fluminense (*campus* Volta Redonda), Fundação de Apoio à Escola Técnica do Estado do Rio de Janeiro (Faetec) e Controladoria-Geral da União (CGU).

Considerações finais

O Programa de Estudos em Gestão Social preencheu os eixos de ensino, pesquisa e extensão entre 2015 e 2017. As atividades desenvolvidas propiciaram a integração entre IES no Brasil e no exterior, criando uma rede de pesquisadores consolidada e atuante nos campos da administração, economia, ciências sociais e outras áreas, mais especificamente da gestão social e do controle social.

As múltiplas atividades do PEGS, o suporte dado pela própria Fundação Getulio Vargas e a mobilização das diversas IES colaboradoras possibilitaram a atuação efetiva, provocadora, instigante e pensativa no meio acadêmico por meio das publicações, do alcance de seus pesquisadores e das atividades desenvolvidas no próprio programa.

A transparência proporcionada pela plataforma virtual, as possibilidades de publicações pela revista *CSDT* e elaboração de livros e artigos evidenciaram a importância do programa no meio acadêmico, bem como transmitiram o conhecimento e difundiram as ideias e os temas tratados pela rede de pesquisadores vinculados.

A possibilidade de inserção de bolsistas e pesquisadores na academia também não passou despercebida. A participação de diversos bolsistas de iniciação científica, tanto da FGV quanto de outras IES, incrementou experiência administrativa e acadêmica no gerenciamento e produção de material didático, artigos, resumos, relatos e relatórios para os diversos projetos e cursos.

A rede de docentes e discentes é outro legado importante vinculado ao programa, pois a partir dela a disseminação da temática tem tomado proporções nacionais e internacionais nas diversas IES em que há pesquisadores ligados ao PEGS.

Além de um centro de estudos, o que o Programa de Estudos em Gestão Social prega extravasa a teoria e se torna prática com o esforço de seus integrantes. O PEGS se tornou um local de livres perspectivas, respeito mútuo, construção de raciocínios e apreço na academia, nas mais diversas áreas enquadradas por sua dinâmica e versatilidade nos temas tratados.

O legado do Programa de Estudos em Gestão Social transcende seu período existencial e deixará para as gerações futuras um vasto campo de conhecimento, sabendo que seu passado em muito contribuiu para a construção do atual PEGS/EBAPE.

Referências

BRASIL. *Constituição da República Federativa do Brasil.* Brasília: Senado Federal, Centro Gráfico, 1988.

_____. Controladoria-Geral da União (CGU). *Glossário.* Brasília: CGU, 2016. Disponível em: <www.portaltransparencia.gov.br/glossario/DetalheGlossario.asp?letra=c>. Acesso em: 20 jan. 2016.

CANÇADO, A. C.; SAUSEN, J. O.; VILLELA, L. E. Gestão social *versus* gestão estratégica. In: TENÓRIO, F. G. (Org.). *Gestão social e gestão estratégica*: experiências em desenvolvimento territorial. Rio de Janeiro: FGV Ed., 2013.

CARDOSO, A.; TENÓRIO, F. G. (Org.). *Controle social de territórios*: teoria e prática. Ijuí: Ed. Unijuí, 2018. v. 4.

HABERMAS, J. *The theory of communicative action*: reason and the rationalization of society. Boston: Beacon, 1984. v. 1.

_____. *Direito e democracia*: entre factividade e validade. Rio de Janeiro: Tempo Brasileiro, 2011. v. 2.

IKEDA JÚNIOR, R. et al. O Programa de Estudos em Gestão Social (PEGS/EBAPE/FGV) como instrumento do desenvolvimento e da democracia. In: ENCONTRO NACIONAL DE PESQUISADORES EM GESTÃO SOCIAL (ENAPEGS), X., 2018, Juazeiro do Norte. *Anais*... Juazeiro do Norte: Universidade Federal do Cariri, 2018.

MOTTA, S.; BARCHET, G. *Curso de direito constitucional.* 2. ed. São Paulo: Campus Jurídico, 2009.

PERICO, R. E. *Identidade e território no Brasil.* Brasília: Instituto Interamericano de Cooperação para a Agricultura, 2009.

SACHS, I. *Desenvolvimento includente, sustentável, sustentado.* Rio de Janeiro: Garamond, 2008.

TENÓRIO, F. G. Escopo teórico. In: _____ (Org.). *Cidadania e desenvolvimento local*: critérios de análise. Rio de Janeiro: FGV Ed., 2012. v. 1.

_____ (Org.). *Gestão social e gestão estratégica*: experiências em desenvolvimento territorial. Rio de Janeiro: FGV Ed., 2013.

_____. *Cidadania, território e atores sociais.* Rio de Janeiro: FGV Ed., 2016. v. 4, p. 61-86.

_____; ALLEBRANDT, S. L. *Controle social de territórios*: teoria e prática. Ijuí: Ed. Unijuí, 2018. v. 2.

_____; KRONEMBERGER, T. S. (Org.). *Gestão social e conselhos gestores.* Rio de Janeiro: FGV Ed., 2016.

_____; VILLELA, L. E. (Org.). *Controle social de territórios*: teoria e prática. Ijuí: Ed. Unijuí, 2018. v. 3.

_____; WANDERLEY, S. E. de P. V. (Org.). *Peregrinos da ordem do desenvolvimento*: gestores públicos do Nordeste na formação do Estado republicano (1930-1964). Ijuí: Ed. Unijuí, 2019.

ULTRAMARI, C.; DUARTE, F. *Desenvolvimento local e regional.* Curitiba: IBPEX, 2009.

VILLELA, L. E. et al. Desenvolvimento territorial sustentável (DTS) e gestão social como conceitos indissociáveis: o caso do município de Itaguaí-RJ. In: FERREIRA, M. A. M. (Org.). *Administração pública, economia solidária e gestão social*: limites, desafios e possibilidades. Viçosa: UFV, 2014. v. 1.

6. Gestão social, extensão e Teologia da Libertação: uma análise a partir de um projeto junto a comunidades*

Introdução

A gestão social, definida como um processo gerencial dialógico entre diferentes sujeitos sociais, em que a autoridade decisória é compartilhada entre os participantes da ação na busca do bem comum (Tenório, 2012), encontra na extensão universitária o sentido da sua práxis. É por meio do trabalho conjunto com a comunidade, com respeito aos saberes e à autonomia dos sujeitos que a prática da gestão social busca identificar, propor e contribuir para a superação da problemática social.

Parte-se do pressuposto de que a concepção da gestão social contém elementos de uma razão ilustrada, ou seja, um conceito que abrange características de uma ação gerencial transformadora, portanto diferenciada daquele em que predomina o caráter subordinante das relações sociais da gestão estratégica, fundada apenas no sucesso, no êxito (Tenório, 2006, 2012).

Dessa forma, a gestão social promove a inclusão de diversos atores e a interação entre eles, além de encontrar na solidariedade o elemento determinante para seu desenvolvimento. Ao ser exercida pela ação extensionista, a gestão social soma-se ao caráter participativo preconizado por essa prática, inclusive no plano subjetivo, ao assumir dimensões de crítica, reflexão e emancipação (Thiollent, 2002).

---

* Tenório, Kronemberger e Lavinas (2014).

O projeto emancipatório desenvolvido pela extensão busca se concretizar quando os sujeitos conseguem superar obstáculos relacionados à sua condição e, dessa forma, promover transformações sociais a partir do momento em que pessoas mais desfavorecidas têm acesso à educação e, além disso, à construção de conhecimentos novos (Thiollent, 2002).

Esse aspecto é trabalhado pela Teologia da Libertação (TL) ao perseguir a constituição de uma consciência de libertação, por meio de uma reflexão crítica sobre o fenômeno da pobreza e da opressão (Boff, 1980); a libertação não apenas no sentido de superação de uma dependência social, política e/ou econômica, mas na emancipação do sujeito ao longo do processo histórico, orientado para a construção de uma sociedade qualitativamente diferente, justa e igualitária (Gutiérrez, 2000).

Inserido nessa discussão, este texto tem como principal objetivo analisar um projeto de extensão dedicado à realização de cursos em gestão social junto a comunidades da Região Metropolitana do Rio de Janeiro (RMRJ) pelo referencial da TL, em especial seus aspectos sobre a conscientização acerca da problemática da realidade e da emancipação do sujeito direcionada pelos valores de liberdade e autonomia (Gutierrez, 2000; Boff e Boff, 1979; Boff, 1980). Para tal, encontra-se estruturado em seis seções, incluindo esta introdução e as referências bibliográficas. A segunda seção dedica-se a discutir e analisar a relação entre extensão universitária e gestão social a partir de seus elementos estruturantes. A seguir, apresenta-se o referencial da TL, com destaque para a discussão sobre a construção de uma consciência crítica e libertadora pelas classes oprimidas. Na quarta seção, descreve-se o projeto de extensão dedicado ao desenvolvimento de cursos em gestão social em diferentes comunidades, direcionados para a construção de projetos comunitários e também para a mobilização e a qualificação da participação da população em espaços decisórios de cogestão com o Estado. E, por fim, são tecidas as considerações finais, buscando consolidar os principais aspectos entre o referencial teórico trabalhado e a atividade de extensão analisada.

Extensão universitária, gestão social e suas implicações

A noção de extensão universitária parte do pressuposto de que o processo de aprendizagem deve ser baseado no diálogo entre o conhecimento acadêmico e a realidade, em que a construção crítica dos sujeitos passa pelo exercício de aplicar o saber acadêmico levando em consideração o contexto sociocultural.

Partindo-se desse pressuposto, a extensão universitária procura criar um intercâmbio de saberes entre a academia e a população, viabilizando um processo de criticidade entre os atores sociais envolvidos nas atividades.

A história da extensão universitária no Brasil mostra que o conceito já passou por diversas diretrizes conceituais e modos de aplicação prática. A extensão universitária brasileira já se constituiu como curso, serviço prestado às comunidades locais, assistência aos grupos sociais próximos às universidades; já se portou como incentivadora da prática cidadã, como uma troca de experiências entre universidade e sociedade e, por fim, se mostrou como a função social das instituições de ensino superior (IES) (Ribeiro, 2011).

No processo histórico de desenvolvimento do conceito de extensão universitária para além das fronteiras brasileiras, é possível encontrar quatro principais momentos de sua aplicação: (1) modelo da transmissão vertical do conhecimento; (2) ação voluntária sociocomunitária; (3) ação sociocomunitária institucional; (4) acadêmico institucional. Tais momentos se apresentam de forma transitória no interior de cada IES de acordo com sua história e seus projetos pedagógicos de ensino (Ribeiro, 2011).

Não é nosso propósito dissertar sobre cada momento do conceito de extensão universitária nem sobre suas aplicações e diretrizes conceituais ao longo da história do ensino superior. Neste trabalho, a reflexão sobre a noção de extensão universitária está baseada na relação entre a pedagogia emancipatória de Paulo Freire (1987, 2007) e no trabalho em comunidades de Clodovis Boff (1986), ligando-se ao conceito de pesquisa-ação de Michel Thiollent (1998, 2002). Ao miscigenar as reflexões desses autores, será possível analisar o objeto de estudo deste texto, o qual se compreende dentro da extensão universitária com os cursos em gestão social realizados em parceria entre uma entidade da Igreja Católica e IES localizadas no estado do Rio de Janeiro.

Para Freire (1971) a extensão universitária está fortemente baseada na pedagogia crítica, sendo esta calcada no diálogo entre aluno e professor, em que se valoriza uma relação horizontal para que ambos inventem e reinventem juntos o contexto social no qual se encontram inseridos. O diálogo entre educador e educando vem estabelecer uma relação de respeito mútuo em que o professor reconhece o aprendizado nas experiências de vida de seus alunos, relacionando o saber acadêmico com os saberes populares provindos do contexto sociocultural que vivenciam. A valorização do contexto sociocultural implica atuações educacionais com efeitos mais profundos, em que se questiona o ambiente social, trazendo reflexões críticas para os indivíduos sem transformá-los em parte do meio e indicando a capacidade que estes possuem de transformar o contexto.

Por meio da abordagem de uma pedagogia crítica, é possível estruturar relações sociais libertárias entre educadores e educandos, em que se formula uma troca de experiências bilateral: o professor, enquanto ensina, também aprende.

> No processo de aprendizagem, só aprende verdadeiramente aquele que se apropria do aprendido, transformando-o em apreendido, com o que pode, por isso mesmo, reinventá-lo; aquele que é capaz de aplicar o aprendido-apreendido a situações existenciais concretas. Pelo contrário, aquele que é "enchido" por outros de conteúdo cuja inteligência não percebe, de conteúdos que contradizem a própria forma de estar em seu mundo, sem que seja desafiado, não aprende [Freire, 1971:47].

A libertação social do indivíduo é almejada a partir do momento em que este se transforma em sujeito de sua realidade histórica, ou seja, adquire consciência social de sua dominação e passa a lutar pela liberdade, opondo-se à alienação e enfrentando as classes dominadoras por meio do entendimento do seu lugar social, afirmando-o. O desejo por liberdade viria por meio de relações educacionais que promovessem a formação da visão crítica (Freire, 1987).

Contudo a educação como prática da liberdade só é possível quando as relações entre educador e educando baseiam-se no diálogo. O conceito de diálogo aponta para uma relação horizontal, em que a convivência mútua entre os atores sociais envolvidos no processo educacional ajuda no entendimento das formas de ser do educando, permitindo ao educador compreender o modo como seus alunos refletem sobre a estrutura de dominação da sociedade – questão fundamental para que o professor consiga estimular a reflexão crítica do aluno, colocando em xeque as relações sociais de dominação até então vistas como "naturais". A conscientização do lugar social do indivíduo seria o resultado da ação libertadora de uma educação baseada no diálogo (Freire, 1987).

Toda pessoa que se propõe a realizar o papel de educador deve priorizar a busca pela autonomia crítica de seus educandos, transformando os indivíduos em protagonistas de suas próprias histórias. Educar seria transmitir a noção de aprendizagem aos atores sociais, evidenciar que o pensamento crítico e libertário só é possível de ser alcançado quando se assume o papel de eterno aprendiz (Boff, 1986).

Essa perspectiva de Boff (1986) associa-se à pedagogia de Freire (2007) sobre a função política da educação. O ato de educar assume um caráter político a partir do momento em que fornece os caminhos para que os sujeitos sociais transformem suas realidades. Na pedagogia freiriana, o educador deve sempre estimular a curiosidade do educando e incentivar sua insubmissão. O professor deve ensinar o aluno a questionar.

De acordo com os ensinamentos de Freire (1971, 1987) e Boff (1986), é possível pensar que a prática da extensão universitária contribui para o desenvolvimento de um olhar crítico daqueles que aprendem e também dos que ensinam. Porém, para que esse fato ocorra, é necessário que se estabeleça uma relação de igualdade entre educadores e educandos, em que o educador se aproxime da realidade vivenciada pelos educandos. É preciso que o educador formule suas ações e suas práticas baseando-se no contexto sociocultural de seus alunos, ou seja, é importante que o professor estabeleça um contato participante com o meio sociocultural da população para a qual ensina.

Boff (1986) defende a ideia de que a inserção real do educador no contexto sociocultural do educando vem evitar que a prática pedagógica se dê apenas pelo viés autoritário, em que ocorre o prevalecimento do educador nas relações de ensino-aprendizagem. O professor, ao se inserir na realidade sociocultural de seus alunos, provocaria uma reestruturação do seu papel de agente dominador por assumir o papel de aprendiz ao valorizar as experiências práticas vivenciadas por seus alunos, e não apenas o conhecimento teórico disseminado pelas universidades.

A igualdade entre os atores sociais envolvidos na prática educacional facilita a troca de informações e experiências, instigando a visão crítica. O objetivo fundamental da prática da extensão universitária seria possibilitar "a problematização do homem-mundo ou do homem em suas relações com o mundo e com os homens, possibilitar que estes aprofundem sua tomada de consciência da realidade na qual e com a qual estão" (Freire, 1987:33).

É possível pensar que o conceito de extensão universitária difundido por Freire (1971, 2007) e Boff (1986) se conecta com a ideia de pesquisa-ação apresentada por Thiollent (1998). Esta última parte do pressuposto de que os sujeitos que se envolvem em ações educativas que unem a difusão e a produção de conhecimento compõem um grupo com objetivos e metas comuns, interessados em um problema que emerge num dado contexto no qual atuam, misturando os papéis de educador e educando. O papel do professor consiste em ajudar o grupo de alunos a problematizar, ou seja, situá-los em um contexto sociocultural mais amplo, para assim possibilitar a ampliação da consciência dos atores sociais envolvidos no processo educacional, tendo como objetivo apontar formas de transformação das ações dos sujeitos e das práticas institucionais (Thiollent, 1998).

Ao mesmo tempo que a extensão universitária proporciona o desenvolvimento do olhar crítico dos indivíduos e transforma o educando em agente ativo, alterando seu modo de se relacionar com o mundo em que está inserido, ela é de fundamental importância para que o educador tome consciência do espaço social em que transita e vive, permitindo a abertura de um diálogo igualitário e respeitoso como método pedagógico.

Nesse sentido, a noção de extensão universitária guarda relação direta com o conceito de gestão social, pois esta é compreendida como uma prática inclusiva, plural e igualitária baseada em uma relação dialógica entre diversos atores, em que ocorre um compartilhamento de visões, interesses e ações na busca do bem comum (Tenório, 2006, 2009).

A gestão social é definida como "uma gestão ampliada na qual o processo decisório seria vinculante ao diálogo consciente, procedimental, por meios dos diferentes atores da sociedade, sob a perspectiva de sujeito em ação" (Tenório, 2009:2). Observa-se que o conceito de gestão social possui características em comum com o de extensão universitária ao colocar o diálogo consciente e horizontal como chave para que os atores sociais em conjunto desenvolvam alternativas que beneficiem o coletivo.

É importante ressaltar que o processo dialógico na prática da gestão social só se fundamenta se todos os participantes da ação social admitem sua validade, ou seja, a verdade é um acordo alcançado por meio da discussão crítica, da apreciação intersubjetiva. Sob a atuação da ação comunicativa, nesse tipo de ação o indivíduo busca motivar o outro para que este concorde com seu argumento, sendo a linguagem utilizada como fonte de integração social (Tenório, 2008b).

O fato de apresentar os indivíduos como sujeitos ativos e capazes de estabelecer uma produtiva troca de informações entre si faz com que a gestão social se estabeleça como uma interessante proposta para pensar em uma estrutura prático-pedagógica no exercício da extensão universitária, em que o espaço seja visto como um local de troca de conhecimento, ampliação do pensamento crítico e de aprendizagem social.

Além disso, a relação entre gestão social e extensão universitária requer a busca de um ideal emancipatório que seja direcionado por valores de liberdade e autonomia do indivíduo, bem como de criticidade das problemáticas e dos assuntos abordados. É por meio do diálogo sem coação, da inclusão e da participação de todos os atores na decisão compartilhada que a prática da extensão é desenvolvida, a fim de contribuir para a transformação social, política e cultural da sociedade.

Teologia da Libertação: do referencial à práxis

A Teologia da Libertação (TL) teve origem na Igreja latino-americana na década de 1960, em um período marcado por profundas transformações de ordem social e política, com destaque para as mobilizações populares que reivindicavam mudanças na estrutura socioeconômica dos países latino-americanos. Tais transformações podem ser explicadas pela (1) industrialização impulsionada pelos capitais multinacionais, que provocou o agravamento da dependência dos países periféricos e aprofundou as contradições sociais, como também pela (2) abertura, nos países latino-americanos, do surgimento dos movimentos de guerrilha, golpes de Estado militares e crise de legitimidade do sistema político (Löwy, 1938; Boff e Boff, 2001).

A formação da TL não surge no interior da cúpula da Igreja, mas da periferia para o centro. Ou seja, os setores sociais no campo religioso que irão influenciar a constituição dessa teologia são todos periféricos, marginais em relação à instituição. Como exemplo, têm-se os movimentos católicos leigos, compostos pela Juventude Universitária Católica (JUC), Juventude Operária Católica, Ação Católica, movimentos de educação de base no Brasil ou de promoção agrária na Nicarágua, Federações dos Camponeses Cristãos em El Salvador e, principalmente, comunidades de base (Löwy, 1938).

Contudo, é na II Conferência Geral do Episcopado Latino-Americano (Celam) em Medellín, Colômbia, realizada em 1968, que novas resoluções são adotadas, não apenas com denúncias sobre as estruturas existentes fundadas na injustiça e na violação dos direitos fundamentais da população, mas também com a expressão revolucionária da libertação de toda a opressão (Boff, 1980).

O método oficializado em Medellín, no qual se constrói a TL, adota a seguinte estrutura: análise da realidade – reflexão teológica – ação pastoral, o que constitui uma verdadeira transformação no modo de praticar teologia. Simplesmente não parte de quadros elaborados de forma abstrata, mas de uma leitura baseada na realidade, na qual se processa a práxis da fé. De forma geral, a adoção desse método significa que o sentido principal da TL é a libertação histórica dos pobres e oprimidos. "Libertação, como a própria semântica sugere, constitui-se como uma ação criadora da liberdade. É uma palavra-processo, palavra-ação, intencionalmente orientada a uma práxis que liberta de e para" (Boff, 1980:18).

A ideia da libertação explica-se pelo cenário de pobreza dos países latino-americanos, interpretada pelo "preço a ser pago para que o Primeiro Mundo possa desfrutar da abundância" (Boff e Boff, 2001:108). As causas da pobreza na TL são compreendidas pelo referencial marxista, sendo encaradas como a explicação mais coerente e universal para esse cenário de contradições do sistema capitalista e de luta de classes, bem como consideradas a única proposição radical para a extinção das formas de opressão (Löwy, 1938).

A libertação ocorre quando o oprimido passa a ser percebido como sujeito político, sendo alcançada por meio de um processo de conscientização das desigualdades sociais, culturais, políticas e econômicas que caracterizam a sociedade (Löwy, 1938; Boff, 1980). Nos segmentos eclesiais, essa interpretação agiu como "um sal e um fermento" (Boff e Boff, 2001:108) para as ações das pastorais sociais. Daí as bases para a TL estarem constituídas em um processo de ruptura e libertação frente à situação de dependência em que se encontravam os países periféricos em relação aos países centrais.

Contudo, torna-se importante ressaltar que as condições concretas para o surgimento da TL só foram dadas pela atuação militante dos movimentos populares e grupos cristãos em direção a uma libertação sociopolítica, entendida como uma libertação completa e integral (Boff e Boff, 2001).

Esse aspecto é o que diferencia a TL, ou seja, sua relação orgânica com a prática pastoral dos agentes, como a teoria de sua ação (Boff e Boff, 2001), ao contrário de uma teologia pautada em uma ideologia racionalizadora e justificadora de determinada ordem social (Gutiérrez, 2000). O teólogo da libertação não está representado por um intelectual de gabinete, mas por um "intelectual orgânico", um "teólogo militante" que ajuda as classes oprimidas a tomar consciência da problemática da realidade (Boff, 1980). "Ele conserva certamente um pé num centro de reflexão e outro na vida da comunidade. Aqui, aliás, assenta seu pé direito" (Boff e Boff, 2001:38).

Nesse sentido, a TL estabelece o comprometimento com os oprimidos e age por meio da reflexão crítica, da tomada de consciência do sujeito sobre o contexto histórico de dominação, de marginalização e de pobreza generalizada que marca a América Latina. Ao surgir de uma práxis experimentada ou de uma experiência praticada em tal contexto, a TL busca, pelo par ação-reflexão, alcançar uma práxis mais esclarecida e qualificada, que seja caracterizada como libertadora (Boff, 1980).

Persegue-se, dessa forma, um comportamento cada vez mais consciente do sujeito ativo no processo histórico, ou seja, consciente da injustiça social e de todo elemento repressivo que o impeça de participar da mudança das estruturas sociais e da gestão política. Essa libertação ultrapassa a dependência econômica, social e política, consistindo em um processo de emancipação do indivíduo ao longo da história, libertando-se de todo tipo de opressão e tornando-se sujeito artífice do próprio destino (Gutiérrez, 2000; Boff, 1980).

Nesse sentido, a TL, ao conceber a história como um processo de libertação humana, percebe a liberdade como uma conquista histórica e compreende a passagem de uma liberdade abstrata para uma liberdade real que não se realiza sem luta contra todo tipo de opressão humana. Isso implica mais do que melhores condições de vida e transformação de estruturas sociais, políticas e econômicas; significa a construção contínua de novos sujeitos, ou seja, uma revolução cultural permanente (Gutiérrez, 2000). Propugnar tal revolução significa construir uma sociedade justa, fraterna e igualitária, baseada em novas relações de produção e na supressão de todas as formas de submissão entre países, classes e sujeitos. Para que isso ocorra, é necessário que a libertação seja assumida pelo povo oprimido e, para tanto, deverá partir dos seus próprios valores (Boff, 1980). Essa perspectiva guarda relação direta com a pedagogia emancipatória de Paulo Freire (1987), que, a partir de uma ação cultural realizada pela união entre teoria e práxis, desenvolve um trabalho de conscientização dos oprimidos. Esse trabalho é caracterizado pela percepção, pelos oprimidos, da sua própria situação para um processo de transformação de sua relação com o mundo e com os demais. Dessa maneira, ocorre a passagem de uma "consciência ingênua", que não problematiza e não percebe as contradições da realidade, para uma "consciência crítica", que reconhece as categorias opressoras e se permite o diálogo crítico e a criatividade (Gutiérrez, 2000; Boff, 1980).

Assim, de acordo com Freire (1987), um dos propósitos da extensão é desenvolver a conscientização crítica por meio do diálogo, do respeito aos saberes e da autonomia dos sujeitos.

> O que temos de fazer, na verdade, é propor ao povo, através de certas contradições básicas, sua situação existencial, concreta, presente, como problema que, por sua vez, o desafia e, assim, lhe exige resposta, não só no risível intelectual, mas no nível da ação [Freire, 1987:49].

Gestão social na extensão universitária

Esta seção dedica-se a apresentar e analisar uma prática de extensão realizada há 23 anos no âmbito de um programa de pesquisa de uma IES dedicado à temática da gestão social. A prática a ser analisada refere-se ao desenvolvimento de cursos em gestão social junto a comunidades da RMRJ. O primeiro deles é direcionado para a elaboração, administração e avaliação de projetos comunitários desenvolvidos com moradores de diferentes comunidades em diversas áreas e problemáticas. Em relação ao segundo curso, objetiva-se mobilizar e qualificar a participação da população em instâncias decisórias de cogestão com o Estado, como os conselhos e as conferências de políticas públicas.

Tais atividades são implementadas tradicionalmente em parceria com uma entidade da Igreja Católica e, mais recentemente, com duas IES sediadas em localidades do interior do estado do Rio de Janeiro. A parceria com a instituição religiosa justifica-se pela sua inserção, por meio de ações assistenciais e sociais, nas comunidades localizadas em zonas urbanas mais vulnerabilizadas economicamente. Em relação às IES, o trabalho em conjunto surgiu da motivação para ampliar e interiorizar a implementação dos cursos em gestão social.

O método adotado para o desenvolvimento de ambos os cursos compreende o processo ensino-aprendizagem estruturado pela perspectiva da relação teoria-prática, fundamentado na educação dialógica e no respeito aos saberes existentes no grupo. Baseia-se na pedagogia emancipatória de Paulo Freire (1987, 2007) e na filosofia de trabalho com comunidades de Clodovis Boff (1986), bem como no conceito de pesquisa-ação de Michel Thiollent (1998), no qual os discentes e pesquisadores têm um envolvimento orgânico e uma relação intersubjetiva com os sujeitos integrantes do processo. "Com a pesquisa-ação os pesquisadores pretendem desempenhar um papel ativo na própria realidade dos fatos observados" (Thiollent, 1998:16).

Sobre esse aspecto, a equipe envolvida na condução dos cursos em gestão social possui uma formação interdisciplinar (administração, ciências sociais, economia, engenharia, história) e é composta por docentes e discentes de graduação e pós-graduação (cursos de mestrado e doutorado). A elaboração e a condução das atividades realizam-se por meio de um trabalho conjunto fundamentado na prática dialógica, em aspectos inclusivos e plurais entre os diversos integrantes da equipe, atuando, dessa forma, sobre as bases da gestão social. Esta é definida como o processo gerencial dialógico no qual a autoridade decisória é compartilhada entre os diferentes participantes da ação em qualquer sistema social. "O adjetivo social qualificando o substantivo gestão é visto como o espaço privilegiado de relações sociais no qual todos têm direito à fala, sem nenhum tipo de coação" (Tenório, 2008b:158).

O conceito de gestão social encontra fundamento na teoria da ação comunicativa de Jürgen Habermas, pois é entendida como um processo dialógico, no qual todos os participantes da ação admitem sua validade, ou seja, a verdade é um acordo alcançado por meio da discussão crítica, da apreciação intersubjetiva. Sob a atuação da ação comunicativa, nesse tipo de ação o indivíduo busca motivar o outro para que esse concorde com seu argumento, sendo a linguagem utilizada como fonte de integração social (Tenório, 2008b, 2012).

Ao adotar a gestão social como eixo norteador das atividades de extensão, promove-se o fortalecimento do diálogo, da participação e da inclusão na relação entre comunidade e universidade. Como ressaltado por Boff (1986), as relações dialógicas só ganham sentido quando ocorrem na prática em um contexto de reciprocidade, de intercâmbio entre os saberes acadêmico e popular. O aprendizado pela extensão promove a articulação entre a teoria possibilitada pela reflexão, estudo, análise e a práxis compreendida como prática, ação, compromisso. Ou seja, a ação deve estar sempre orientada pela reflexão.

Na prática extensionista, o trabalho coletivo entre agentes e comunidade persegue a autonomia do processo educativo, entendida como autodeterminação ou autodireção, na qual segue um caminho duplo: consiste no encontro recíproco do saber do agente com o saber da comunidade. O meio para que isso aconteça é o diálogo, a cooperação entre os envolvidos. "É só no intercâmbio de saberes que o processo educativo se desenvolve, seja do lado do agente como do lado do povo" (Boff, 1986:30).

Sobre as atividades de extensão aqui analisadas, os cursos em gestão social são realizados semestralmente e possuem carga total de 45 horas. Seu desenvolvimento está relacionado a disciplinas sobre a temática da gestão social oferecidas em cursos de pós-graduação (mestrado e doutorado) em administração de uma IES do município do Rio de Janeiro. Por meio da participação nessas disciplinas, os alunos de pós-graduação adquirem contato com a base teórica nesse campo de estudo e envolvem-se em projetos de extensão universitária. Busca-se, dessa forma, trabalhar a gestão social não apenas nos eixos ensino e pesquisa, mas também pela ação extensionista, fomentando uma relação ensino-aprendizagem direcionada para a conjunção teoria-prática.

Ambos os cursos são realizados no âmbito de um laboratório de informática estruturado com o objetivo de apoiar a realização dos cursos em gestão social e fortalecer, com o uso de tecnologias digitais, a relação entre o conhecimento universitário e a experiência social concreta. Disponibilizar o acesso à internet e às ferramentas de trabalho computacionais para os moradores de comunidades de baixa renda amplia os canais de acesso à informação assim como o conhecimento sobre mecanismos e ferramentas tecnológicos, a fim de auxiliar na construção de resoluções e alternativas para os conflitos e os problemas enfrentados no cotidiano.

No caso do curso dedicado à gestão de projetos comunitários, sua realização ocorre desde 1989 e compreende três módulos: (1) "Elaboração", (2) "Administração" e (3) "Avaliação de projetos". Tem-se como principal objetivo trabalhar ferramentas e tecnologias sociais direcionadas para a construção, gestão e avaliação de projetos, sendo estes pensados de forma coletiva e dialógica com a comunidade. Entende-se por tecnologia social todo conhecimento que, produzido no meio acadêmico, possa ser útil a processos que envolvam a participação cidadã. Esta última é compreendida como todo método que contribua para processos democráticos de decisão (Tenório, 2008c).

O público compreende moradores de diferentes comunidades do município do Rio de Janeiro assistidas pelas pastorais vinculadas à entidade da Igreja Católica, parceira da iniciativa. Tais comunidades estão localizadas especialmente nas zonas Norte e Oeste, consideradas áreas mais vulneráveis do ponto de vista social e econômico.

Em relação ao material didático adotado no curso, este foi elaborado de forma conjunta entre docentes, discentes de mestrado e de doutorado em administração especialmente para essa atividade extensionista, em um processo participativo junto aos alunos do curso.

O primeiro módulo, "Elaboração", é dedicado aos aspectos teórico-metodológicos considerados iniciais no processo de construção de um projeto, sendo apresentados em quatro etapas:

- identificação;
- viabilidade;
- elaboração;
- análise.

A identificação consiste em mapear o que será realizado no projeto, ou seja, organizar e reunir dados e informações sobre a proposta que se quer desenvolver. Já a segunda etapa, viabilidade, ensina os alunos a estudar os dados e informações coletados para que compreendam as possibilidades de execução de seus projetos, incentivando a reflexão acerca de alternativas aos problemas que prejudicam a viabilização de seus projetos. A terceira etapa consiste, entre outros aspectos, no ensino metodológico de programação da implementação do projeto, planejando a distribuição das atividades e dos recursos. A quarta e última etapa consiste na análise, caracterizada como o momento em que os participantes do curso aprendem a fazer um estudo crítico sobre a relevância de seus projetos, verificando se suas propostas ainda são pertinentes ou se necessitam de reformulações.

O segundo módulo do curso, "Administração", volta-se para dois objetivos fundamentais: a conscientização acerca da continuidade da participação e o gerenciamento dos recursos conquistados pela aprovação dos projetos comunitários. O intuito de esse módulo ser pensado por esses objetivos é explicado pela observação, ao longo de suas edições, da desmotivação dos integrantes após a implementação do projeto. As causas que geram essa desmotivação são inúmeras, porém a mais apontada seria a dificuldade em compreender que a atuação dos participantes nos projetos não pode se limitar à sua fase de implementação. É necessário conscientizar os envolvidos de que um projeto comunitário é um trabalho coletivo, e a participação de todos é o elemento-chave para ele ser bem-sucedido. Ao mesmo tempo que este módulo trabalha a importância da participação, apresenta as funções básicas necessárias para administrar os recursos (financeiros, humanos e materiais) de um projeto comunitário em fase de execução.

Finalmente, o terceiro módulo é direcionado para o ensinamento dos instrumentos de avaliação de projetos. Nessa fase, os participantes do curso aprendem métodos de avaliação para poder efetivar um balanço analítico prático, buscando o planejamento correto de recursos, assegurando o desenvolvimento integral do projeto. Além desse conteúdo, o material didático também visa demonstrar as maneiras como as agências financiadoras analisam e avaliam projetos em vista de concessão de financiamento. Essa segunda parte do módulo tem o intuito de familiarizar os participantes do curso com aspectos burocráticos e metodológicos das agências de financiamento. Ao final do curso, os projetos construídos pelos alunos refletem as problemáticas de suas comunidades em diversas áreas, em especial educação, saúde, segurança alimentar e nutricional, geração de emprego e renda, cultura e meio ambiente. A construção dos projetos ocorre por meio de um trabalho conjunto que envolve a troca de saberes e de experiências entre docentes e discentes com os representantes comunitários. Busca-se seguir a proposta pedagógica freiriana, caracterizada como um processo democrático, transformador e emancipatório desenvolvido por meio do diálogo e do respeito à cultura local (Serrano, 2011).

No total, cerca de 100 discentes dos cursos de pós-graduação em administração e administração pública já atuaram nessa atividade de extensão e houve a participação de mais de 1.200 moradores de diversas comunidades da região metropolitana do estado, sobretudo dos municípios do Rio de Janeiro, Niterói, São Gonçalo, Seropédica e Itaguaí.

Em relação ao curso dedicado à temática da gestão social em conselhos municipais, este possui um período de realização mais recente, desde 2010, quando comparado ao curso de projetos comunitários, e pode ser caracterizado como uma ação sistematizada, mas em constante adaptação e reformulação de si mesmo. O objetivo central é mobilizar e qualificar a participação da população para sua inserção em espaços institucionais de cogestão com o Estado, como os conselhos municipais de políticas públicas, visando aumentar o potencial democrático e participativo dessas instâncias. Desenvolvido no âmbito da extensão universitária, o projeto pedagógico vislumbra integrar a experiência acadêmica dos educadores com a experiência da participação cidadã vivenciada pelos alunos em seus cotidianos.

Cabe ressaltar que o fortalecimento de arranjos institucionais de participação constitui uma das metas do Plano Brasil 2022,[1] conduzido no âmbito da Secretaria de Assuntos Estratégicos (SAE) da Presidência da República: "Institucionalizar o Sistema Nacional de Participação Social e fortalecer os mecanismos de participação já existentes, em especial os Conselhos de Políticas Públicas, as Conferências Nacionais e as Ouvidorias" (Brasil, 2010:156). O alcance de tal meta ocorrerá por meio de ações que busquem assegurar a participação da sociedade nos processos de elaboração, implementação e avaliação das políticas públicas, bem como promover ampla publicidade dos con-

---

1 O Plano Brasil 2022 tem como propósito tecer estratégias para o futuro do país, fixando metas para o ano de 2022, quando o Brasil comemora o bicentenário de sua independência. Sua elaboração envolveu grupos de trabalho formados por técnicos da Secretaria de Assuntos Estratégicos (SAE) da Presidência da República, representantes de todos os ministérios, da Casa Civil e do Instituto de Pesquisa Econômica Aplicada (Ipea).

selhos, com a divulgação de suas reuniões, pautas, atas e deliberações (Brasil, 2010:156).

O curso é direcionado para moradores de diferentes comunidades do estado do Rio de Janeiro, em especial membros de movimentos sociais, agentes de pastorais e/ou conselheiros municipais devido à atuação e engajamento social e político desses atores em suas entidades representativas. Cerca de 120 moradores residentes em municípios como Rio de Janeiro, Itaguaí, São Gonçalo, Volta Redonda, Seropédica e Niterói já participaram desse projeto.

Como atividade de extensão, o curso proporciona o envolvimento de alunos de graduação e pós-graduação (mestrado e doutorado), como também de docentes e pesquisadores. No total, 25 alunos de diferentes formações – história, ciências sociais, economia e, sobretudo, administração e administração pública – atuaram como agentes de extensão no âmbito dessa atividade.

A ementa pedagógica do curso está estruturada entre aulas teóricas e práticas, alternando-as, ou seja, para cada aula teórica existe uma aula prática. As primeiras são caracterizadas pela apresentação, debate e apreensão do conteúdo em sete temáticas, a saber:

- gestão social, participação e cidadania;
- papel da burocracia e trajetória das políticas sociais;
- dinâmica política dos atores sociais;
- Constituição Federal de 1988 e participação cidadã;
- conselhos municipais de políticas públicas;
- conselheiros municipais;
- práticas de conselhos municipais.

Já as aulas práticas são pensadas para que os moradores exponham seus conhecimentos e suas realidades socioculturais dialogando com o conteúdo trabalhado na parte teórica. Durante as aulas práticas, os moradores apontam as dificuldades de suas experiências no âmbito da participação cidadã e propõem, junto com os agentes de extensão (discentes e docentes), soluções para as problemáticas apresentadas. O principal objetivo das aulas práticas é proporcionar um diálogo horizontal entre a esfera acadêmica e o conhecimento prático adquirido por meio da vivência cotidiana.

Assim como no curso dedicado à temática de projetos comunitários, o material didático foi construído a partir da perspectiva coletiva, num processo dialógico e interativo que contou com o envolvimento de representantes de comunidades que participaram desse projeto de extensão, mediante a leitura e o debate sobre as problemáticas da realidade que envolvem a relação sociedade-Estado.

Ao final do curso, após o desenvolvimento de uma prática pedagógica direcionada para a conscientização sobre a importância do envolvimento da população em espaços públicos institucionais junto ao Estado, ocorre a participação dos alunos em reuniões ordinárias dos conselhos de políticas públicas de diversas áreas do município do Rio de Janeiro – saúde, educação, assistência social, direitos da criança e do adolescente, cultura, política urbana –, a fim de relacionarem o conhecimento adquirido com a prática de funcionamento desses arranjos institucionais.

A conciliação entre conteúdo prático e teórico é a chave do estímulo para a problematização da realidade cotidiana vivenciada pelos representantes de diferentes comunidades envolvidos no curso. A complementaridade gerada pelas informações apresentadas nas experiências educacionais de cunho prático-teórico desenvolvidas no curso dedicado aos conselhos municipais permite que os participantes mapeiem com maior clareza seu lugar social no processo histórico, descobrindo-se como agentes capazes de interferir em suas realidades. O diálogo horizontal proporcionado pelo exercício de ligação entre ação e teoria descortina estruturas socioculturais e políticas, proporcionando reflexão sobre os comportamentos culturais, problematizando relações sociais dominadoras e abrindo a possibilidade da libertação individual por intermédio da construção de um olhar crítico.

Como resultados dessas atividades de extensão desenvolvidas por meio da realização de cursos em gestão social, dedicados às temáticas de projetos comunitários e conselhos municipais, podemos destacar:

- Inserção do conceito de gestão social em atividades de extensão universitária ao promover o aprendizado e a atuação de discentes de graduação e pós-graduação, sobretudo em cursos de administração e administração pública, em uma gestão dialógica e transformadora aliada a uma prática pedagógica que persegue valores de liberdade e autonomia na troca de experiências e saberes entre universidade e comunidade.
- Contribuição para a inclusão digital de moradores de comunidades de baixa renda que, por meio da implementação de um laboratório de informática, tornou possível o desenvolvimento de conteúdos e o aprendizado em conhecimentos básicos computacionais.
- Construção de projetos comunitários sobre diferentes problemáticas – segurança alimentar e nutricional, saúde, educação, geração de emprego e renda, cultura, meio ambiente – que afetam o cotidiano de diferentes comunidades localizadas na RMRJ.
- Mobilização e inserção de representantes de comunidades em arranjos institucionais de participação como membros de conferências nacionais e conselhos municipais do Rio de Janeiro, a saber: 3ª Conferência Nacional dos Direitos de Pessoa com Deficiência; 1ª Conferência Nacional sobre Transparência e Controle Social (Consocial), organizada pela Controladoria-Geral da União (CGU); Conselho Municipal de Cultura; Conselho Municipal do Artesanato. No caso deste último, sua constituição foi impulsionada por um representante da Associação de Artesãos do Rio de Janeiro, que, após participar do curso e obter contato com o conteúdo e a prática dos conselhos municipais, se sentiu motivado a exercer a função de conselheiro em sua área de atuação.

- Capacitação de representantes da sociedade que atuam como conselheiros municipais de políticas públicas do estado do Rio de Janeiro, especialmente nas áreas de saúde, assistência social, idoso e direitos da pessoa com deficiência. Ressalta-se que, no caso do Conselho Municipal de Direitos da Pessoa com Deficiência do Município de São Gonçalo (RJ), após adquirir conhecimento sobre sua dinâmica de funcionamento e o exercício da função de conselheiro, um aluno que já atuava como membro desse espaço tornou-se presidente do conselho.
- Difusão da implementação de cursos em gestão social por meio do estabelecimento de parcerias com IES sediadas em municípios do interior do estado do Rio de Janeiro, com a finalidade de ampliar e interiorizar essa atividade de extensão. Além da parceria com instituições de ensino, o curso conta com o apoio de órgãos públicos federais na realização de palestras e na distribuição de materiais didáticos sobre a temática da transparência pública e do controle social, com o propósito de fortalecer a capacitação e promover maior publicização junto à comunidade sobre a importância da participação em conselhos municipais.

Considerações finais

Buscou-se, neste artigo, apresentar a experiência de um projeto de extensão dedicado à realização de cursos em gestão social sobre projetos comunitários e participação em conselhos municipais, com base no diálogo horizontal como método pedagógico. Ao colocar o diálogo como principal ferramenta pedagógica, permite-se a construção de um conhecimento compartilhado que relaciona teoria e prática, aproximando as realidades dos diferentes atores sociais envolvidos no processo educacional proposto pela atividade de extensão analisada.

O conhecimento compartilhado gerado nos cursos descritos no tópico anterior baseia-se em uma pedagogia de conscientização acerca da problemática da realidade e, como consequência, de emancipação dos atores sociais envolvidos para que alcancem a autonomia e transformem suas realidades cotidianas de forma a construir relações libertárias em seus meios sociais, oprimindo mecanismos socioculturais de dominação que garantem a posição social privilegiada de determinados grupos.

Sob o referencial da TL, é possível afirmar que os cursos em gestão social constituem práticas de extensão universitária que perseguem uma práxis pedagógica que preza pela educação da autonomia e da libertação opressora, ou seja, que não buscam apenas transmitir conhecimento, mas sim fornecer instrumentos para que o conhecimento seja construído pelo próprio sujeito, colocando-o em uma posição ativa frente a seu lugar social, tornando-o protagonista de sua própria história.

Portanto, pode-se dizer que os cursos analisados estão inseridos em um método que persegue as transformações de cunho estrutural ao buscar novos posicionamentos culturais do sujeito social, contribuindo para a formação de um pensamento que problematize a perpetuação de relações sociais opressoras. A atividade de extensão estudada colabora para que os atores sociais envolvidos alcancem a autonomia e transformem suas realidades cotidianas de forma a construir relações libertárias em seus meios sociais, oprimindo mecanismos socioculturais de dominação que garantem a posição social privilegiada de determinados grupos.

Referências

BOFF, C. *Como trabalhar com o povo*: metodologia do trabalho popular. Petrópolis: Vozes, 1986.

BOFF, L. *Teologia do cativeiro e da libertação*. Petrópolis: Vozes, 1980.

______; BOFF, C. *Da libertação*: o sentido teológico das libertações sócio-históricas. Petrópolis: Vozes, 1979.

______; ______. *Como fazer teologia da libertação*. 8. ed. Petrópolis: Vozes, 2001.

BRASIL. Presidência da República. Secretaria de Assuntos Estratégicos (SAE). *Brasil 2022*: trabalhos preparatórios. Brasília: SAE, 2010. Disponível em: <www.sae.gov.br/site/wp-content/uploads/Brasil_2022_volume2.pdf>. Acesso em: 1 abr. 2012.

FREIRE, P. *Extensão ou comunicação?* Rio de Janeiro: Paz e Terra, 1971.

______. *Pedagogia do oprimido*. 17. ed. Rio de Janeiro: Paz e Terra, 1987.

______. *Pedagogia da autonomia*: saberes necessários à prática educativa. São Paulo: Paz e Terra, 2007.

GUTIÉRREZ, G. *Teologia da libertação*: perspectivas. São Paulo: Loyola, 2000.

LÖWY, M. *Marxismo e teologia da libertação*. São Paulo: Cortez, 1938.

RIBEIRO, R. M. C. R. A extensão universitária como indicativo de responsabilidade social. *Revista Diálogos*: pesquisa em extensão universitária, Brasília, v. 15, n. 1, jul. 2011.

SERRANO, R. M. S. M. *Conceitos de extensão universitária*: um diálogo com Paulo Freire. [S.l.: s.n.], dez. 2011. Disponível em: <www.ets.ufpb.br/pdf/2013/1%20Universidade%20e%20Sociedade/US%2013_Texto%201%20Serrano_Conceitos%20de%20extensao%20universitaria.pdf>. Acesso em: 10 maio 2021.

TENÓRIO, F. G. A trajetória do Programa de Estudos em Gestão Social (PEGS). *Revista de Administração Pública (RAP)*, Rio de Janeiro, v. 40, n. 6, p. 1145-1162, 2006.

______. *Tem razão a administração?* Ensaios de teoria organizacional. 3. ed. Ijuí: Ed. Unijuí, 2008a.

______. *Um espectro ronda o terceiro setor*: o espectro do mercado. Ensaios de gestão social. 3. ed. rev. e ampl. Ijuí: Ed. Unijuí, 2008b.

______. *Gestão comunitária*: uma abordagem prática. Rio de Janeiro: FGV Ed., 2008c.

______. Gestão social: uma réplica. *Revista ADM.MADE*, v. 13, p. 1-4, 2009.

______. Tem razão a gestão social? In: SEMINÁRIO DE GESTÃO SOCIAL E DESENVOLVIMENTO, II., 2012, Florianópolis. *Anais*... Florianópolis: Capes, 2012. (Projeto Pró-Administração/Capes).

______; KRONEMBERGER, T. S.; LAVINAS, L. V. Gestão social, extensão e Teologia da Libertação: uma análise a partir de um projeto junto a comunidades. *Revista de Ciências da Administração*, Florianópolis, v. 16, n. 39, p. 224-235, 2014.

THIOLLENT, M. J. M. *Metodologia da pesquisa-ação*. 8. ed. São Paulo: Cortez, 1998.

______. Construção do conhecimento e metodologia da extensão. In: CONGRESSO BRASILEIRO DE EXTENSÃO UNIVERSITÁRIA (CBEU), I., 2002, João Pessoa. *Anais*... João Pessoa: CBEU, 2002.

7. Os conselhos municipais de políticas públicas sob o olhar da comunidade: uma experiência de extensão universitária*

Descobri a grande importância da participação nos conselhos, de exercer a cidadania.
(Relato de um participante do curso de extensão universitária em 2011).

Introdução

Os conselhos de políticas públicas constituem uma das principais experiências da democracia participativa nas últimas décadas. Tais arranjos institucionais se fazem presentes na maioria dos municípios brasileiros, articulados desde o âmbito federal, abrangendo um conjunto de políticas públicas como saúde, assistência social, meio ambiente, educação, entre outras, que representam uma conquista da institucionalização democrática em nosso país. São considerados constructos institucionais inovadores do ponto de vista da relação entre Estado e sociedade pelo seu caráter plural, participativo e deliberativo (Tatagiba, 2004). Representam, portanto, desenhos institucionais de partilha do poder e são constituídos pelo próprio Estado, com representação plural e paritária de atores da sociedade civil e do Estado (Avritzer, 2008).

---

* Kronemberger et al. (2012:146-177).

Tais instâncias são constituintes do modelo de gestão das políticas públicas, sendo suas deliberações frutos do processo de discussão com os representantes do Estado, que devem ter como eixos norteadores a representatividade de seus membros, a visibilidade de suas proposições, a transparência das relações e a articulação com a sociedade para garantir o processo democrático e a qualidade das ações (Assis e Villa, 2003).

Além disso, os conselhos constituem espaços decisórios importantes para a prática da gestão social, aqui entendida como o processo gerencial dialógico no qual a autoridade decisória é compartilhada entre os participantes da ação em qualquer sistema social. O adjetivo social qualificando o substantivo gestão é visto como o espaço privilegiado de relações sociais no qual todos têm direito à fala, sem nenhum tipo de coação (Tenório, 2008a).

Apesar das características inovadoras desses espaços que garantem a participação da sociedade civil no processo de cogestão com o Estado na condução das políticas públicas, diversos entraves são verificados no seu funcionamento. Entre eles destacam-se: o predomínio de uma cultura política clientelista; a primazia do Executivo local na condução e no desfecho das decisões políticas; a frágil inclusão e rotatividade de novos membros e respectivas entidades como representantes da sociedade; a falta de capacitação para o exercício do cargo de conselheiro e a débil autonomia no funcionamento dessas instâncias.

O caminho para solucionar tais entraves, contudo, pode ser perseguido pela mobilização e qualificação da participação de representantes da sociedade civil nesses espaços públicos, buscando e fazendo valer o direito à cidadania (Labra, 2009).

Nesse sentido, ressalta-se o papel da universidade, na medida em que, por meio de ações de extensão e do exercício de uma prática pedagógica, pode contribuir para a potencialização da mobilização da sociedade, além de instigar a reflexão crítica sobre a realidade e cumprir com o caráter eminentemente político da educação. Um dos objetivos da extensão universitária é, pois, possibilitar a passagem da "consciência ingênua" para a "consciência crítica" num processo de diálogo, de respeito aos saberes e da autonomia do educando (Freire, 1980).

Assim, a atividade de extensão universitária deve perseguir a "problematização do homem-mundo ou do homem em suas relações com o mundo e com os homens, possibilitar que estes aprofundem sua tomada de consciência da realidade na qual e com a qual estão" (Freire, 1980:33).

Fundamentando-se nessa discussão, este estudo tem como principal objetivo analisar uma iniciativa de extensão universitária enquanto instrumento para a conscientização da comunidade acerca da importância da participação, bem como para a percepção dos entraves inerentes ao funcionamento dos conselhos municipais de políticas públicas.

Para isso, o trabalho encontra-se estruturado em cinco seções, além desta introdução, das considerações finais e das referências bibliográficas. A próxima seção discute a prática da extensão universitária com ênfase na perspectiva freiriana da conscientização crítica do educando sobre a realidade. A terceira seção analisa os conselhos municipais de políticas públicas a partir dos principais entraves ao seu potencial democrático e participativo. A seguir, apresentam-se o método da pesquisa e a descrição da atividade de extensão universitária analisada neste estudo. A quinta seção dedica-se à descrição e à análise dos resultados tendo como enfoque a conscientização da comunidade acerca da importância da participação em conselhos e a percepção dos principais obstáculos para seu funcionamento. Por último, são tecidas as considerações finais do estudo, que apontam para o envolvimento de representantes da sociedade em espaços públicos de participação social, bem como no alcance do potencial crítico e participativo da comunidade proporcionado pela atividade de extensão universitária.

A prática da extensão universitária revista

Esta seção dedica-se à discussão da gestão social enquanto prática social no âmbito acadêmico por meio do exercício da extensão universitária. Entende-se que a concepção de gestão social não constitui apenas um campo de abordagem teórica e de realização de pesquisas; ela é, antes, inerente à construção e ao desenvolvimento de ações e projetos conjuntos com a sociedade. Contribui, portanto, para uma concepção de extensão universitária distinta da tradicionalmente difundida.

Compreende-se a gestão social como um processo de tomadas de decisão coletivas, sem coerção, baseado na inteligibilidade da linguagem, no diálogo entre os envolvidos e no entendimento esclarecido como processo, na transparência de informações e ações e na emancipação como finalidade (Cançado, Tenório e Pereira, 2011; Tenório, 2008b).

Ao adotar a gestão social enquanto prática no desenvolvimento de ações de extensão universitária, busca-se um ideal emancipatório que seja direcionado por princípios de liberdade e autonomia do indivíduo, bem como pela criticidade dos assuntos e dos temas abordados. É por meio do diálogo sem coação, da inclusão e da participação de todos os membros envolvidos na relação entre universidade e sociedade que os projetos de extensão podem ser desenvolvidos com enfoque nos interesses e na busca da transformação das limitações sociais, políticas e culturais da comunidade. A proposta emancipatória promove transformações sociais a partir do momento em que pessoas menos favorecidas têm acesso à educação e, além disso, à construção de conhecimentos novos (Thiollent, 2002).

Nesse sentido, a extensão universitária deve representar uma construção ou (re)construção de conhecimento, envolvendo, além de discentes e docentes, representantes de outros espaços e culturas, perspectivas e níveis de educação diferenciados. A construção extensionista não se limita, assim, à universidade; abrange uma diversidade de públicos externos com os quais é necessário estabelecer uma interlocução para a identificação de problemas, troca de informações e proposições, enfim, um processo que desde seu início ocorre de forma coletiva (Thiollent, 2002).

Nessa perspectiva, a metodologia utilizada para a construção social do conhecimento em projetos de extensão universitária pressupõe interação e cooperação entre os diversos atores. Ao considerar esse pressuposto, a metodologia de pesquisa e extensão adquire um caráter participativo, inclusive no plano subjetivo. Além disso, é importante que a metodologia participativa assuma dimensões da crítica, da reflexividade e da emancipação, além de seu caráter interativo entre os diversos participantes da ação (Thiollent, 2002).

Dessa forma, a extensão a serviço de um processo transformador, emancipatório e democrático, desenvolvida por meio do diálogo e do respeito cultural local, tem relação direta com o projeto pedagógico proposto por Paulo Freire (Serrano, 2011). Ao se aproximar da concepção de Paulo Freire, distancia-se da perspectiva tradicional de extensão, da simples transposição de conhecimentos do âmbito acadêmico para a sociedade. Tal perspectiva já era criticada por Freire (1985:15) ao denunciar que: "na medida em que, no termo extensão, está implícita a ação de levar, de transferir, de entregar, de depositar algo em alguém, ressalta, nele, uma conotação indiscutivelmente mecanicista". Destaca o autor que é necessário superar essa compreensão ingênua do conhecimento humano, "ingenuidade que se reflete nas situações educativas em que o conhecimento do mundo é tomado como algo que deve ser transferido e depositado nos educandos" (Freire, 1985:16).

Freire (2007) propõe, portanto, uma prática pedagógica em favor da reflexão crítica, da ética, do respeito à dignidade, ao saber e à autonomia do educando, ou seja, uma pedagogia da emancipação do sujeito, da construção conjunta do conhecimento entre educando e educador. Para ele, "educar e educar-se, na prática da liberdade, não é estender algo desde a 'sede do saber', até a 'sede da ignorância' para 'salvar', com este saber, os que habitam nesta" (Freire, 1985:15).

De forma semelhante, partindo de três concepções teóricas e ideológicas (assistencialista, acadêmica e mercantilista) que classificam as atividades de extensão universitária, Jezine (2004:3) destaca que a perspectiva acadêmica, que se coaduna com a proposta discutida neste trabalho, desvenda uma nova forma de pensar e fazer e expressa uma postura de intervenção na realidade "em que a comunidade deixa de ser passiva no recebimento das informações/conhecimentos transmitidos pela universidade e passa a ser participativa, crítica e construtora dos possíveis modos de organização e cidadania".

Assim, o projeto extensionista e a prática da gestão social têm relação direta, visto que trabalhar com a comunidade é buscar a emancipação social e tecer relações dialógicas, participativas e inclusivas. Como destaca Boff (1986) a partir de ensinamentos de Marx, o diálogo se faz em torno da prática, da práxis falada e refletida. É provocar e fomentar o processo de reflexão conjunto entre os discentes, docentes e os cidadãos em geral a partir das experiências vivenciadas pelos indivíduos.

É no âmbito dessa discussão teórica do projeto extensionista e da concepção de gestão social que ações que trabalham a relação entre universidade e sociedade precisam ser estimuladas e ampliadas, como a iniciativa analisada neste trabalho.

Os conselhos municipais de políticas públicas: construção de um cenário sobre seu surgimento e funcionamento

Os conselhos municipais surgem como um constructo institucional expressivo da democracia perseguida pela Reforma Sanitária,[1] a partir de meados da década de 1970. A participação social constituía uma das propostas da reforma do sistema de saúde no país, que estava relacionada a sua compreensão para além da expansão do direito e

---

[1] A partir de 1968, o movimento sanitário, assim denominado, surgiu tendo como base teórica uma abordagem histórico-estrutural dos problemas de saúde, ou seja, adotava a teoria do materialismo histórico e dialético do marxismo para analisar a saúde em determinada sociedade. Comprometido com a transformação do sistema de saúde até então vigente, lutava pela melhoria das condições e de atenção à saúde da população na consecução do direito de cidadania (Escorel, 2008).

da reforma setorial, representando uma estratégia de democratização social (Lobato, 2009).

A participação da população nas decisões políticas, nesse período, é cada vez mais reivindicada pelos movimentos sociais, não mais como estratégia de aproximação da comunidade ou de experiência popular, mas como mecanismo para garantir o redirecionamento das políticas públicas (Carvalho, 1995).

A criação de espaços institucionais de participação social, como os conselhos de políticas públicas, esteve associada ao contexto de Reforma Democrática do Estado e à ideia do controle social sobre seu funcionamento. Parte-se da concepção de que tais instâncias colegiadas, com a inclusão de diversos representantes da sociedade, "especialmente aqueles tradicionalmente excluídos, pudessem 'controlar' o Estado, garantindo que as políticas públicas, em especial a saúde, fossem pautadas pelas necessidades da sociedade e não apenas por grupos privilegiados" (Carvalho, 1995:28).

A constituição desses espaços tem relação direta com a Constituição Federal de 1988 (CF/1988), que, sob as bases de um novo arranjo federativo, no qual o município adquire um papel central no processo de gestão das políticas públicas, determina, também, a gestão participativa como princípio para a elaboração e execução das políticas. Tal mudança é resultado de um processo de mobilização e luta da sociedade civil brasileira "que pautaria os caminhos da reforma do Estado e da administração pública no país, acenando com a possibilidade de superação de um legado de centralização, desarticulação, burocratização e autoritarismo" (Tatagiba, 2006:138-139).

Dessa forma, de acordo com o texto constitucional, as políticas sociais partiriam de dois princípios básicos: a participação da sociedade e a descentralização político-administrativa. Ou seja, o novo formato das políticas sociais deveria seguir um duplo movimento de democratização: do nível central em direção ao local e desde o Estado em direção à sociedade. Assim, a participação da sociedade civil é enfatizada, refletindo uma resposta às reivindicações dos movimentos sociais durante a década de 1980 (Fleury, 2005).

Pela diretriz da descentralização, a Constituição de 1988 incorporou o município como esfera de governo com plena autonomia político-administrativa e obrigação constitucional de elaborar e conduzir as políticas públicas, bem como prover os serviços essenciais à população. Com isso, os municípios são retirados da condição de coadjuvantes do processo decisório político e passam a assumir um papel central na condução das políticas sociais, dotados de novas responsabilidades e atribuições (Fleury, 2005; Tatagiba, 2006).

Assim, pelas diretrizes da descentralização e da participação social presentes na CF/1988, ocorreu a instituição, ao longo da década de 1990, de diversos mecanismos inovadores que assegurassem a participação direta dos cidadãos nas decisões das políticas, entre eles os conselhos municipais de políticas públicas (Lobato, 2009).

A instituição dos conselhos municipais ocorreu no âmbito da Lei Orgânica da Saúde (LOS) pela disposição da participação da comunidade como diretriz do Sistema Único de Saúde (SUS) em cada esfera de governo, sendo tais instâncias responsáveis pela "formulação de estratégias e controle da execução da política de saúde, [...] inclusive nos aspectos econômicos e financeiros cujas decisões serão homologadas pelo chefe do poder legalmente constituído em cada esfera do governo" (Brasil, 1990, art. 1º, § 2º).

Além disso, é garantida a participação da sociedade civil de forma paritária, como representante do segmento de usuários do SUS em relação ao conjunto dos demais segmentos (Brasil, 1990, art. 1º, § 4º). Soma-se a isso a determinação de que as normas de funcionamento desses espaços de participação são definidas em regime próprio, aprovadas pela plenária das respectivas instâncias (Brasil, 1990, art. 1º, § 5º).

Assim, os conselhos constituem espaços públicos, com composição plural e paritária, que garantem a participação da sociedade civil por meio dos seus representantes, junto ao Estado, com competência legal de formular políticas e fiscalizar sua construção, bem como deliberar sobre ações, indo ao encontro da democratização da gestão. Além disso, tais conselhos são pautados pelo processo de discussão, a partir de uma ação dialógica na busca do consenso, para a resolução dos conflitos inerentes aos diversos interesses em jogo (Tatagiba, 2002).

Ao longo da década de 1990, diversas áreas seguiram o modelo da política de saúde e incorporaram os conselhos no formato de gestão das políticas públicas no âmbito municipal, por exemplo, educação, assistência social, meio ambiente, direitos da criança e do adolescente. A partir desse período, ocorreu um crescimento significativo na instituição dessas instâncias de participação no âmbito nacional. No caso da saúde, entre 1991 e 1993 foram instituídos cerca de 2 mil conselhos de saúde, "o que significa um ritmo de praticamente dois novos conselhos por dia". Tal crescimento pode ser explicado em virtude da determinação da legislação setorial que obrigou a sua criação nas esferas nacional, estadual e municipal (Carvalho, 1997:153).

Atualmente, quase a totalidade dos municípios possui conselhos de assistência social (99,3% dos municípios), saúde (97,3%) e direitos da criança e do adolescente (91,4%). Também é significativo o percentual de municípios que têm conselhos de educação (79,1%) e de meio ambiente (56,3%) (IBGE, 2010).

Apesar, porém, de os dados indicarem a abrangência na institucionalização dos conselhos municipais no Brasil, diversos estudos (Fuks, 2002; Dagnino, 2002; Coelho, 2004; Côrtes, 2002, 2009; Labra, 2007, 2009) apontam alguns entraves no seu funcionamento, comprometendo seu potencial inovador do ponto de vista democrático-participativo. Acrescenta-se a isso o fato de que somente a legislação não garante a efetiva democratização desses espaços, tampouco a partilha do poder no âmbito das decisões entre Estado e sociedade.

Entre os entraves característicos ao funcionamento dos conselhos, percebe-se que a participação social no processo de formulação e gestão das políticas públicas tem sido comprometida por aspectos relacionados a uma cultura política autoritária, antidemocrática, de atuação conservadora pelos representantes do Estado (Coelho, 2004). A constituição de espaços públicos com características participativas, autônomas e deliberativas confronta as concepções elitistas da democracia e a atuação autoritária e conservadora do Estado no processo político-decisório. Além disso, espaços como os conselhos de políticas públicas promovem uma visão mais transparente e participativa das decisões, antes sob o monopólio do Estado e de grupos privilegiados (Dagnino, 2002).

No que concerne ao caráter deliberativo dos conselhos, destaca-se a possibilidade do fortalecimento do poder democrático nessas instâncias, em especial no exercício do controle social sobre as decisões do poder público. Desde o surgimento desses arranjos institucionais, porém, tem persistido o debate em torno da dicotomia consulta *versus* deliberação (Labra, 2007).

Tal dicotomia é percebida na centralidade do Executivo local no processo de decisão política, ou seja, na dificuldade dos representantes do Estado em partilhar seu poder exclusivo sobre as decisões referentes às políticas públicas, atribuindo à participação um caráter consultivo ou um papel nominal. Quando ocorre a partilha do poder, esta é limitada e restrita, sem ampliar-se para as decisões das políticas públicas em seu aspecto mais amplo, que possa ter um significado expressivo para a sociedade como um todo. Com isso, na prática, o poder deliberativo previsto para os conselhos se transforma em uma função consultiva ou mesmo legitimadora das decisões do poder público (Dagnino, 2002).

O aspecto deliberativo é encarado como o ponto crucial dos vários obstáculos no funcionamento dos conselhos. Os problemas concernentes à deliberação ocorrem principalmente em virtude de as decisões impetradas pelos conselhos não serem homologadas pela autoridade pública correspondente, fazendo com que todo o esforço participativo se reflita em frustrações e recriminações. Soma-se a isso a preponderância do Executivo local na condução e no desfecho das decisões tomadas, o que cerceia o poder de autonomia e deliberação da participação da sociedade civil no interior dos conselhos (Labra, 2009).

Sobre a participação do Executivo local nos conselhos, por meio de representantes das secretarias municipais, são estes os únicos atores cujas prerrogativas e obrigações legais exigem a participação em todas as etapas no processo decisório. São, também, responsáveis por prover condições mínimas de funcionamento, como infraestrutura, recursos financeiros e recursos humanos. Com isso, a autonomia dos conselhos se reflete em sua organização, uma vez que nem sempre o poder público local disponibiliza condições materiais suficientes para seu adequado funcionamento. Nesse sentido, a inexistência de infraestrutura adequada e de pessoas para a execução de tarefas de caráter técnico impacta na qualidade da participação dos conselhos no processo decisório das políticas públicas (Moreira e Escorel, 2009).

Muitos fatores dificultam o processo democrático das decisões políticas por parte do Estado e da sociedade civil no interior dos conselhos. Em relação ao Estado, destaca-se o predomínio de uma razão tecnoburocrática, ou seja, a lentidão, a ineficiência, a falta de sensibilidade da burocracia estatal, a falta de recursos, a falta de transparência que dificulta o acesso à informação, entre outros. No que concerne à sociedade civil, percebe-se que a falta de qualificação técnica e política especializada também dificulta sua participação mais igualitária, por exemplo, no entendimento do orçamento, de uma planilha de custos, no conhecimento sobre o funcionamento do Estado, da máquina administrativa, dos processos envolvidos (Dagnino, 2002).

Soma-se a isso o perigo da constituição dos conselhos como espaços que promovem a tecnificação da política, ou seja, em que há o predomínio de questões de ordem técnica nas discussões em detrimento das questões políticas, o que torna o conhecimento técnico-científico um dos recursos mais importantes. Se por um lado a tecnificação da política constitui um risco à prática democrática, por outro qualifica os representantes da sociedade civil que necessitam, enquanto conselheiros, emitir pareceres sobre orçamento, relatórios de atividades governamentais e definir a alocação de recursos financeiros (Fuks, 2002).

Ao mesmo tempo que os conselhos se consolidaram como instâncias participativas no país, ocorreu um aumento da representação da sociedade civil no seu interior. Ou seja, percebeu-se um crescimento plural das formas de participação dos atores provenientes da sociedade civil, organizada no sentido de defender suas demandas em diversas áreas (Avritzer, 2008).

A representação da sociedade civil no interior dos conselhos, porém, tem implicações para seu funcionamento democrático. Um dos problemas é a falta de rotatividade entre os membros participantes da sociedade civil, ocorrendo a perpetuação das representações. Como há dificuldades para a aquisição das competências necessárias ao desempenho do cargo, aqueles poucos representantes da sociedade que detêm a qualificação tendem a permanecer como conselheiros (Dagnino, 2002).

Sobre esse aspecto, Silva e Labra (2001) destacam que, se por um lado os conselhos de políticas públicas constituem um espaço que busca fazer frente às decisões autoritárias e tecnocráticas no interior do Estado e/ou de grupos privilegiados, por outro é percebida uma tendência à oligarquização, ou seja, à formação de elites participativas que devem ser combatidas pela renovação periódica dos seus membros.

Outro aspecto diz respeito ao formato institucional dos conselhos, que deve ir ao encontro de suas características democráticas, como: a paridade entre os segmentos participantes; a pluralidade de seus membros; a participação com deliberação da sociedade civil nas ações públicas; o exercício do controle social pela população, entre outras. Em muitos casos, verifica-se uma hostilidade em relação aos formatos institucionais mais igualitários de participação por parte dos representantes do Estado. Tal resistência pelos representantes do Estado demonstra a presença de traços autoritários, com práticas políticas conservadoras que presidiram historicamente a estrutura estatal brasileira. A consequência gerada é a caracterização dos conselhos como meras estruturas governamentais adicionais em vez de se estabelecerem como espaços públicos constituídos por sujeitos autônomos (Dagnino, 2002).

Nesse sentido, o desenho institucional dessas instâncias é fundamental para aumentar seu potencial democrático e participativo. É imperioso, portanto, aperfeiçoar o processo de seleção dos seus membros e desenvolver procedimentos adequados para assegurar a inclusão de todos os participantes nas discussões e no processo decisório (Côrtes, 2009).

Sobre esse aspecto, acrescenta-se que algumas disposições legais no regimento interno de funcionamento dos conselhos podem torná-los mais democráticos, como: eleição democrática e votação direta e aberta para presidente do conselho, a fim de que o próprio representante do Estado não ocupe automaticamente esse cargo; exercício da função de conselheiro, bem como da entidade representante da sociedade civil, de até, no máximo, dois mandatos, com o intuito de permitir a inclusão de novos participantes e segmentos no conselho; caráter público das reuniões ordinárias e extraordinárias, bem como sua ampla divulgação junto à população; proibição de que a mesma pessoa represente a mesma entidade por mais de dois mandatos consecutivos, entre outras.

Apesar dos entraves supracitados, reconhece-se que a constituição dos conselhos é uma grande conquista dos movimentos sociais para o enraizamento da prática democrática no país, permitindo o envolvimento da sociedade civil no processo decisório das políticas públicas.

Um dos avanços percebidos na dinâmica de funcionamento desses espaços é o incentivo à capacidade propositiva dos representantes da sociedade e sua capacidade reivindicatória: "Os fóruns participatórios tornaram-se um expediente oportuno para dar vazão às reivindicações, incorporar novas demandas e sedimentar alianças entre reformistas e setores populares" (Côrtes, 2002:197).

Os conselhos são, portanto, reconhecidos como potenciais canais de expressão e reivindicação de direitos daqueles segmentos sociais tradicionalmente excluídos da cidadania. O reconhecimento da pequena incorporação das demandas dos representantes da sociedade civil nas políticas públicas do Estado não deve diminuir, no entanto, sua publicização e sua legitimação no âmbito societal (Dagnino, 2002).

De forma geral, se por um lado diversos fatores impactam negativamente no funcionamento dos conselhos – o legado de uma cultura política autoritária com a predominância do Executivo local no processo decisório participativo; a falta de qualificação para assumir a função de conselheiro; a frágil alternância de representantes e segmentos da sociedade civil nos conselhos –, por outro a mobilização e a participação da sociedade civil tendem a aumentar seu potencial democrático (Labra, 2009).

Método de pesquisa

A pesquisa abrangeu os cursos de extensão realizados nos anos de 2010 e 2011, e teve como instrumento de coleta de dados os formulários de avaliação preenchidos pelos alunos ao final do curso e os relatórios de visita elaborados por eles em quatro conselhos de políticas públicas do município do Rio de Janeiro, a saber: saúde, educação, direitos da criança e do adolescente e assistência social.

Os formulários de avaliação aplicados em ambas as turmas estavam divididos em dois blocos compostos por questões abertas e fechadas. O primeiro bloco dizia respeito ao perfil do participante e o segundo compreendia questões sobre a avaliação do curso. Quanto ao perfil, as informações buscavam caracterizar: (1) o envolvimento do aluno em espaços de participação social (como conselhos comunitários, associação de moradores, organizações não governamentais (ONGs), fóruns e quaisquer outros espaços em que os alunos tenham atuado); (2) a opinião sobre a importância da participação em conselhos de políticas públicas; (3) a opinião sobre a importância dos conselheiros; (4) a participação anterior ao curso em algum conselho de política pública e de que forma essa participação ocorreu; (5) os motivos que influenciaram na participação do curso de extensão para conselhos municipais. Em relação ao segundo bloco, perguntou-se sobre: (1) o impacto que o curso teve na participação dos alunos em espaços públicos, como conselhos municipais, (2) o atendimento das expectativas do participante com relação ao curso e (3) as dificuldades enfrentadas.

Os relatórios de visita aos conselhos municipais do Rio de Janeiro nas áreas de saúde, educação, direitos da criança e do adolescente e assistência social constituíram o trabalho final do curso, quando os alunos de ambas as turmas (2010 e 2011) participaram de reuniões ordinárias dos respectivos conselhos nos meses de outubro e novembro e enfatizaram sua percepção quanto aos entraves no funcionamento desses espaços públicos. Destaca-se que os alunos realizaram, em grupo ou de forma individual, a pesquisa nos conselhos com base em um roteiro composto por 20 questões abertas e discutido em sala durante uma das temáticas do curso intitulada "pesquisa participante".

Na seção "Análise dos dados", os trechos escritos pelos alunos nas questões abertas dos formulários de avaliação estão destacados por recuo e identificados ao final da citação por E (entrevistado).

Uma experiência de extensão universitária dedicada aos conselhos municipais de políticas públicas

O curso com ênfase em conselhos municipais de políticas públicas constitui uma atividade de extensão universitária voltada para a comunidade da Região Metropolitana do Rio de Janeiro (RMRJ), organizada no âmbito de um programa de pesquisa de uma instituição de ensino superior (IES), que acontece uma vez por ano em parceria com uma organização da Igreja Católica. Tal parceria justifica-se pelo histórico de atuação dessa organização em trabalhos conjuntos com diversas comunidades do Rio de Janeiro e seu potencial de inserção em diversas regiões desse município.

O principal objetivo do curso é mobilizar e qualificar a participação da comunidade para atuar em conselhos municipais de políticas públicas com a finalidade de aumentar o potencial democrático e participativo dessas instâncias. É por meio do trabalho conjunto com a comunidade, na troca de saberes sobre a importância da participação de representantes da sociedade civil nesses espaços e da conscientização crítica da comunidade acerca da dinâmica de funcionamento dos conselhos, que o curso pretende alcançar seu objetivo.

A metodologia adotada no curso baseia-se na pedagogia emancipatória de Paulo Freire (2007), na filosofia de trabalho com comunidades de Clodovis Boff (1986) e no conceito de pesquisa-ação de Thiollent (1998), em que os discentes e pesquisadores têm um envolvimento orgânico e uma relação intersubjetiva com os sujeitos integrantes do processo.

O curso teve sua primeira edição no período de abril a agosto de 2010, com carga total de 25 horas, em 11 encontros, divididos entre aulas de conteúdo e práticas, abrangendo as seguintes temáticas: gestão social e cidadania deliberativa; origem, evolução e legislação dos conselhos municipais; participação, cidadania e interesse coletivo; parcerias, movimentos sociais e cidadania e pesquisa participante.

Na segunda edição, realizada no período de julho a dezembro de 2011, o curso passou por uma reformulação com base na avaliação feita pela turma anterior e também nos resultados alcançados com o grupo focal, realizado no mês de março do mesmo ano, que contou com a presença de professores, pesquisadores, alunos de graduação e pós-graduação envolvidos com o curso, conselheiros municipais de políticas públicas de diversas áreas – saúde, assistência social, direitos da criança e do adolescente, direitos do idoso –, além de participantes do curso anterior e de alunos matriculados para a edição seguinte.

Além disso, outro fator para a reformulação do curso foi a construção de um laboratório de informática com equipamentos multimídia, o que possibilitou a utilização de recursos audiovisuais e a realização de dinâmicas que envolvessem pesquisas na internet realizadas pelos alunos sobre o funcionamento e atuação dos conselhos municipais.

Esse curso, com carga de 45 horas, teve 26 encontros, abrangendo, além do conteúdo já presente na edição anterior, as seguintes temáticas: a trajetória das políticas sociais e o papel da burocracia, dinâmica política dos atores sociais, os conselheiros de políticas públicas, noções sobre a Constituição Federal de 1988 e rupturas com o modelo anterior de cidadania e, por fim, avanços e dificuldades atuais dos conselhos de políticas públicas. Destaca-se que para cada temática trabalhada foi elaborado um texto pelos respectivos professores especialmente para esse curso.

Em ambas as edições, os alunos participaram de reuniões ordinárias de diversos conselhos municipais – saúde, educação, assistência social, direitos da criança e do adolescente – no intuito de observar a prática desses espaços, a fim de elaborar o trabalho de conclusão.

Ao todo, 31 moradores de diversas localidades da RMRJ, em especial das zonas Oeste e Norte, já concluíram o curso.

Análise dos dados

A análise está dividida em duas seções direcionadas para (1) a conscientização dos alunos sobre a importância da participação da comunidade nos conselhos municipais e (2) a percepção de entraves existentes na sua dinâmica de funcionamento.

Importância da participação da comunidade em conselhos municipais

A maioria dos alunos de ambas as turmas considerou importante a participação da sociedade nos conselhos municipais de políticas públicas, tendo o curso de extensão impactado no seu nível de participação nessas instâncias. Destaca-se que, no caso da segunda edição do curso, metade dos participantes julgou como bastante importante participar de conselhos municipais. Ressalta-se que, na percepção da totalidade dos alunos, o curso possibilitou sua capacitação para atuar nesses arranjos institucionais.

É importante salientar que, nas duas edições do curso, o que levou a comunidade a participar foi o interesse em adquirir conhecimento para complementar a atuação política em conselhos, pastorais ou associações comunitárias, seguido do motivo de julgar importante o conhecimento sobre as temáticas abordadas no curso, como participação, cidadania e conselhos. Ressalta-se ainda que a indicação da paróquia ou da associação que representa e a participação em conselhos municipais constituíram motivos citados por menos de um terço dos alunos da segunda turma para participar do curso, indicando serem a iniciativa própria dos participantes e o reforço do interesse pelos temas motivos decisivos para a inscrição.

Outro aspecto relevante é que, em ambas as turmas, a maioria dos alunos participa de associações e realiza trabalhos comunitários em virtude da inserção em pastorais na igreja, com destaque para as áreas da saúde e da criança e do adolescente.

Ressalta-se que, na edição do curso em 2010, a totalidade dos alunos já havia participado de conferências ou fóruns, com destaque para as conferências municipais nas áreas de política urbana, saúde e meio ambiente. As formas de participação mais citadas nesses espaços foram as de observador, conselheiro titular e conselheiro suplente, principalmente nas áreas de saúde, direitos da criança e do adolescente e assistência social. Considerando ambas as turmas, no entanto, a maioria dos alunos não havia participado de conselhos municipais.

Na percepção dos alunos, os conselhos constituem espaços de reivindicação de direitos e de prática cidadã ao garantir à sociedade o poder de fiscalizar e deliberar sobre as políticas públicas. Tal entendimento é demonstrado quando perguntados sobre qual é o papel dos conselhos:

> Fazer com que as políticas públicas sejam realmente públicas e sejam executadas e cumpridas de acordo com o que foi aprovado [E1].
>
> Fazer valer nossos direitos como cidadãos [E2].
>
> É uma tentativa de que os recursos cheguem a quem realmente precisa deles, e que sejam utilizados de forma eficaz [E3].
>
> Dar voz aos menos favorecidos [E4].
>
> É lutar pelo direito da população, contribuir para melhorar o nosso bairro, rua, hospital etc. [...] todos nós podemos participar. [...] é a voz complementar da população [E5].
>
> Ajudar de fato que os governantes façam algo de fato para o cidadão [E6].
>
> Avaliar e discutir as políticas públicas existentes [E7].

A noção de garantia de direitos presente na constituição dos conselhos, assim como apontada pelos alunos, guarda relação com a nova concepção de cidadania formulada pelos movimentos sociais a partir do final da década de 1970 e ao longo dos anos 1980. Esse novo sentido de cidadania caracteriza-se pela construção de um projeto democrático que reivindicava a transformação social e política. A nova cidadania assume uma redefinição da ideia de direitos, cujo ponto de partida é a concepção de um "direito a ter direitos" (Dagnino, 2004). Tal concepção inclui "a criação de novos direitos, que surgem de lutas específicas e de suas práticas concretas. [...] a própria determinação do significado de 'direito' e a afirmação de algum valor ou ideal como um direito são, em si mesmas, objetos de luta política" (Dagnino, 2004:104).

Além disso, a noção de "direito a ter direitos" implica uma nova concepção de cidadania, ao contrário das concepções tradicionalmente vigentes no Brasil, pois não se encontra vinculada a uma estratégia, das classes dominantes e do Estado, de incorporação política processual dos setores excluídos. "Nesse sentido, é uma estratégia dos não cidadãos, dos excluídos, uma cidadania 'desde baixo'" (Dagnino, 2004:104).

O papel do conselheiro de políticas públicas também é percebido como de grande importância pelo público atendido pelo curso devido à garantia de sua participação no processo decisório das políticas públicas:

> Ampliar a participação efetiva das entidades e dos movimentos sociais e nas decisões governamentais [E8].

> Ser voz da população que não se faz ouvida, sem o pensamento individualizado [E9].

> Defender os direitos dos menos favorecidos [E4].

> Deliberar sobre os diversos assuntos de interesse comum para que medidas adequadas sejam tomadas para o bem comum [E7].

> Orientar e apontar os problemas e necessidades da comunidade [E5].

De forma geral, os resultados apontam para a conscientização dos alunos sobre a importância da participação da sociedade nos conselhos de políticas públicas. Além disso, destaca-se a compreensão da comunidade em caracterizar o conselho como um espaço de luta por direitos e de participação da sociedade no processo de deliberação e de fiscalização das políticas públicas junto ao Estado. Reforça-se, também, o entendimento de que os conselhos constituem um espaço para a condução de ações que vão ao encontro das reivindicações da comunidade.

Entraves na dinâmica de funcionamento dos conselhos municipais de políticas públicas do município do Rio de Janeiro

A etapa final do curso consistia na participação dos alunos em reuniões de conselhos municipais de políticas públicas a fim de observar, na prática, o funcionamento desses espaços. A escolha do conselho que seria visitado era feita com base no interesse pela área ou por envolvimento prévio dos alunos com a temática. Nesse sentido, foram visitados conselhos em quatro áreas: saúde, direitos da criança e do adolescente, assistência social e educação, todos pertencentes ao município do Rio de Janeiro.

Em relação ao Conselho Municipal de Saúde (CMS), os alunos criticaram a ausência de um instrumento de comunicação entre o conselho e a sociedade, devido à falta de informação e à dificuldade no acesso aos documentos do conselho, como a ata e a pauta das reuniões. A ausência de divulgação das atividades dos conselhos e a consequente desinformação da população sobre sua atuação explicam a baixa participação da sociedade nas reuniões ordinárias. Visando minimizar essa dificuldade, uma das sugestões apresentadas foi a criação de um informativo, na medida em que os conselhos poderiam produzir com verbas governamentais um jornal trimestral que visasse à divulgação de suas atividades, ações e funcionalidade. Tal informativo deveria contar, em sua elaboração, com a colaboração de conselheiros e ouvintes presentes nas reuniões. Seriam jornais com informações conjuntas de todos os conselhos (saúde, educação, meio ambiente etc.) e deveriam ser distribuídos nas unidades educacionais, de saúde, culturais, entre outras.

Quanto à dificuldade no acesso aos documentos, os participantes criticaram o fato de que o acesso à pauta e à ata ficou restrito aos conselheiros, em vez de ser disponibilizado para todos os participantes da reunião. Além disso, foi percebido pelos alunos que as reuniões presenciadas não necessariamente seguiam a pauta e iniciavam mesmo antes da confirmação da paridade entre os segmentos representantes.

Sugeriu-se, ainda, que, ao iniciar a reunião, o presidente do conselho ou seu substituto apresentasse os componentes da mesa diretora: "A reunião foi iniciada sem a presidente do conselho apresentar os componentes da mesa. Esta apresentação deveria ser uma prática, visto haver sempre visitantes nos conselhos de políticas públicas" (GS, 2011:1).

Sobre o Conselho Municipal de Direitos da Criança e do Adolescente (CMDCA), em 2010, os alunos criticaram a falta de informação na recepção do prédio da prefeitura, onde se localiza o conselho, posto que nenhum funcionário sabia fornecer informações sobre sua reunião ordinária mensal:

> Nos dirigimos à atendente da portaria principal e perguntamos onde seria realizada a reunião do Conselho Municipal de Direitos da Criança e do Adolescente, a qual não sabia dar nenhuma informação sobre a reunião do Conselho, se haveria assembleia, onde seria [GDCA, 2010:1).

Além da falta de informação, alguns aspectos negativos foram destacados sobre a dinâmica de funcionamento desses espaços, como: (1) a pronta aprovação da ata pela presidente da mesa, de forma a não ouvir a plenária; (2) os temas da reunião tinham caráter técnico, concentrando-se na divulgação e no parecer de processos, o que dificultou o entendimento dos alunos; (3) o desrespeito à paridade entre os representantes dos segmentos no conselho; (4) o conflito entre os conselheiros representantes do poder público e da sociedade civil, com posturas agressivas por parte de ambos.

Sobre este último aspecto, a participante do curso destaca: "Em momento algum nem o secretário [de assistência social] e a presidente da mesa [representante da sociedade civil] se importaram com os ali presentes, uma total falta de consideração com a comunidade" (GDCA, 2010:3).

Segundo o relatório, a discussão entre poder público e sociedade civil girava em torno da aprovação de projetos sociais e recursos financeiros para as entidades da sociedade civil darem continuidade a suas ações de atendimento a crianças e adolescentes vulneráveis do município.

Sobre esse aspecto, Dagnino (2002) ressalta que as relações estabelecidas entre Estado e sociedade civil são sempre tensas, permeadas de conflito, e tais conflitos e tensões serão maiores ou menores dependendo de quanto compartilham o poder – e com que centralidade o fazem – as partes envolvidas. Tais conflitos, no âmbito dos conselhos, remetem ao debate amplo sobre temas/interesses até então excluídos da agenda pública, como aqueles que se constituem como espaços de ampliação e democratização da gestão estatal. As diferentes posições se manifestam:

> De um lado, na resistência dos Executivos em compartilhar o poder exclusivo sobre as decisões referentes às políticas públicas. De outro, na insistência daqueles setores da sociedade civil em participar efetivamente dessas decisões e concretizar o controle social sobre elas [Dagnino, 2002:282].

Apesar de tais obstáculos à prática democrática e participativa dos conselhos, contudo, os participantes do curso de extensão reconhecem que

> o efetivo funcionamento do conselho depende diretamente da participação popular. [...] Dessa forma, evita-se que o poder público decida sozinho as prioridades de atenção e investimento relativos à população de crianças e adolescentes do município [GDCA, 2010:5].

Soma-se aos conflitos a postura antidemocrática do presidente do conselho, representante do segmento da sociedade civil, que "já chega com tudo decidido, impossibilitando a qualquer um de se opor, pois quando isso acontece ela trata ironicamente, deixando, assim, constrangidas as outras pessoas que poderão vir a falar" (GDCA, 2010:5).

Em contraste com os relatos da comunidade na edição do curso de 2010, os alunos da turma de 2011 só destacaram pontos positivos da reunião do CMDCA, como: leitura da ata e sua posterior aprovação, com destaque pela plenária de alguns pontos do documento; respeito à paridade; pontualidade no início da reunião; postura democrática na condução da reunião pela mesa diretora; informe, por parte da presidente do conselho, de que deveria haver mais representantes da sociedade civil nos conselhos. Além disso, não foi percebida nenhuma predominância dos representantes do Executivo na condução da reunião desse conselho: "Não percebi em nenhum momento autoritarismo por parte dos mesários e demais representantes. Gostei muito" (GDCA, 2011:1).

Tal distinção de percepções das reuniões do CMDCA nas duas edições do curso pode ser explicada pela mudança de gestão, em que foram eleitas novas entidades para ocupar a vaga de conselheiro. De acordo com o regimento interno desse conselho, a mudança na presidência ocorre de dois em dois anos, alternando Estado e sociedade civil no cargo. Com a mudança de presidente, este último representante pode ter tido uma postura mais democrática e participativa junto à sociedade na condução do processo decisório.

As percepções da comunidade sobre o Conselho Municipal de Assistência Social (CMAS) passam pela inexistência de sede própria, assim como nos demais conselhos, estando este localizado nas dependências do prédio da Prefeitura Municipal do Rio de Janeiro; ausência de canais de comunicação entre a população e o conselho; despreocupação com a paridade entre os representantes dos diversos segmentos; ausência dos novos conselheiros titulares no curso de capacitação oferecido (informe feito na reunião) e, por fim, a predominância do Executivo em algumas temáticas discutidas nas reuniões do conselho: "Algumas vezes, sim, o poder público por ter maior conhecimento das questões em discussão sufoca algumas colocações pontuando e finalizando o assunto, mas há abertura para que todos possam falar" (GAS, 2011:3).

Destacam-se, contudo, alguns fatores positivos nesse conselho, como: o livre acesso à pauta da reunião; a chamada, no início da reunião, dos conselheiros e de suas entidades representadas; a pluralidade de entidades que representam o segmento da sociedade civil e a preocupação com o cumprimento de algumas normas do regimento interno na condução da reunião.

De forma geral, percebe-se que os obstáculos verificados à prática democrática e participativa nesse conselho apresentam similaridades com os demais, por exemplo, a ausência de mecanismos de comunicação com a população e o desrespeito à paridade entre os segmentos representantes no conselho. Destaca-se, porém, a confirmação da presença dos conselheiros e suas respectivas entidades no início das reuniões pela mesa diretora.

Por fim, no Conselho Municipal de Educação (CME), nas duas edições do curso, identificou-se a baixa participação da comunidade nas reuniões, sendo a maioria de seus representantes formada por professores. A baixa participação da população pode ser explicada pela ausência de divulgação dessas reuniões, bem como de mecanismos de comunicação com a população que informem sua existência e as ações dessa instância.

Destacou-se que os temas abordados na reunião estavam relacionados à pauta e eram pertinentes à área de educação. Também não se percebeu relação conflituosa entre os representantes do poder público e da sociedade civil no processo deliberativo. Como, no entanto, a maioria de seus representantes era constituída por professores, atenta-se para o formato corporativo desse espaço, sendo necessária, para o processo democrático, a pluralidade de segmentos participantes.

De forma geral, os resultados apontam para a conscientização da comunidade acerca dos entraves ao funcionamento dos conselhos que comprometem seu potencial democrático e participativo. Entre tais entraves destacam-se: (1) a ausência de divulgação das atividades e consequente desinformação da população sobre os conselhos municipais de políticas públicas do município do Rio de Janeiro; (2) a dificuldade do acesso aos documentos do conselho, como a pauta e a ata de reuniões anteriores; (3) a baixa participação da sociedade civil no interior desses espaços; (4) o desrespeito à paridade entre os segmentos no início das reuniões, o que constitui um aspecto grave de desequilíbrio de poder, comprometedor do processo decisório participativo.

Considerações finais

A importância dos conselhos municipais enquanto espaços de democratização da gestão pública e, consequentemente, como prática da gestão social, tem sido amplamente discutida. Muito mais pelo potencial que representam do que efetivamente pelos resultados alcançados, esses espaços têm demonstrado entraves ao seu funcionamento que minam sua capacidade de representar efetivamente o interesse da sociedade ante o poder público.

Nesse sentido, buscou-se demonstrar, neste trabalho, a capacidade de uma iniciativa de extensão enquanto um instrumento para a conscientização da comunidade acerca da importância da participação, bem como para a percepção dos entraves inerentes ao funcionamento dos conselhos municipais de políticas públicas.

Partindo-se de uma perspectiva freiriana de extensão universitária, os cursos desenvolvidos buscam mobilizar e qualificar a participação da comunidade para atuar em conselhos municipais, com a finalidade de aumentar o potencial democrático e participativo dessas instâncias.

Observou-se que os resultados apontam para a conscientização dos alunos sobre a importância de participar dos conselhos de políticas públicas. Além disso, destaca-se a compreensão da comunidade de que o conselho representa um espaço na luta pela garantia de direitos e pela participação da sociedade no processo de deliberação e de fiscalização das políticas públicas junto ao Estado. Reforça-se, também, o entendimento de que os conselhos constituem um espaço para a condução de ações que vão ao encontro das reivindicações da comunidade.

Além disso, os resultados apontam para a conscientização da comunidade acerca dos entraves ao funcionamento dos conselhos que comprometem seu potencial democrático e participativo. Entre tais entraves, destacam-se a ausência de um canal de comunicação entre o conselho e a população local e a dificuldade de acesso aos documentos pertinentes ao funcionamento dessas instâncias, como pauta, atas das reuniões ordinárias e regimento interno.

Somam-se a isso as alternativas tecidas pelos participantes do curso para a reversão desses entraves, como a confecção de um informativo/jornal dedicado aos conselhos e suas temáticas para distribuição à população, bem como a importância de envolver e mobilizar a comunidade para se fazer presente no interior desses espaços, posto que "o efetivo funcionamento do conselho [...] depende diretamente da participação popular" (GDCA, 2010:5).

Ressalta-se, ainda, que as IES, por meio da extensão universitária combinada com a prática da gestão social, podem desempenhar um papel importante no fortalecimento dos conselhos municipais de políticas públicas por meio da realização de ações que fomentem a participação efetiva de representantes da sociedade civil nesses espaços de cogestão com o Estado. Na realidade, iniciativas dessa ordem devem buscar contribuir para a transformação da sociedade civil em protagonista do processo de decisão das políticas públicas, indo ao encontro de um projeto emancipador e transformador da realidade.

Referências

ASSIS, M. M. A.; VILLA, T. C. S. O controle social e a democratização da informação: um processo em construção. *Revista Latino-Americana de Enfermagem*, Ribeirão Preto, v. 11, n. 3, p. 376-382, maio/jun. 2003.

AVRITZER, L. Instituições participativas e desenho institucional: algumas considerações sobre a variação da participação no Brasil democrático. *Opinião Pública*, Campinas, v. 14, n. 1, p. 43-64, jun. 2008.

BOFF, C. *Como trabalhar com o povo*: metodologia do trabalho popular. Petrópolis: Vozes, 1986.

BRASIL. *Constituição da República Federativa do Brasil*. Brasília: Senado Federal, Centro Gráfico, 1988.

_____. Presidência da República. Lei nº 8.142. Lei Orgânica da Saúde. 19 de setembro de 1990. *Diário Oficial [da] República Federativa do Brasil*, Poder Executivo, Brasília, 31 dez. 1990. Disponível em: <www.planalto.gov.br/ccivil_03/leis/L8142.htm>. Acesso em: out. 2011.

CANÇADO, A. C.; TENÓRIO, F. G.; PEREIRA, J. R. Gestão social: reflexões teóricas e conceituais. *Cadernos EBAPE.BR*, Rio de Janeiro, v. 9, n. 3, p. 681-703, set. 2011.

CARVALHO, A. I. *Conselhos de saúde no Brasil*: participação cidadã e controle social. Rio de Janeiro: Fase, 1995.

_____. Conselhos de saúde, responsabilidade pública e cidadania: a reforma sanitária como reforma do Estado. In: FLEURY, S. (Org.). *Saúde e democracia*: a luta do Cebes. São Paulo: Lemos Editorial, 1997. p. 93-111.

COELHO, V. S. P. Conselhos de saúde enquanto instituições políticas: o que está faltando? In: _____.; NOBRE, M. (Org.). *Participação e deliberação*. São Paulo: Ed. 34, 2004.

CÔRTES, S. M. V. Participação de usuários nos conselhos municipais de saúde e assistência social de Porto Alegre. In: PERISSINOTTO, R.; FUKS, M. *Democracia*: teoria e prática. Rio de Janeiro: Relume-Dumará; Curitiba: Fundação Araucária, 2002. p. 167-209.

______. Conselhos e conferências de saúde: papel institucional e mudança nas relações entre Estado e sociedade. In: FLEURY, S.; LOBATO, L. V. C. (Org.). *Seguridade social, cidadania e saúde*. Rio de Janeiro: Cebes, 2009. p. 102-128.

DAGNINO, E. Sociedade civil, espaços públicos e construção democrática: limites e possibilidades. In: ______ (Org.). *Sociedade civil e espaços públicos no Brasil*. São Paulo: Paz e Terra, 2002. p. 279-302.

______. Sociedade civil, participação e cidadania: de que estamos falando? In: MATO, D. (Org.). *Políticas de ciudadanía y sociedad civil en tiempos de globalización*. Caracas: Faces, 2004. p. 95-111.

ESCOREL, S. História das políticas de saúde no Brasil de 1964 a 1990: do golpe militar à reforma sanitária. In: GIOVANELLA, L. et al. (Org.). *Políticas e sistema de saúde no Brasil*. Rio de Janeiro: Ed. Fiocruz, 2008. p. 398-434.

FLEURY, S. Cidadania e desenvolvimento humano no Brasil. In: SEMINARIO CIUDADANÍA Y DESARROLLO HUMANO, 2005, Bogotá. *Anais*... Bogotá: Programa das Nações Unidas para o Desenvolvimento Humano (Pnud), 2005.

FREIRE, P. *Conscientização*: teoria e prática da libertação. São Paulo: Moraes, 1980.

______. *Extensão ou comunicação*. 8. ed. Rio de Janeiro: Paz e Terra, 1985.

______. *Pedagogia da autonomia*: saberes necessários à prática educativa. São Paulo: Paz e Terra, 2007.

FUKS, M. Participação política em conselhos gestores de políticas sociais no Paraná. In: PERISSINOTTO, R. M.; FUKS, M. *Democracia*: teoria e prática. Rio de Janeiro: Relume-Dumará; Curitiba: Fundação Araucária, 2002. p. 245-272.

GAS (Grupo Assistência Social). *Relatório de visita técnica*. Conselho Municipal dos Direitos da Criança e do Adolescente do Rio de Janeiro. Curso Formação Política e Cidadania. Rio de Janeiro, nov. 2011.

GDCA (Grupo Direitos das Crianças e dos Adolescentes). *Relatório de visita técnica*. Conselho Municipal dos Direitos da Criança e do

Adolescente do Rio de Janeiro. Curso Formação Política e Cidadania. Rio de Janeiro, ago. 2010.

_____. *Relatório de visita técnica*. Rio de Janeiro, nov. 2011.

GS (Grupo Saúde). *Relatório de visita técnica*. Conselho Municipal de Saúde do Rio de Janeiro. Curso Formação Política e Cidadania. Rio de Janeiro, nov. 2011.

IBGE (Instituto Brasileiro de Geografia e Estatística). *Perfil de informações básicas municipais*. Perfil dos municípios brasileiros. Rio de Janeiro: IBGE, 2010.

JEZINE, E. As práticas curriculares e a extensão universitária. In: CONGRESSO BRASILEIRO DE EXTENSÃO UNIVERSITÁRIA, 2., 2004, Belo Horizonte. *Anais*... Belo Horizonte: UFMG, 2004.

KRONEMBERGER, T. S. et al. Os conselhos municipais de políticas públicas sob o olhar da comunidade: uma experiência de extensão universitária. *Revista Desenvolvimento em Questão*, Ijuí, v. 10, n. 21, p. 146-177, 2012.

LABRA, M. E. *Existe uma política de participação e controle social no setor saúde?* Contribuições para um debate urgente. Rio de Janeiro, dez. 2007. (Texto preparado para o Centro Brasileiro de Estudos de Saúde – Cebes).

_____. Política nacional de participação na saúde: entre a utopia democrática do controle social e a práxis predatória do clientelismo empresarial. In: FLEURY, S.; LOBATO, L. V. C. (Org.). *Participação, democracia e saúde*. Rio de Janeiro: Ed. Cebes, 2009. p. 176-203.

LOBATO, L. V. C. Dilemas da institucionalização de políticas sociais em vinte anos da Constituição de 1988. In: _____; FLEURY, S. (Org.). *Seguridade social, cidadania e saúde*. Rio de Janeiro: Cebes, 2009. p. 189-201.

MOREIRA, M. R.; ESCOREL, S. Conselhos municipais de saúde do Brasil: um debate sobre a democratização da política de saúde nos vinte anos do SUS. *Ciência & Saúde Coletiva*, Rio de Janeiro, v. 14, n. 3, p. 795-805, maio/jun. 2009.

SERRANO, R. M. S. M. *Conceitos de extensão universitária*: um diálogo com Paulo Freire. [S.l.: s.n.], dez. 2011. Disponível em: <www.ets.ufpb.br/pdf/2013/1%20Universidade%20e%20Sociedade/US%2013_Texto%201%20Serrano_Conceitos%20de%20extensao%20universitaria.pdf>. Acesso em: dez. 2011.

SILVA, I. F.; LABRA, M. E. As instâncias colegiadas do SUS no Estado do Rio de Janeiro e o processo decisório. *Cadernos de Saúde Pública*, Rio de Janeiro, v. 17, n. 1, p. 161-170, jan./fev. 2001.

TATAGIBA, L. Os conselhos gestores e a democratização das políticas públicas no Brasil. In: DAGNINO, E. (Org.). *Sociedade civil e espaços públicos no Brasil*. São Paulo: Paz e Terra, 2002. p. 47-105.

_____. A institucionalização da participação: os conselhos municipais de políticas públicas na cidade de São Paulo. In: AVRITZER, L. (Org.). *A participação em São Paulo*. São Paulo: Ed. Unesp, 2004. p. 323-370.

_____. Os desafios da articulação entre sociedade civil e sociedade política sob o marco da democracia gerencial: o caso do projeto Rede Criança em Vitória/ES. In: DAGNINO, E.; OLVERA, A.; PANFICHI, A. (Org.). *A disputa pela construção democrática na América Latina*. São Paulo: Paz e Terra, 2006. p. 137-179.

TENÓRIO, F. G. *Tem razão a administração?* Ensaios de teoria organizacional. 3. ed. rev. e ampl. Ijuí: Ed. Unijuí, 2008a.

_____. *Um espectro ronda o terceiro setor*: o espectro do mercado. Ensaios de gestão social. 3. ed. rev. e ampl. Ijuí: Ed. Unijuí, 2008b.

THIOLLENT, M. J. M. *Metodologia da pesquisa-ação*. 8. ed. São Paulo: Cortez, 1998.

_____. Construção do conhecimento e metodologia da extensão. In: CONGRESSO BRASILEIRO DE EXTENSÃO UNIVERSITÁRIA (CBEU), I., 2002, João Pessoa. *Anais*... João Pessoa: CBEU, 2002.

8. Extensão universitária e responsabilidade social: 20 anos de experiência de uma instituição de ensino superior*

Introdução

Ao longo dos últimos 30 anos, a sociedade brasileira passou por diversas mudanças políticas, econômicas, sociais e culturais. Uma das principais mudanças esteve relacionada ao ensino superior no país. A discussão antagônica sobre o papel da instituição de ensino superior (IES) tem sido evidenciada em diferentes áreas de conhecimento. De um lado, há a perspectiva filosófica da educação superior como instrumento propulsor do desenvolvimento social e técnico. De outro, a perspectiva quantitativa, com o aumento do número de cursos de graduação e pós-graduação.

Ao mesmo tempo, nessa lógica transformacional, de uma forma mimética (ou não), diversas empresas passaram a perceber a importância de práticas de responsabilidade social corporativa (RSC) como uma estratégia de obtenção ou manutenção de vantagem competitiva. Entretanto, em muitos casos, a utilização de conceitos de RSC esteve e ainda está ligada ao assistencialismo ou a uma prática de promover uma imagem socialmente correta para acionistas e sociedade.

Nesse sentido, a abordagem de RSC, neste texto, é construída a partir dos conceitos de extensão universitária e transferência de tecnologia social, e leva em consideração os benefícios para a IES, os participantes (alunos de mestrado e doutorado) e também para

---

* Cruz et al. (2011:3-16).

a sociedade. Por meio da extensão universitária, que é alicerçada no diálogo, é possível realizar o processo de transferência de tecnologia social, ou seja, o empoderamento das representações coletivas, por meio de instrumentos operacionais oriundos da administração.

A experiência relatada neste texto é uma ação sistematizada criada há 20 anos com o objetivo de desenvolver alternativas para a solução de problemas sociais das comunidades ao mesmo tempo que visa complementar a formação de docentes via processo dialógico, em que os educadores (com seus conhecimentos teóricos) e os cidadãos (com seus saberes práticos adquiridos com as dificuldades vivenciadas) trocam suas experiências. Já foram capacitados mais de 850 moradores de distintas comunidades do município do Rio de Janeiro (RJ). As iniciativas buscam fomentar a ampliação da capacidade comunitária para intervir na sua própria realidade, gerando benefícios que podem ser compartilhados e reproduzidos em outras comunidades. Assim, considera-se essa experiência uma aplicação concreta de gestão social.

Este texto se torna relevante por algumas razões. A primeira delas diz respeito à sistematização de um trabalho que ocorre há 20 anos e que gera retornos intangíveis para as partes envolvidas. A segunda é a publicação de uma experiência consolidada, que atende às atuais características do processo de ensino-aprendizagem de um gestor e que vai ao encontro da temática central da *Revista Gestão Social e Ambiental*. E a terceira é a preocupação dos pesquisadores, que abordam a temática do ensino e pesquisa em administração, em discutir casos e métodos que possuem perspectivas metodológicas e epistemológicas coerentes com a realidade do educando, do educador e da instituição de ensino.

Referencial teórico

A base teórica que auxilia na construção deste texto e na concepção do programa está alicerçada numa perspectiva crítica, em que se leva em consideração o desenvolvimento do cidadão. A seguir, são descritos os conceitos de extensão universitária, transferência de tecnologia social e responsabilidade social corporativa.

O sentido da extensão universitária

O sentido do termo *extensão* foi devidamente avaliado e repensado pelos autores deste estudo. Só a partir da real compreensão do conceito *extensão* é que se afirmou que o exemplo demonstrado neste estudo vai ao encontro do enfoque defendido por Freire (1971:20):

> O termo extensão, na acepção que nos interessa aqui [...] indica a ação de estender e de estender em sua regência sintática de verbo transitivo relativo, de dupla complementação: estender *algo a*. Nesta acepção, quem estende, estende alguma coisa (objeto direto da ação verbal) *a* ou *até* alguém (objeto indireto da ação verbal) – aquele que recebe o conteúdo do objeto da ação verbal.

Pensar extensão universitária pressupõe também trabalhar o processo de formação universitária embasada em uma pedagogia crítica que facilite a construção de novos conhecimentos, percebendo o contexto social em que está inserido. Adotando essa posição, é possível fazer a interface entre o saber acadêmico e o popular, construindo assim uma relação de criticidade e de intercâmbio de experiências.

A abordagem de uma pedagogia crítica fundamenta-se na liberdade entre educador e educandos, em que o aprendizado se constrói de maneira bilateral: educador ensina e aprende ao mesmo tempo.

> Educar e educar-se, na prática da liberdade, é tarefa daqueles que sabem que pouco sabem – por isto sabem que sabem algo e podem assim chegar a saber mais – em diálogo com aqueles que, quase sempre, pensam que nada sabem, para que estes, transformando seu pensar que nada sabem em saber que pouco sabem, possam igualmente saber mais [Freire, 1971:25].

Dada a dimensão do texto, não será abordado o levantamento histórico, sua gênese, importância e possíveis desdobramentos da extensão universitária. A ênfase está em verificar a importância que a extensão universitária adquire e quais são ou deveriam ser seus principais pressupostos conceituais (seu sentido).

A extensão universitária está fortemente calcada no modelo conceitual da pedagogia crítica, que, por sua vez, está alicerçada no diálogo, que é uma relação horizontal em que professor e aluno são sujeitos que fazem e refazem a história. Ao respeitar as experiências dos alunos por meio de um constante processo dialógico, as chances de um trabalho em contextos populares se tornam mais reais, já que a presente ação valoriza o contexto social na abordagem pedagógica realizada.

Autores como Boff (1986) já demonstram em suas obras a importância da pessoa ou do agente que vai trabalhar com o povo e que, desempenhando uma função pedagógica, tem como finalidade essencial reforçar o poder do povo rumo à autonomia, isto é, a de tornar o aprendiz sujeito ativo de sua própria história.

Freire (2007:14) reforça ainda mais essa assertiva e a amplia quando expõe que o ato de educar também apresenta um caráter eminentemente político, uma forma de intervenção no mundo. Segundo ele, "formar é muito mais do que puramente treinar o educando no desempenho de destrezas". Para o pedagogo pernambucano, o educador deve sempre estimular a capacidade crítica do educando, sua curiosidade, sua insubmissão.

A extensão universitária tem como um de seus objetivos possibilitar a passagem da "consciência ingênua" para a "consciência crítica". Para isso, o educador tem de estabelecer uma relação de igualdade com seus educandos, suas ações e suas práticas têm de ser pautadas a partir do contexto social, sendo indispensável ao educador/agente entrar em contato participante com a vida do povo com o qual está trabalhando. Para isso, o educador/agente dispõe de variados tipos de formas e meios para inserir-se na comunidade, como: contato constante (organicidade), participação regular, moradia, trabalho e cultura. A inserção real do educador/agente evita o autoritarismo ou as relações de dominação no exercício da prática pedagógica (Boff, 1986).

Pode-se inferir que em qualquer esforço para práticas bem-sucedidas de extensão universitária, esteja ou não associado a uma capacitação profissional – seja ela em qualquer campo do conhecimento –, o objetivo fundamental é possibilitar a "problematização do homem-mundo ou do homem em suas relações com o mundo e com os homens, possibilitar que estes aprofundem sua tomada de consciência da realidade na qual e com a qual estão" (Freire, 1971:33).

A extensão universitária apresenta uma importância crucial para o desenvolvimento do homem como indivíduo ativo, que transforma seu mundo e que estabelece uma relação com o meio em que está inserido. Por outro lado, a extensão universitária permite aos mais abastados, seja de conhecimento ou de renda, a real conscientização de seu mundo e dos indivíduos que coabitam um mesmo espaço social. Ou seja, a extensão universitária permite reconhecer diferenças respeitando-as, aprender experiências, ensinamentos e diferentes mundos sociais, conforme destacado no trecho a seguir:

> A extensão tem como princípios integradores o ensino-pesquisa, a teoria e prática como função acadêmica da universidade que acabam por revelar um novo pensar e fazer, que se consubstancia em uma postura de organização e intervenção na realidade, em que a comunidade deixa de ser passiva no recebimento das informações/conhecimentos transmitidos pela universidade e passa a ser participativa, crítica e construtora dos possíveis modos de organização e cidadania. A confirmação da extensão como função acadêmica da universidade não passa apenas pelo estabelecimento da interação ensino e pesquisa, mas implica a sua inserção na formação do aluno, do professor e da sociedade, na composição de um projeto político-pedagógico de universidade e sociedade em que a crítica e autonomia sejam os pilares da formação e da produção do conhecimento [Jezine, 2004:3].

O exemplo aqui demonstrado analisa a intenção/ação do enfoque a ser trabalhado com os educandos e se pauta nas conceituações defendidas pelos autores apresentados. Entretanto, a experiência analisada não é prioritariamente um espaço para o exercício da participação e para o alcance de uma autonomia plena, de tal sorte que sua dinâmica – metodologia e atuação dos educadores – fica limitada a realizar uma prática de ensino mais voltada para a transferência de tecnologia social.

Talvez resida aí a explicação para o modelo de extensão exemplificado neste trabalho ser mais condizente com os ensinamentos de Freire do que com os de Boff. Tratando-se de um espaço de transferência de tecnologia social, uma pedagogia voltada para a educação, focada mais na relação entre educador e educando, ganha mais destaque do que uma pedagogia voltada para o trabalho com o povo rumo a sua plena emancipação, focada mais na relação entre agente externo e comunidade.

Transferência de tecnologia social

O conceito de *tecnologia social* aqui adotado foi desenvolvido pelo Instituto de Tecnologia Social (ITS) da Fundação Banco do Brasil ao longo do ano de 2004 e diz respeito ao "conjunto de técnicas e metodologias transformadoras, desenvolvidas e/ou aplicadas na interação com a população e apropriadas por ela, que representam soluções para inclusão social e melhoria das condições de vida" (ITS, 2004:91).

Um dos resultados do processo de extensão universitária é a transferência de tecnologia social. Nesse sentido, o ITS tem como um de seus objetivos difundir esse novo conceito. Uma de suas abordagens é que as tecnologias sociais (TS) devem ser compreendidas como um conjunto de ideias, ações, técnicas e metodologias que transformam uma população e, quando aplicadas de maneira que a população possa interagir, podem representar soluções para a inclusão social e também na melhoria de vida daquela população (ITS, 2004).

Bava (2004) afirma que as tecnologias sociais podem ser consideradas métodos e técnicas que estimulam processos de empoderamento das representações coletivas da cidadania, de forma a capacitá-las a lutar nos espaços públicos por alternativas inovadoras orientadas para a defesa dos interesses das minorias e pela distribuição de renda. Tais características estão presentes em ambas as definições apresentadas pela Rede de Tecnologia Social (RTS, 2006) e pelo ITS.

Quanto mais informação se tem sobre a existência de novas técnicas, suas condições de uso e seus eventuais riscos, mais aumenta a complexa formação social crítica e de direcionamento para novos caminhos a fim de atender a diversificadas necessidades sociais (Figueiredo, 1989).

Rodrigues e Barbieri (2008) apontam que o processo de produção de tecnologia social deve, prioritariamente, ser voltado para a emancipação dos atores envolvidos, que são, principalmente, os próprios produtores e usuários dessas tecnologias. Assim, as soluções são construídas coletivamente pelos principais beneficiados, diferentemente de soluções importadas ou produzidas por equipes especialistas.

De acordo com a dimensão ideológica da tecnologia, esta se apresenta como um processo neutro, de domínio e controle da natureza em benefício de todos. Apesar de a tecnologia poder se apresentar de forma unidirecionada, jamais deveria se apresentar assim, uma vez que é um processo condicionado pela complexidade social dos contextos em que é produzida e aplicada. Mesmo que orientada pela hegemonia de alguns grupos, a pluralidade dos interesses sociais é a primeira forma de garantir a diversidade e os avanços tecnológicos (Figueiredo, 1989).

Independentemente de suporte técnico de instituições de fomento, qualquer pessoa ou organização local pode identificar tecnologias ou processos produtivos que sejam capazes de, criativamente, utilizar os recursos existentes e subutilizados. "Gerar a ampla acessibilidade dos conhecimentos acumulados sobre tecnologias sociais constitui um fator importante de dinamização" (Dowbor, 2005:194).

Dessa forma, as informações recebidas sobre tecnologias disponíveis são diversamente captadas e adaptadas às experiências específicas dos diferentes sujeitos sociais. Assim, o entendimento da tecnologia é desigual e as condições para que esta seja adotada também não são as mesmas, seja pela forma de captação de seu significado e dos seus efeitos produzidos, como também pelas oportunidades econômicas de financiamento de sua absorção (Figueiredo, 1989).

A fim de facilitar a compreensão da tecnologia, a TS pode ser expressa em dois planos: o conceitual e o material, e é na interação entre esses dois planos que ela se desenvolve. No plano conceitual, é proposta, por meio da TS, uma alternativa de intervenção na sociedade em que ocorra, de forma participativa, a construção do conhecimento, da ciência e tecnologia. No plano conceitual, a TS representa uma intervenção social que é inclusiva em todos os momentos. Já no plano material, a TS é aplicada pelas experiências na construção de soluções para questões sociais variadas, de acordo com as possibilidades e as limitações de cada grupo. Nessas experiências é que se comprovam a viabilidade e a eficácia da tecnologia social enquanto conceito e é estabelecida uma nova concepção de intervenção social (RTS, 2006).

> Apesar da existência desses dois planos, a ideia de TS (plano conceitual) é geralmente percebida de forma intuitiva. A maior parte das pessoas não chega ao tema pelo caminho da reflexão teórica, mas a partir da vivência e/ou sensibilização para o tema da exclusão social; chega em busca de ações que possam promover a inclusão por meio da aplicação do conhecimento científico-tecnológico [RTS, 2006:16].

Na tecnologia social, não há apropriação exclusiva de conhecimentos, pois é necessário torná-los acessíveis aos outros grupos com problemas parecidos, e também devido a sua forma de produção, que consiste em um processo participativo. Por isso, esses conhecimentos são transmitidos entre os agentes envolvidos na sua produção e utilização, e disponibilizados em redes para sua difusão (Rodrigues e Barbieri, 2008). Para Dagnino (2004:194), a tecnologia social deve apresentar algumas características:

> Ela deve ser adaptada ao reduzido tamanho físico e financeiro; não discriminatória; liberada da diferenciação (disfuncional, anacrônica e prejudicial nos ambientes autogestionários) entre patrão e empregado; orientada para um mercado interno de massa; libertadora do potencial e da criatividade do produtor direto. Resumindo, deve ser capaz de viabilizar economicamente os empreendimentos autogestionários.

O ITS propõe a reflexão sobre o conceito de TS a partir de princípios, parâmetros e implicações. Em relação aos princípios, são destacados: a aprendizagem e a participação, enquanto processos que caminham juntos; a transformação social, que implica a compreensão da realidade de maneira sistêmica; e a transformação social, que ocorre enquanto existe o respeito às identidades locais e compreensão de que qualquer indivíduo é capaz de gerar conhecimento e aprender (ITS, 2004).

As implicações do conceito são organizadas em três grandes eixos: o primeiro trata da relação entre a sociedade e a produção de conhecimento e tecnologia; o segundo, de como a produção de conhecimento é direcionada, e o terceiro, de um modo específico de fazer intervenção na realidade, que está ligado tanto aos parâmetros que caracterizam o processo de intervenção quanto aos resultados esperados (ITS, 2004).

Responsabilidade social

Há, no exemplo demonstrado neste trabalho, características que ora demonstram seu caráter extensionista e ora um caráter de responsabilidade social corporativa para com a coletividade de um modo geral. Uma atuação socialmente responsável, em muitos casos, é confundida com práticas assistencialistas ou filantrópicas. Ao buscar um compromisso com a sociedade, algumas organizações se condicionam a ações assistencialistas ou filantrópicas, o que impede, em muitos casos, o real crescimento e desenvolvimento de um grupo.

A sociedade, de modo geral, tem se mobilizado para atender às carências das populações periféricas (Barbosa, 2007). O filantropismo é entendido como a prática de fazer, no ambiente empresarial, o bem a determinado grupo, associada à caridade. Geralmente, a principal característica da filantropia é a ação estratégica, uma vez que tem a publicidade como pano de fundo. De acordo com Duprat (1993 apud Sanglard, 2003), uma ação filantrópica é estratégica porque provoca a visibilidade de uma ação realizada por um grupo e acirra a concorrência entre os agentes que a realizaram.

Por sua vez, o assistencialismo no Brasil é a prática de resolver alguns problemas pontuais de ordem econômica. Isso cria a dependência real de quem é assistido com a parte que assiste (Barbosa, 2007). Numa perspectiva crítica, Ramminger (2011) considera que ações assistencialistas são prejudiciais ao desenvolvimento de uma comunidade periférica. Ao solucionar problemas com agilidade, não se abordam as raízes desses problemas e o agente assistencialista (ou gestor) se autoavalia como socialmente responsável. O trecho abaixo destaca essa autopercepção.

> Nos regozijamos com nossa bondade e solidariedade. Até os tratamos de igual para igual, não é mesmo? Somos como gênios da lâmpada: "Faça seu pedido e ele será satisfeito!!!" E eles pedem. Pedem comida, roupas, passagens de ônibus, consultas em hospital, remédios, dinheiro... [...] O assistencialismo é sempre uma política de exclusão que retroalimenta a miséria [Ramminger, 2011:42-43].

Conforme destacado por Ramminger (2011) no trecho anterior, várias são as carências, e o assistencialismo sempre deixará de levar a um bom resultado de longo prazo, pois as ações são pontuais. Identificar as carências de uma comunidade é essencial, entretanto isso não significa que uma postura de resolução dessas carências seja adotada por uma empresa.

De acordo com Bhattacharyya et al. (2008), a responsabilidade social empresarial (RSE) deve resgatar a dinâmica do relacionamento entre a sociedade e os negócios da empresa (Davis et al., 1998 apud Bhattacharyya et al., 2008). Em resumo, em uma organização, essa estratégia, quando adotada, deve estabelecer uma relação de ganhos para a organização e para a sociedade, por meio da busca contínua de sustentabilidade para esses dois grupos ao longo do tempo.

É fato que atitudes responsáveis por parte das empresas podem incrementar as vendas de produtos ou serviços e abrir novos mercados (Heslin e Ochoa, 2008). O engajamento de uma empresa em questões ambientais e sociais contribui para o posicionamento da empresa em determinado nicho e também no posicionamento de sua marca. Esse engajamento, em muitos casos, confunde-se com o assistencialismo a partir do momento em que se busca consolidar uma imagem ou reputação diante dos interessados. Uma orientação socialmente responsável, em muitos casos, é confundida com práticas assistencialistas ou filantrópicas. Ao buscar um compromisso com a sociedade, especificamente com *stakeholders* que exercem algum tipo de pressão que pode ser negativa para uma organização, algumas empresas atuam de forma assistencialista ou filantrópica. Mujih (2007) corrobora uma perspectiva diferente do debate sobre a responsabilidade social. Para o autor, a responsabilidade social empresarial (RSE) pode se apresentar por meio de dois modelos na busca da sobrevivência da empresa. Esses modelos são os de punição e de conformidade – que não estão alinhados à proposta deste trabalho. No que diz respeito ao modelo de punição, Mujih (2007) destaca que existem fortes penalidades legais para empresas que violam algumas regras. Já no modelo de conformidade, o autor destaca a ênfase dada à relação estabelecida entre a empresa e os agentes reguladores.

Quando relacionado à área de administração, o desenvolvimento sustentável deve ser entendido como um conceito amplo e que engloba diversos atores, o que o faz sistêmico, assim como a RSE. De acordo com Muschett (1997), o termo desenvolvimento sustentável era pouco conhecido antes da Conferência Mundial de 1992, no Rio de Janeiro. A partir da Eco 92, houve um crescimento exponencial rápido do uso desse termo tanto por organizações do terceiro setor e empresas quanto pela comunidade acadêmica e grupos ambientais. Para o autor, ao se analisar desenvolvimento sustentável, é necessário destacar alguns elementos essenciais que se traduzam em questões relativas às gerações presentes e futuras, como: estabilização do crescimento da população, transferência de tecnologias e novas tecnologias, eficiência no uso de recursos naturais, redução e prevenção da poluição, determinação de limites ambientais, estabelecimento de relações de ganhos – tanto o meio ambiente quanto a sociedade e as empresas têm ganhos simultâneos –, educação e mudanças sociais e culturais. A proposta em análise neste texto evidencia os ganhos para a sociedade (educandos e educados) e também para a instituição de ensino.

O Programa de Estudos em Gestão Social

O Programa de Estudos em Gestão Social é uma ação sistematizada e implementada há 20 anos com o objetivo de desenvolver alternativas para a solução de problemas sociais em comunidades periféricas, ao mesmo tempo que visa complementar a formação de futuros docentes, via processo dialógico, em que os educadores, com seus conhecimentos teóricos, e os cidadãos, com seus saberes práticos adquiridos com as dificuldades vivenciadas, trocam suas experiências. No ano de 2010, a disciplina de mestrado, que era eletiva, se transformou em disciplina obrigatória no curso de mestrado acadêmico da IES analisada.

O referido programa acadêmico vem sendo realizado há 20 anos, por meio de uma parceria entre a academia e as comunidades assistidas pelas pastorais vinculadas à Arquidiocese do Rio de Janeiro. Essa experiência, da qual participaram cerca de 850 moradores das diferentes comunidades assistidas, envolveu cerca de 100 alunos matriculados nos cursos de graduação, mestrado e doutorado da instituição de ensino durante sua trajetória desde 1990.

As iniciativas buscam fomentar a ampliação da capacidade comunitária para intervir na sua própria realidade social, gerando benefícios que podem ser compartilhados e reproduzidos em outras comunidades. Assim, considera-se aplicação concreta de práticas em gestão social. Os objetivos finais do programa são: (1) a formação de docentes a partir de experiências concretas, (2) a possibilidade de proporcionar a aplicação de conhecimentos teóricos adquiridos em sala de aula e (3) o atendimento de demandas das comunidades na gestão comunitária de seus projetos, com transferência de conhecimentos em elaboração, administração e avaliação de projetos.

Do início do programa (primeira fase) ao término (terceira fase) são 18 meses, o que equivale a três semestres letivos – um semestre para cada módulo. A transferência de tecnologia social ocorre da seguinte maneira:

1) *Elaboração de projetos comunitários*. Conjunto de atividades com ações concretas visando atender às necessidades previamente identificadas pelas comunidades participantes. Essa fase é dividida em quatro etapas: identificação, viabilidade, projeto e análise.
2) *Administração de projetos comunitários*. Atividades abrangentes e integradas para controle dos recursos presentes em qualquer projeto: recursos humanos, materiais e financeiros.
3) *Avaliação de projetos comunitários*. Na primeira fase, elaboração, observa-se o futuro; na segunda fase, administração, o foco é no presente. Nessa terceira fase, avaliação, discute-se o passado, comparando-se a análise feita ao término da elaboração, o acompanhamento da fase de execução e a avaliação final propriamente dita (última etapa no processo de avaliação) que revisa todo o trabalho para verificar o alcance de objetivos e soluções dadas aos problemas identificados na primeira fase.

Aspectos metodológicos

Esta seção apresenta alguns aspectos metodológicos que permitem construir, ao longo de 20 anos, a extensão como forma de atuação em responsabilidade social de uma instituição de ensino que atua na graduação e pós-graduação (*stricto sensu*) na cidade do Rio de Janeiro (RJ). Assim, a seguir são apresentados a perspectiva de pesquisa (qualitativa), o método de pesquisa (pesquisa-ação) e o processo de transferência de tecnologia social e seus atores.

Perspectiva metodológica e método de pesquisa

Este trabalho tem como perspectiva a pesquisa qualitativa, pois o processo de transferência de tecnologia social está embasado epistemologicamente em fundamentos não cartesianos e que valorizam a interação entre as partes envolvidas e o aprofundamento em questões sociais. Em sua definição conceitual, Vieira (2004:17-18) caracteriza e comenta as riquezas dos resultados de pesquisas desse tipo:

> [...] se fundamenta principalmente em análises qualitativas, caracterizando-se, em princípio, pela não utilização de instrumental estatístico na análise dos dados e [...] ela geralmente oferece descrições ricas e bem fundamentadas, além de explicações sobre processos em contextos locais identificáveis.

Nessa perspectiva, o método de pesquisa utilizado foi a pesquisa-ação, que tem como principal contribuição a dinâmica de tomada de decisão no processo de ação planejada e se tornou pertinente nessa experiência a partir do processo de transferência de tecnologia social. A pesquisa-ação é, principalmente, uma modalidade de intervenção coletiva, inspirada nas técnicas de tomada de decisão, que associa atores e pesquisadores em procedimentos conjuntos de ação com vistas a melhorar uma situação precisa, avaliada com base em conhecimentos sistemáticos de seu estado inicial e apreciada com base em uma formulação compartilhada de objetivos de mudança.

A utilização da pesquisa-ação é explicada pelo fato de os pesquisadores detectarem problemas em seus ambientes de pesquisa e construírem, com outros atores, uma solução, adquirindo assim um conhecimento sistemático sobre a situação identificada (Dionne, 2007). Para Vergara (2007), esse método é um tipo particular de pesquisa participante (não se esgota na figura do pesquisador e tomam parte pessoas implicadas no problema sob investigação) e de pesquisa aplicada (motivada em resolver problemas concretos de finalidade prática) que supõe intervenção participativa na realidade social. Ou seja, é de natureza intervencionista.

Já Thiollent (1996:14) define a pesquisa-ação como

> um tipo de pesquisa social com base empírica que é concebida e realizada em estreita associação com uma ação ou com a resolução de um problema coletivo e no qual os pesquisadores e os participantes representativos da situação ou do problema estão envolvidos de modo cooperativo ou participativo.

Indo ao encontro do processo de transferência de tecnologia social, Morin (2004) entende a pesquisa-ação como uma *démarche* de compreensão e de explicação da práxis dos grupos sociais pela implicação dos próprios grupos e com intenção de melhorar suas práticas. No entanto, a pesquisa-ação tem ainda objetivo emancipatório e transformador do discurso, das condutas e das relações sociais. Vai além da abordagem lewiniana e exige que os pesquisadores se impliquem como atores. Assim, a pesquisa-ação está sempre ligada a uma ação que a precede ou a engloba e que a enraíza em uma história ou contexto.

O processo de pesquisa-ação ocorreu a partir das seguintes indagações: Como ensinar e conhecer uma realidade ao mesmo tempo? Uma vez conhecida essa realidade, como realizar uma intervenção nela?

A ação educativa só se justifica com o envolvimento da comunidade e sua orientação para as possíveis soluções de problemas comunitários. É uma ação que considera como necessidade a participação das pessoas no processo de mudanças. Contudo, que formas podem ser utilizadas para efetivá-la? Além disso, essa ação educativa, determinada pelo conhecimento da realidade, não pode ser somente sinônimo de transferência de conhecimento, e sim ato dinâmico e permanente no processo de sua descoberta. Enfim, chegou-se à metodologia de pesquisa-ação para atender às expectativas de participação social dessa comunidade.

O processo de transferência de tecnologia social e seus atores

Baseados no conceito de transferência de tecnologia social, alunos de mestrado e doutorado da instituição em análise, com apoio de graduandos, promovendo a chamada extensão universitária, participaram dessa transferência tecnológica para membros das comunidades assistidas pelas pastorais vinculadas à Arquidiocese do Rio de Janeiro.

Perspectivas epistemológicas que norteiam o processo

A preparação para o campo de pesquisa (interação social na perspectiva do educador) e a ação (transferência de tecnologia social) foram fundamentadas a partir de três linhas de ação: (1) a racionalidade comunicativa – direcionando o escopo de toda proposta, (2) a perspectiva pedagógica e (3) os fundamentos técnicos em gestão de projetos comunitários.

Assim, para a primeira linha de ação, a racionalidade comunicativa, de Jürgen Habermas (1995), evidencia elementos conceituais da democracia deliberativa nas relações sociais contemporâneas.

No que diz respeito à perspectiva pedagógica, as obras *Pedagogia da autonomia* (2007) e *Conscientização: teoria e prática da libertação*

(1980), do educador Paulo Freire, foram utilizadas na preparação dos pesquisadores (alunos de mestrado e doutorado) para o contato com o campo de pesquisa e de ação, pois a abordagem concebida por Freire evidencia aspectos como o respeito ao educando e a construção do conhecimento a partir da interação (não autoritária) das partes envolvidas na relação ensino-aprendizagem.

A terceira linha de ação, a abordagem técnico-conceitual, foi construída a partir dos livros *Gestão comunitária* (Tenório, 2008) e *Administração de projetos comunitários* (Lemos, 1995). Este último livro apresenta as áreas de administração de materiais, gestão de recursos humanos e administração financeira, sendo todo o conteúdo da publicação elaborado com o objetivo de atender às especificidades de projetos comunitários.

As características do público envolvido — pesquisadores e participantes

Pesquisadores

Os pesquisadores envolvidos na elaboração e execução do programa sempre são alunos de mestrado (acadêmico e profissional), dos cursos de doutorado e graduação. Esses pesquisadores são orientados por um professor da instituição, que explica a trajetória do programa desde 1990 e discute a parte epistemológica anteriormente à ida ao campo. O processo de conhecimento e exploração do campo de pesquisa é sempre acompanhado por uma equipe de coordenadores (o professor e mais dois ex-alunos voluntários que se prontificam a dar continuidade ao projeto). Uma das características dos pesquisadores é a ausência de experiência prévia em sala de aula, o que permite um aprendizado para esse grupo.

Participantes

Os participantes são, em sua maioria, pessoas oriundas de comunidades periféricas que estabelecem alguma relação com as pastorais interligadas à Arquidiocese do Rio de Janeiro. O único requisito exigido para frequentar as aulas é ser alfabetizado, não há restrição por gênero, raça, faixa etária, classe social ou escolha religiosa – mesmo as aulas sendo ministradas em um espaço estritamente católico, pessoas de orientação evangélica têm participado da experiência. Ou seja, o que move as pessoas a se inscrever nos cursos (Elaboração de Projetos Comunitários, Administração de Projetos Comunitários e Avaliação de Projetos Comunitários) é a vontade de apreender novos conhecimentos para a mudança de suas realidades – já que os cursos ministrados por alunos da IES têm como objetivo construir com os educandos conhecimentos relativos à elaboração de projetos sociais em áreas periféricas do município do Rio de Janeiro.

Parceiros

A principal parceira da IES é a Cáritas Arquidiocesana do Rio de Janeiro, que há 20 anos fornece o espaço físico e logístico para as aulas serem ministradas, contribuindo com parte do material didático e controlando a frequência dos alunos.

Resultados alcançados

Esta parte do trabalho apresenta os resultados obtidos ao longo dos 20 anos desta prática. Especificamente, são apresentados resultados para os participantes e sociedade, para os pesquisadores e a instituição de ensino superior. É explícita a visão de que todas as partes envolvidas se beneficiam com a execução deste projeto.

Participantes e sociedade

Este projeto visa à promoção da extensão universitária, uma vez que é a ação de IES junto às comunidades que disponibiliza ao público externo determinados conhecimentos por meio do desenvolvimento de ensino e pesquisa. Pelo contato direto entre membros da IES e da sociedade na qual ela está inserida é que se dá a transformação da realidade social local, ao mesmo tempo que amplia a formação de seus alunos.

O conhecimento proporcionado sobre capacitação para elaboração de projetos comunitários aos membros das diversas comunidades leva à identificação de demandas e/ou problemas, à análise da viabilidade e à definição do projeto que será planejado e, possivelmente, executado.

A capacitação para a administração de projetos comunitários propõe demonstrar a importância da administração desses recursos, buscando manter o grau de motivação existente quando da elaboração do projeto. Aqui se busca ainda o envolvimento e o comprometimento de membros da comunidade como elemento fundamental para o sucesso pretendido. A extensão é indissociável do ensino e da pesquisa, que se complementam na medida em que a primeira fornece material para a pesquisa e campo para o ensino, mas, além disso, forma cidadãos.

Os envolvidos são capacitados e informados da importância da avaliação do projeto comunitário, aprendem a analisá-lo tanto a partir da ótica do formulador quanto da ótica das agências financiadoras. Assim, a comunidade ficaria apta a se credenciar a novos financiamentos de diversos outros projetos.

A promoção de articulação entre membros da comunidade em torno de um projeto comum fortalece a conexão entre eles, observando-se um envolvimento maior do conjunto da cidadania daquele espaço urbano em processos decisórios para a busca da solução de problemas comuns.

Integração e fortalecimento de atividades de cada comunidade, presentes nos projetos apresentados, requerem uma sinergia entre os membros da comunidade envolvida para a obtenção do sucesso pretendido. Assim, as atividades de cada comunidade saem fortalecidas.

Articulação e dinamização de projetos comunitários transformam os membros das comunidades envolvidas em empreendedores que passam a articular e dinamizar as ações em prol da coletividade.

Promoção de encontros e trocas de experiências constituem, sem dúvida, outro fator de destaque. Entre os resultados obtidos, destaca-se a troca de experiências que acontece nos encontros entre os membros de diversas comunidades. Esses encontros fortalecem o convívio com membros de outros bairros e a promoção de projetos de sucesso que acabam por servir como estímulos para os iniciantes.

Importância da ação coletiva: leva ao reconhecimento da importância da ação comunitária para o desenvolvimento das consciências individuais. Ocorre a substituição do "EU" pelo "NÓS", a alteridade sempre presente no processo de ensino-aprendizagem.

Pesquisadores

Geralmente, os alunos de mestrado têm seus primeiros contatos como docentes no término do curso. Na IES em causa, os estágios docentes para mestrandos com alunos de graduação não são obrigatórios. Logo, a experiência possibilita a vivência da prática docente. Mais que isso, tal prática é construída a partir da teoria crítica em educação (Paulo Freire). Diversos ex-alunos participam da ideia de aprendizagem docente e na vida pessoal a partir de suas atuações como docentes.

As experiências da pesquisa-ação nesses 20 anos de projeto possibilitaram um amplo material de análise para os alunos. Seja numa perspectiva metodológica, prática ou epistemológica, diversos artigos foram publicados em congressos e periódicos, além de cinco livros que apresentam as práticas de elaboração, gestão e avaliação de projetos comunitários.

A visão aproximada da realidade contribui para pensar de forma diferente a elaboração de políticas públicas. Alguns alunos que já passaram por essa experiência na IES estão atualmente em posições estratégicas na esfera pública no que diz respeito à elaboração de políticas públicas. Vários são os relatos de ex-alunos que hoje informam que ter participado dessas práticas contribuiu para que passassem a pensar, de forma sistemática e real, a respeito das necessidades da sociedade.

Instituição

Depois de 20 anos de experiência, gestão social atualmente faz parte da estrutura curricular obrigatória do curso de Mestrado em Administração Pública. A experiência inicial e voluntária se transformou no principal programa de extensão universitária da instituição. Os relatos e as experiências passadas serviam de motivação para os alunos ainda não matriculados se matricularem na disciplina eletiva. Após 20 anos, a instituição legitimou a experiência junto à estrutura curricular e revê as questões ligadas à administração pública e que permeiam projetos comunitários como forma de alcance da sustentabilidade territorial.

Alguns projetos obtiveram destaque em nível local e, por algumas vezes, seus representantes foram convidados a participar de entrevistas em rádios e telejornais de massa no estado do Rio de Janeiro. A instituição foi citada por diversas vezes pelo processo de capacitação e desenvolvimento sustentável daqueles grupos, tendo como base os depoimentos dos membros das comunidades atendidas. Tais relatos reforçam a reputação da IES para os atores diretos e indiretos que mantêm algum tipo de contato com a instituição.

O programa ganhou visibilidade local a partir do seu quinto ano de experiência. Alunos de outras instituições no Rio de Janeiro, de programas de mestrado ou doutorado de áreas afins, começaram a se inscrever para cursar a disciplina e trocar experiências. A partir da publicação das experiências e do fortalecimento do grupo de pesquisa formado a partir dessa temática, alunos de outros programas de estados como São Paulo e Minas Gerais começaram também a participar das experiências do programa.

A instituição gerencia um PRO-ADM na perspectiva da gestão social. Esse projeto viabiliza a consolidação de uma rede capaz de atuar localmente, em um processo amplo de transformação no qual a participação coletiva liga sujeito e objeto de estudo. Financiado pela Coordenação de Aperfeiçoamento de Pessoal de Nível Superior (Capes), o intuito não é desenvolver a formação mecanicista do administrador, mas sim promover o bem comum.

Considerações finais

Ao longo da experiência com os mais de 850 participantes capacitados, foi promovido o desenvolvimento de diversas competências comunitárias e técnicas dos grupos envolvidos. O planejamento e a administração de projetos comunitários proporcionaram, tanto aos membros quanto às comunidades envolvidas, oportunidades para que possam alcançar melhorias na qualidade de vida, proporcionando-lhes, inclusive, um aumento na autoestima e retorno financeiro.

Nesse processo, o ensino-aprendizagem, que envolve educandos e educadores, a permanência dessas práticas ao longo desses 20 anos evidencia sua efetividade nas comunidades no que diz respeito ao processo de transferência de tecnologia social, uma vez que nunca houve qualquer tipo de divulgação que não seja aquela realizada pelos membros das comunidades (processo de divulgação "boca a boca"). A manutenção e a expansão desse tipo de experiência também são legitimadas pela sua inserção na estrutura curricular de um curso de Mestrado em Administração Pública.

Em resposta à demanda dos membros das comunidades por esse tipo de ação, a Arquidiocese do Rio de Janeiro lançou o curso Formação Política e Cidadania, com o objetivo de capacitar lideranças comunitárias a atuar junto aos conselhos municipais, uma vez que esses conselhos têm se mostrado como importantes espaços na promoção do bem comum.

Por fim, como resultado desse processo, há a responsabilidade da instituição em gerir um projeto do PRO-ADM, financiado pela Capes na vertente da gestão social. Assim, a experiência apresentada parece contribuir para gerar e ampliar a discussão sobre temas relativos à cidadania deliberativa, gestão social e projetos comunitários. O apoio dado pelo edital Capes demonstra a importância dessa experiência para o desenvolvimento de comunidades periféricas e de competências sociais requeridas de um futuro gestor.

Referências

BARBOSA, I. M. da S. P. Sociedade civil brasileira: ação, articulação e mobilização. *Revista Terceiro Setor*, v. 1, n. 1, p. 34-38, 2007.

BAVA, S. C. Tecnologia social e desenvolvimento local. In: FUNDAÇÃO BANCO DO BRASIL. *Tecnologia social*: uma estratégia para o desenvolvimento. Rio de Janeiro: Fundação Banco do Brasil, 2004.

BHATTACHARYYA, S. S. et al. A toolkit for designing firm level strategic corporate social responsibility (CSR) initiatives. *Social Responsibility Journal*, v. 4, n. 3, p. 265-282, 2008.

BOFF, C. *Como trabalhar com o povo*: metodologia do trabalho popular. Petrópolis: Vozes, 1986.

CRUZ, B. de P. A. et al. Extensão universitária e responsabilidade social: 20 anos de experiência de uma instituição de ensino superior. *Revista de Gestão Social e Ambiental (RGSA)*, São Paulo, v. 5, n. 3, p. 3-16, set./dez. 2011.

DAGNINO, R. A tecnologia social e seus desafios. In: FUNDAÇÃO BANCO DO BRASIL. *Tecnologia social*: uma estratégia para o desenvolvimento. Rio de Janeiro: Fundação Banco do Brasil, 2004.

DIONNE, H. *A pesquisa-ação para o desenvolvimento local*. Trad. Michael Thiollent. Brasília: Liber, 2007.

DOWBOR, L. Redes de apoio ao empreendedorismo e tecnologias sociais. *Revista Brasileira de Gestão e Desenvolvimento Regional*, São Paulo, v. 1, n. 2, p. 83-108, maio/ago. 2005.

FIGUEIREDO, V. *Produção social da tecnologia*. São Paulo: EPU, 1989.

FREIRE, P. *Extensão ou comunicação?* Rio de Janeiro: Paz e Terra, 1971.

______. *Conscientização*: teoria e prática da libertação. São Paulo: Moraes, 1980.

______. *Pedagogia da autonomia*: saberes necessários à prática educativa. São Paulo: Paz e Terra, 2007.

HABERMAS, J. Três modelos normativos de democracia. *Lua Nova*: revista de cultura e política, São Paulo, Centro de Estudos de Cultura Contemporânea, n. 36, p. 39-53, 1995.

HESLIN, P. A.; OCHOA, J. G. Understanding and developing strategic corporate social responsibility. *Organizational Dynamics*, v. 37, n. 2, p. 125-144, 2008.

ITS (Instituto de Tecnologia Social). Reflexões sobre a construção do conceito de tecnologia social. In: FUNDAÇÃO BANCO DO BRASIL. *Tecnologia social*: uma estratégia para o desenvolvimento. Rio de Janeiro: Fundação Banco do Brasil, 2004.

JEZINE, E. As práticas curriculares e a extensão universitária. In: CONGRESSO BRASILEIRO DE EXTENSÃO UNIVERSITÁRIA, 2., 2004, Belo Horizonte. *Anais*... Belo Horizonte: UFMG, 2004.

LEMOS, A. H. C. de. *Administração de projetos comunitários*: uma abordagem prática. Rio de Janeiro: Cedac-Loyola, 1995.

MORIN, A. *Pesquisa-ação integral e sistêmica*: uma antropedagogia renovada. Rio de Janeiro: DP&A, 2004.

MUJIH, E. Implementing corporate social responsibility: punishment or compliance? *Social Responsibility Journal*, v. 3, n. 3, p. 79-85, 2007.

MUSCHETT, F. D. (Org.). *Principles of sustainable development*. Delray Beach: St. Lucie Press, 1997.

RAMMINGER, T. Psicologia comunitária × assistencialismo: possibilidades e limites. *Psicologia*: ciência e profissão, v. 21, n. 1, p. 42-45, maio 2011.

RODRIGUES, I.; BARBIERI, J. C. A emergência da tecnologia social: revisitando o movimento da tecnologia apropriada como estratégia de desenvolvimento sustentável. *Revista de Administração Pública (RAP)*, Rio de Janeiro, v. 42, n. 6, p. 1069-1094, nov./dez. 2008.

RTS (Rede de Tecnologia Social). Tecnologia social: uma ideia com uma intencionalidade. In: FÓRUM NACIONAL DA RTS, 1., 2006, Salvador. *Anais*... Brasília: Abipti, 2006.

SANGLARD, G. Filantropia e assistencialismo no Brasil. *História, Ciências, Saúde-Manguinhos*, Rio de Janeiro, v. 10, n. 3, set./dez. 2003.

TENÓRIO, F. G. (Org.). *Gestão comunitária*: uma abordagem prática. Rio de Janeiro: FGV Ed., 2008.

THIOLLENT, M. *Metodologia da pesquisa-ação*. São Paulo: Cortez, 1996.

VERGARA, S. C. *Projetos e relatórios de pesquisa em administração*. São Paulo: Atlas, 2007.

VIEIRA, M. M. F. Por uma boa pesquisa (qualitativa) em administração. In: _____; ZOUAIN, D. M. (Org.). *Pesquisa qualitativa em administração*. Rio de Janeiro: FGV Ed., 2004.

9. Análise do processo de uma experiência em construção de projetos comunitários: para repensar a formação do administrador*

Introdução

A Cáritas Arquidiocesana do Rio de Janeiro verificou que as comunidades tinham dificuldade em elaborar propostas de melhoria na área social na forma de projetos, o que facilitaria a obtenção de recursos junto a instituições de financiamento. Assim, solicitou à coordenação do Programa de Estudos em Gestão Social (PEGS) que ministrasse um curso de capacitação em elaboração de projetos comunitários. Em vez de um curso tradicional, em sala de aula, optou-se pelo formato de um escritório-modelo, com espaço cedido pela Cáritas, na Catedral Metropolitana do Rio de Janeiro, onde se realizariam os encontros. Essa experiência vem sendo reproduzida a cada ano com encontros semanais, com duas horas de duração, entre o grupo de alunos monitores e os representantes das comunidades.

O Escritório-Modelo de Gestão de Projetos Comunitários é uma experiência que há alguns anos busca sistematicamente aproximar alunos de Mestrado em Administração Pública e representantes de comunidades de baixa renda da cidade do Rio de Janeiro. A partir das necessidades das próprias comunidades e tendo por base a participação do cidadão na solução de problemas de sua comunidade, realizam-se, durante o período de quatro meses correspondente ao segundo semestre acadêmico, encontros semanais com representantes das co-

* Silva et al. (1998:155-169).

munidades. O objetivo principal é promover o relacionamento entre saberes técnicos e acadêmicos da administração com os conhecimentos e vivências das comunidades. Por meio da construção de relações intersubjetivas e interinstitucionais, busca-se a formação de gestores de projetos comunitários através de metodologia educativo-participativa e de incentivo à cidadania integral de todos os participantes.

A experiência de 1998

Para que o trabalho contasse com uma sólida fundamentação teórica, o grupo de alunos monitores dedicou-se a um período de preparo intensivo, cujos conteúdos e estrutura foram estabelecidos com base nas experiências acumuladas ao longo dos 10 anos anteriores. Nesse ano, juntamente com as leituras prévias sobre conceitos e práticas de educação, pesquisa-ação, elaboração e gestão de projetos comunitários, foi ministrado um curso intensivo, com duração de uma semana. Professores e profissionais de diversas áreas foram convidados a compartilhar seus conhecimentos e experiências com os alunos de mestrado que atuariam como alunos monitores. Além disso, o processo foi muito enriquecido pelo fato de os alunos monitores da experiência no ano anterior também participarem do curso, relatando suas vivências e estabelecendo um amplo debate para a troca de opiniões e esclarecimento de dúvidas a respeito do trabalho já realizado.

Simultaneamente, a Cáritas promoveu a seleção dos representantes das comunidades que participariam do curso. Cartas foram enviadas às paróquias da cidade do Rio de Janeiro informando sobre a ocorrência do evento e solicitando a indicação de pessoas com ampla experiência comunitária que pudessem participar dos encontros.

O primeiro encontro foi dedicado ao processo de integração entre os representantes das comunidades e os alunos monitores. Os participantes se apresentaram, informando nome, local de residência, formação, experiência anterior e comunidade a que pertenciam. Além disso, foram esclarecidos os objetivos, estrutura de funcionamento e duração dos encontros. Em seguida, os representantes comunitários foram distribuídos, de forma aleatória, em três grupos de trabalho e designados os alunos monitores que atuariam junto a cada grupo. A constituição inicial dos grupos sofreu algumas mudanças e, já no segundo encontro, o arranjo procurou integrar, num mesmo grupo, representantes de uma mesma comunidade, a fim de possibilitar a elaboração conjunta dos projetos e facilitar a troca de ideias e conhecimento acumulado sobre a própria comunidade.

Uma primeira observação importante – que merece destaque na experiência de 1998 – diz respeito à diversidade e aos tipos de inserção dos participantes nas comunidades. Os grupos eram formados em parte por representantes comunitários, isto é, pessoas que residiam na comunidade e que, de alguma forma, exerciam um papel de liderança. Por outro lado, também era integrado por representantes de programas sociais – a maioria de iniciativa da Igreja Católica – que, embora não residissem nas próprias comunidades, tinham atuações destacadas junto a elas. Finalmente, uma pequena minoria era formada por representantes de órgãos governamentais e instituições financiadoras de projetos sociais. Isso propiciou, de pronto, uma relação de troca de dados, informações e percepções entre os representantes comunitários e institucionais.

A primeira reunião de trabalho foi marcada por algumas dificuldades e problemas a superar. Houve certa resistência e dificuldade de absorção dos conceitos de ensino-aprendizagem relacionados à experiência. Os representantes das comunidades viam os alunos monitores como professores e entendiam os encontros como aulas. Portanto, foi necessário insistir no esclarecimento da proposta, reforçando a ideia de um relacionamento horizontal durante os encontros. Por outro lado, investiu-se na aplicação de uma metodologia de aprendizagem mútua entre alunos monitores e representantes das próprias comunidades.

Os encontros transcorriam em dois momentos. Das 14h às 16h, os alunos monitores e os representantes das comunidades trabalhavam na definição, elaboração e desenvolvimento dos projetos, enriquecendo-os com suas próprias vivências e experiências. Após um pequeno intervalo, os representantes comunitários eram dispensados e, com a presença do professor coordenador, os alunos monitores se dedicavam à avaliação e análise dos trabalhos daquele dia para discutir os problemas enfrentados e estabelecer as metas para os próximos encontros. Com o passar do tempo, esses encontros transformaram-se também em um momento de reflexão e identificação de fundamentação teórica que explicasse os novos elementos e aspectos que foram surgindo nos trabalhos de cada encontro.

Um desses elementos, claramente identificado pelo grupo de alunos monitores, foi a preocupação de alguns representantes em elaborar projetos voltados para a microempresa. De forma geral, essa preocupação tinha por base a implantação de projetos de geração ou complementação da renda a ser auferida pelos integrantes do "empreendimento". Essa questão foi objeto de diversas análises entre os alunos monitores e a coordenação. Tratava-se de avaliar e saber como debater projetos que, em vez de estarem voltados para dar conta de atender às necessidades e carências da coletividade, buscavam gerar renda para apenas alguns de seus integrantes. O sentido acentuadamente empresarial desses projetos permitiu ao grupo perceber a forte influência da ideologia individualista junto a essas comunidades. Para as carências coletivas, manifestadas pelos níveis de pobreza e escassez de rendimentos, apresentavam-se soluções de reduzida abrangência e com poucos beneficiários diretos. Entretanto, no final da experiência, foi possível perceber que vários projetos apresentavam características mais participativas e buscavam atender a um número maior de beneficiários.

Os alunos monitores entenderam que os projetos comunitários são um conjunto de atividades que, organizadas em ações concretas, atendem a necessidades percebidas e identificadas pela comunidade em um espaço de participação criado por ela própria ou estimulado por eles. Isso conferiu grande importância à determinação e descrição do problema a ser solucionado pelo projeto, com base nas informações e conhecimentos do representante comunitário e nos levantamentos feitos por ele junto à respectiva comunidade. A maioria dos representantes, especialmente aqueles com maior experiência comunitária, entendeu a proposta e se motivou com a ideia de transformação de um anseio coletivo em um projeto real por meio de um estreito contato com a própria comunidade.

Observaram-se também certas resistências[1] e desconfianças em relação à capacidade da comunidade para identificar e apresentar soluções para os próprios problemas. Nesse aspecto, foi de grande importância a contribuição dos representantes com maior nível de comprometimento com seu grupo social, pois eles serviram como exemplo para os colegas e os incentivaram a buscar um maior contato com a comunidade,[2] ressaltando a importância desse envolvimento e participação na elaboração do projeto. "A investigação do pensar do povo não pode ser feita sem o povo, mas com ele, como sujeito de seu pensar [...] a superação não se faz no ato de consumir ideias, mas no de produzi-las e de transformá-las na ação e na comunicação" (Freire, 1983c:100-101).

A identificação dos projetos de cada comunidade foi o primeiro passo em direção ao objetivo proposto. A maioria dos participantes vinha de comunidades muito carentes e apresentou uma série de problemas que se poderiam converter em vários projetos. No entanto, enfatizou-se que era importante a escolha, junto com a comunidade, de um problema prioritário para a elaboração de um projeto-piloto. Esse processo os capacitaria a, posteriormente, elaborar outros projetos sem o auxílio dos monitores. Esse entendimento contribuiu para melhorar a integração dos membros do grupo, incentivando iniciativas, opiniões e sugestões quanto aos projetos dos colegas. Como consequência, foi possível avaliar melhor o nível de amadurecimento dos participantes

---

[1] Houve um caso no qual um participante queria "construir o projeto e depois encaixar os dados na comunidade".

[2] Um participante, nos primeiros encontros da experiência, recusava-se a procurar a associação de moradores para discutir o projeto. Ao longo dos encontros, reconheceu a importância de tal parceria.

e identificar aqueles que se projetavam como catalisadores de todo o processo e que, com sua experiência, traziam maiores contribuições para o enriquecimento dos encontros.

Os monitores tinham a tarefa de apresentar e discutir os principais conceitos, começando com o diagnóstico do problema e a viabilidade de sua solução. A utilização de exemplos e a distribuição de formulários com os conceitos básicos de cada tema exposto facilitaram muito o processo de aprendizagem. Apesar das dificuldades, todos os participantes conseguiram definir o problema a ser abordado.

Para melhor situar a metodologia de aprendizagem utilizada, é importante destacar que alguns grupos de trabalho contavam com a presença de representantes de comunidade analfabetos e/ou semianalfabetos. Tal fato reforçou ainda mais a coesão do grupo, além de representar um processo que se construía e reconstruía coletiva e dinamicamente, tendo em vista as realidades bastante diversificadas e complexas.

Partindo disso, o próprio conceito de projeto foi elaborado com a colaboração de todos os participantes de cada subgrupo, a partir de sua realidade e experiência. Vale destacar alguns conceitos construídos a partir do universo simbólico dos diversos segmentos comunitários, quais sejam: "solução de um problema"; "perspectiva de vida'; "caminho"; "o que fazer para mudar essa realidade".

Assim, construíram-se conceitos de projeto que mais correspondiam às representações do grupo. Aproveitou-se, então, para destacar, nesse momento, as interfaces com as definições acadêmicas.

No momento da definição dos problemas, fez-se uma reflexão sobre seu grau de representatividade, tendo em vista as reais demandas das comunidades ou grupos a serem atendidos. Assim, os próprios participantes questionavam-se, uns aos outros, até que ponto os problemas apresentados correspondiam a uma demanda comunitária ou simplesmente tratava-se de preocupações e inquietações individuais.

À medida que os problemas eram identificados e apontadas as propostas de soluções, na forma de projetos, delineavam-se, de maneira espontânea, as possibilidades de implantação dessas soluções. Por exemplo, com relação ao "projeto cozinha" foi identificada a existência de um terreno doado pela paróquia (igreja) local, próximo às residências das mulheres – público do projeto em questão.

Destacou-se, então, que o processo de construção de projeto – surgido de forma não conduzida – equivaleria a um momento de elaboração de projeto definido academicamente como "viabilidade".

Superada a fase inicial de definição do problema, os encontros desenvolveram-se obedecendo a uma estrutura determinada: num primeiro momento, discutia-se o trabalho feito pelo grupo durante a semana, segundo os tópicos teóricos estudados na semana anterior e, posteriormente, outros conceitos teóricos eram repassados para os participantes. Os próprios participantes determinavam o ritmo e o andamento do grupo. Alguns representantes comunitários, com mais experiência de liderança, projetavam-se como exemplos e, com seu ritmo e qualidade de trabalho, afetavam positivamente o grupo como um todo. Estabeleceu-se, então, uma forte integração, e as trocas de conhecimento e ideias passaram a acompanhar todos os encontros, pois a colaboração era uma ferramenta didático-pedagógica fundamental do processo.

Simultaneamente, observou-se o estreitamento de laços com as respectivas comunidades. Buscando coletar as informações necessárias para a elaboração do projeto, especialmente em relação à montagem do cronograma e à elaboração do orçamento, os participantes passaram a realizar várias reuniões com a comunidade e com pessoas-chave, detentoras de conhecimentos específicos, com vistas ao desenvolvimento das diversas etapas do projeto. Para essa experiência do escritório-modelo, como já ressaltado, foram convidados também representantes de organizações não governamentais e secretarias de governo. Na maioria dos casos, essas pessoas com maior experiência na área administrativa deram uma valiosa contribuição por meio de informações para a elaboração dos projetos.

A insistência dos alunos monitores em apontar que os encontros estavam produzindo um aprendizado recíproco motivou tanto estes quanto os representantes comunitários. Algumas vezes, os alunos monitores se deparavam com situações para as quais não dispunham de respostas teóricas imediatas. Essa atitude de humildade acadêmica ajudou a criar um clima de confiança e segurança na relação com os representantes comunitários, que, assim, puderam se dar conta de que os alunos monitores eram coparticipantes do processo de construção de cada projeto.

Ao fim dos encontros, a produção de quase todos os projetos originariamente propostos foi concluída.[3] Para encerrar a programação, foi organizado um *workshop*, realizado na própria instituição acadêmica. Os participantes das comunidades foram convidados a compartilhar suas ideias e expectativas a respeito da iniciativa. O evento foi marcado por forte emoção, tanto para os alunos monitores quanto para os representantes das comunidades e outros convidados.

Mercado, sociedade e academia: um distanciamento necessário à formação do administrador?

O desenvolvimento da experiência do escritório-modelo teve como referência a crítica a alguns elementos presentes na formação acadêmica, principalmente o amplo distanciamento entre a ciência produzida

---

[3] Os projetos desenvolvidos nesta experiência foram: Aprender, Fazer, Ganhar: Costurando um Futuro Melhor (comunidade da Vila Piquiri, Brás de Pina, Rio de Janeiro, RJ); Distribuição Direcionada de Cestas Básicas (comunidade da Vila Piquiri, Brás de Pina, Rio de Janeiro, RJ); Grupo Informativo da Paróquia do Santíssimo Sacramento (Paróquia do Santíssimo Sacramento, Centro, Rio de Janeiro, RJ); Educação em Família (Cruzada Paulo de Tarso, Brás de Pina, Rio de Janeiro, RJ); Cantina da União (Jardim Catarina, São Gonçalo, RJ); Lavando e Levando a Vida (morro da Esperança, Complexo do Alemão, Olaria, Rio de Janeiro, RJ); A Saúde Começa pela Boca (Complexo do Acari, Rio de Janeiro, RJ); Magarça (Santa Clara, estrada do Magarça, Rio de Janeiro, RJ); Constituição de uma Rede de Serviços Assistenciais (Coordenadoria Regional de Desenvolvimento Social 1-CR-I); Educação Começa Antes de Nascer (comunidade da Fazenda Botafogo, Rio de Janeiro, RJ); Fuxico's (Complexo do Alemão, Olaria, Rio de Janeiro, RJ); Informatizando o Futuro – Curso Básico de Informática para Jovens da Comunidade do morro da Babilônia (comunidades dos morros da Babilônia e Chapéu Mangueira, Rio de Janeiro, RJ); O Futuro na Cozinha (comunidade Parque Royal, Ilha do Governador, Rio de Janeiro, RJ).

e ensinada na academia, as exigências do mercado de trabalho e as necessidades da sociedade civil.

Uma questão central que precisa ser repensada e que se reflete na atuação contemporânea do administrador refere-se ao próprio processo de formação, que ainda está profundamente imbuído de um caráter economicista[4] e tecnicista.

Dessa forma, a administração parece se distanciar de sua condição de ciência social na medida em que procura cada vez mais se constituir em técnica que visa responder, de forma eficiente, ora aos interesses de uma tecnoburocracia governamental, ora ao gerenciamento de negócios e interesses privados inerentes à esfera do mercado.

Como se poderá ver a seguir, esse sentimento parece ser alimentado por uma expectativa que pensa o aluno como um depositário de conhecimentos produzidos e dogmatizados que garantem, desde sempre, a certeza sobre os resultados a serem alcançados se houver a adequada adoção de metodologias consagradas. O discurso competente assim instituído não busca inspiração em ideias e valores, "mas na suposta realidade dos fatos e na suposta eficácia dos meios da ação" (Chaui, 1981:11). Assim, bastaria a incorporação dessas metodologias para o perfeito aprendizado de determinada disciplina ou campo de conhecimento, inclusive a administração.

Marilena Chaui (1981:12-13) ainda menciona os discursos derivados, como aqueles que estabelecem a maneira de cada um se relacionar com o mundo e com os homens, ou seja:

> Através de mil pequenos modelos científicos, nos quais a dimensão propriamente humana da experiência desapareceu. Em seu lugar surgem milhares de artifícios mediadores e promotores do conhecimento, que constrangem cada um e todos a se submeterem à linguagem do especialista, à ilusão de participar do saber. Esse discurso competente não exige submissão qualquer, exige interiorização de regras.

---

[4] O que se considera ação racional nas sociedades centradas no mercado nada mais é do que uma ação que reflete um cálculo econômico das consequências de cada alternativa de escolha.

Complementando essa expectativa, pode-se perceber uma perspectiva epistemológica que torna o conhecimento científico um objeto inerte, sacralizado (ou uma mercadoria que se adquire). Esse modelo polariza o conhecimento em dois entes – o objeto e o sujeito: o primeiro corresponderia àquilo a ser conhecido e o segundo se identificaria como o ser que conhece. Dessa forma, deixa-se de apreendê-lo como um processo de relações dinâmicas, autogerador de crises, cumulativo, em permanente transformação.

O processo de formação baseado no tecnicismo tem como fio condutor básico uma pretensa despolitização do conhecimento técnico e de seus formuladores/incorporadores. Representa um fenômeno acabado, instituído e neutralizante.

Com a ênfase na técnica, desenvolve-se um tipo de razão que se concretiza através da tecnoestrutura, em que os técnicos são homens "pensantes" que possuem um conhecimento organizatório que é legitimado pelo discurso da competência. Com relação a esse aspecto, Chaui (1981:11) contribui para o desvelamento de aspectos da "razão técnica", apontando que,

> com o discurso da burocratização e da organização, a ideologia deixou de ser discurso legislador, ético e pedagógico, fundado na transcendência de ideias e de valores, para converter-se em discurso anônimo e impessoal fundado na pura racionalidade de fatos racionais. Não deixou de ser legislador, ético e pedagógico, mas deixou de fundar-se em essência e valores. Tornou-se discurso neutro da cientificidade e do conhecimento.

Dessa forma, a ciência vai buscando legitimação, e a administração, nessa perspectiva, vai sendo impregnada por essa "racionalidade em si". A racionalidade e a técnica tornaram-se fins em si mesmas. Constitui-se, assim, um pensar não para o homem, mas "acima" dos homens.

Contrastando com essa perspectiva, a visão gramsciana de ciência (guardando sua relação em graus com a ideologia) tinha a objetividade marcada pelo que é "objetivamente humano", em que se indagava o que seria da objetividade, o que seria do "pensar" sem o homem, na medida em que ele era o próprio criador dos valores, e dos próprios valores científicos.

Vários campos científicos colocaram em questão essa epistemologia da "racionalidade em si". Assim, nas ciências sociais é possível destacar a sociologia do conhecimento – que identifica e estuda as relações sociais na produção, disseminação do conhecimento e suas estruturas de validação e de poder – e, em seguida, os métodos da antropologia social, a qual, por sua necessária defesa da alteridade, não pode prescindir do reconhecimento dos saberes tácitos e se coloca problemas quanto à definição dos objetos e da relação entre os sujeitos do conhecimento, pois tanto os "objetos" quanto os "sujeitos" são atores sociais em interação.

Outros campos em que se aprofundou essa crítica epistemológica foram a física quântica, por trabalhar com objetos cujas dimensões tornam evidente a interferência dos "instrumentos de medida" sobre os resultados do "medido", e, finalmente, a filosofia dialética, que reconhece a imanência do contraditório na ontologia do ser, ou seja, qualquer coisa só existe através do reconhecimento do seu contrário ontológico (uma mesa só é mesa porque não sou capaz de identificá-la com qualquer outra coisa que não seja mesa, ou uma mesa só é mesa porque não é cadeira).

Nesses campos de conhecimento, os pressupostos polares do relacionamento entre sujeito e objeto foram rompidos na valorização do processo de conhecimento, ou seja, do sistema de relacionamento e autorreferenciamento entre sujeito e objeto. Assim, o movimento dialético entre os contrários, tese e antítese, produz a síntese e revela que na relação sujeito/objeto se constroem novos sujeitos e novos objetos, simultaneamente contrários e complementares aos originais.

Nesse contexto, mais que um distanciamento há um relacionamento entre mercado e academia que se expressa pela divergência de pontos de vista sobre o significado objetivo do conhecimento e da ciência. Essa divergência, entretanto, apresenta um arcabouço comum, que se revela numa apreensão instrumental da razão como conteúdo fundador da modernidade.

Cabe destacar que o caminho trilhado pela racionalidade instrumental, tecnicamente definido (que marca o processo de formação do administrador), torna irrelevantes as especificidades históricas, econômicas, culturais e geopolíticas de cada sociedade/localidade, negando importância a tudo, na sociedade real, que não se enquadre numa moldura previamente estabelecida.

O triunfo da razão num sentido instrumental se aproxima da ideia de desencantamento do mundo, como construída por Max Weber. Corresponderia a conceber a natureza e a sociedade de uma forma que abole e desvincula o conhecimento e a ação sobre as "coisas" de um conteúdo ontológico das e sobre as mesmas, substituindo esse conteúdo por um cálculo que objetiva a ação.

O processo de racionalização teria constituído um avanço significativo nos mecanismos de produção e administração e possibilitado, entretanto, a ascensão de uma organização da sociedade que atomizou os diversos aspectos da vida em sociedade.

A razão instrumentalizada passou a coordenar todos os passos da vida social, desde a eficácia da produção pautada na ciência até a organização baseada no ordenamento e controle das relações entre os indivíduos, em que as características principais são, num primeiro momento, a padronização e a massificação da produção e do consumo e, atualmente, a padronização flexível e a "financeirização" das relações planetárias.

Este processo de instrumentalização da razão no campo do conhecimento produzirá a ascensão de uma formação essencialmente tecnicista nos profissionais de nível superior, particularmente entre os diretamente relacionados ao mundo da produção material, e isso tem afetado as formas e os conteúdos em que se baseiam as práticas de formação dos administradores até o momento.

Outra ordem de questões sobre o tema do relacionamento entre academia, mercado e sociedade diz respeito ao papel da academia na divisão do trabalho social no campo da produção, experimentação e difusão de novos conhecimentos e tecnologias.

Um grande desafio, então, é fazer com que a informação, como insumo no processo de aprendizagem ou de construção/reconstrução da própria ciência – no mundo globalizado –, seja partilhada/democratizada, provocando um processo de autoconhecimento e de autoavaliação, principalmente com relação a metodologias/aprendizagens já consolidadas. É preciso buscar o "vir a ser contínuo" que se manifesta na práxis coletiva.

Lojkine (1995:250) aponta que

> esse processo tem uma consequência maior: a informação como serviço público, informação universal, filha das Luzes do século XVIII, vê-se confrontada com um outro tipo de informação, produto mercantil "adaptado" a clientes específicos [...] se opõe a uma informação universal e igualitária que não escamoteia os conflitos e os desafios societários em debate.

Portanto, observa-se que dois pressupostos podem justificar o distanciamento entre academia e mercado: a incorporação e validação crescente de inovações pelo mercado e as exigências progressivas das competências da academia na produção e avaliação das inovações. Nesse caso, poder-se-ia advogar a favor de um necessário grau de distanciamento entre mercado e academia como forma de garantir a autonomia mútua, reserva fundamental para a produção de inovações que não sejam afetadas na origem pela racionalidade de mercado.

O processo educativo do administrador público a partir da gestão social

Como se pode perceber, a formação em administração pública tem-se orientado basicamente pela teoria tradicional.[5] Nesse sentido, o

---

[5] Na versão da Escola de Frankfurt, trata-se do conhecimento oriundo da corrente filosófica positivista, que procura estabelecer princípios gerais a partir da verificação empírica, postulando conhecimento objetivo, neutro, livre de juízo de valor.

gestor sai da academia com uma visão tecnoburocrática – munido de um conjunto de conhecimentos sistematizados em instrumentos pouco aplicáveis à dinâmica da realidade, uma vez que são conceitos aprisionadores e redutores da complexidade dos fenômenos –, mas com a ilusão de que detém o conhecimento objetivo sobre o mundo. Durante seu processo de aprendizagem, lhe são conferidos métodos e técnicas que o preparam para ações gerenciais estratégicas.[6] Trata-se de ações sociais utilitaristas, pois tornam os meios adequados aos fins, e monológicas, pois ocorrem por meio de relações autoritárias, combinando e confundindo competência técnica com atribuição hierárquica.

A fim de que sejam atendidas as necessidades e desafios da democracia e da cidadania participativa, é preciso repensar a formação do administrador que irá atuar em organizações públicas, privadas e do terceiro setor. Seguindo esse caminho, o próprio termo *formação* deve adquirir sua verdadeira dimensão no processo educativo pelo entendimento de que uma reconstrução da formação em administração pública deve primar pela reflexão social. Considera-se que formar é modelar, dar uma forma a partir de uma relação hierárquica em que um detém o saber e o transmite ao outro, que o recebe passivamente. Nesse sentido, está associada a uma perspectiva teórica na qual o conhecimento científico é um objeto inerte, pronto, acabado. Dessa maneira, deve-se buscar a desconstrução do discurso e da prática da gestão social pautados pela lógica do mercado, do cálculo do êxito, orientados pela ação gerencial estratégica.

Essa desconstrução pode ser entendida como uma ruptura epistemológica que leva à construção de um novo conceito de gestão social, orientado por uma epistemologia "que procura reconstruir o conhecimento por meio da produção social e não como resultado de saberes oniscientes" (Tenório, 1998:3). Os elementos epistemológicos que fundamentam o significado de gestão social aqui adotado referem-se à perspectiva teórico-crítica da Escola de Frankfurt e da teoria da

6 Tema amplamente discutido em Tenório (1996).

ação comunicativa de Jürgen Habermas. A partir disso, gestão social deve ser compreendida como conjunto de processos sociais no qual a ação gerencial se desenvolve por meio de uma ação negociada entre seus atores, perdendo o caráter burocrático em função da relação direta entre o processo administrativo e a múltipla participação social e política. Essa perspectiva de gestão social se pretende em permanente construção, não assumindo, portanto, um caráter normatizador.

Intrínseco a esse conceito está a ideia de um gerenciamento mais participativo, dialógico, voltado para o entendimento, em que diferentes sujeitos sociais estejam envolvidos no processo decisório. Nesse sentido, durante os primeiros encontros da experiência do Escritório-Modelo de Gestão de Projetos Comunitários, discutiu-se sobre o entendimento que os participantes tinham do projeto comunitário. Enfatizou-se que as comunidades beneficiárias deveriam participar de todo o processo de construção dos projetos, inclusive da escolha do problema mais relevante naquele momento, pois sem a participação dos moradores haveria pouca possibilidade de concretização dos projetos.[7]

Para que o processo educativo do gestor público possa ser conduzido a partir dessa epistemologia crítica, é necessário romper com o discurso da dicotomia entre teoria e prática. Desse modo, o administrador público deve orientar-se pela práxis. Parte-se da práxis no sentido proposto por Habermas:

> Investigar, por uma parte, o contexto histórico de constituição de uma situação de interesse a que pertence a teoria, por assim dizer, através do ato do conhecimento; e por outra parte, investigar o contexto histórico de ação sobre o qual a teoria pode exercer uma influência que orienta a

[7] Um participante dos encontros disse que é "deficiente social" aquele que centraliza tudo, que tem dificuldade de dividir um projeto, uma administração. E chamou a atenção para que todos procurassem fazer reuniões com os moradores das localidades dos projetos para que estes participassem da elaboração, sugerindo, inclusive, que fosse negociado um "regimento interno do projeto": quais são os dias que fulano vai trabalhar, qual o pedaço que vai ser feito primeiro, quanto tempo etc.

ação. Em um caso se trata da práxis social, que enquanto síntese social torna possível o conhecimento; no outro, de uma práxis política que conscientemente aspira a subverter o sistema de instituições existentes.

Assim, as instituições de ensino em administração devem desenvolver metodologias, tais como a pesquisa-ação, que possibilitem uma aproximação dos futuros gestores com as comunidades. Deve ser deflagrado um processo educativo pautado numa relação de ensino-aprendizagem baseada na troca permanente de experiências e na construção conjunta do conhecimento. Nesse sentido, a pretensão da interação entre a entidade acadêmica e a comunidade é o aprendizado mútuo.

As experiências desenvolvidas pelo escritório-modelo contribuem para que os "aprendizes de gestores públicos" possam ter contato com realidades diversas, para que compreendam que as comunidades produzem conhecimentos e também constroem soluções para seus problemas, sendo necessário, portanto, o diálogo. Os "aprendizes de gestores públicos" precisam perceber que as comunidades não são despossuídas de saber.

Processo dialógico e educação

Na discussão sobre os objetivos e desenvolvimento do escritório-modelo, chegou-se a estes pressupostos:

- os projetos são elaborados de modo interativo, com participação dos sujeitos sociais, e tomam como ponto de partida um levantamento de necessidades dos interessados;
- existe articulação entre o aspecto investigativo e o aspecto educativo/comunicativo;
- há também articulação entre conhecimento, informação e ação (com aspectos social e tecnológico);

- a dinâmica do escritório-modelo não se propõe apenas como "repasse" de informação, buscando, portanto, produzir conhecimento sobre problemas reais e condições de soluções e adequação, além de estimular a formulação de novos projetos de pesquisa.

A partir desses pontos, tornou-se necessário investir na utilização de metodologias de pesquisa, educação e comunicação condizentes com tais princípios. Dessa forma, buscou-se uma epistemologia que privilegiasse a dialogicidade, pois partia-se do reconhecimento da diferença de classe social entre os alunos monitores da disciplina e os representantes das comunidades. Por isso, era necessário não desenvolver uma dinâmica de aprendizagem que partisse da ideia de cultura do primeiro grupo, mas que promovesse o compartilhamento de imagens do mundo entre os dois sujeitos.

Quanto à metodologia de pesquisa, buscou-se o modelo de pesquisa-ação, que, a par do tratamento qualitativo e interdisciplinar, propõe que o encaminhamento dos estudos que tratem da temática em tela seja "pautado por uma orientação crítica" (Thiollent, 1985), em vez da tradicional linha de condução empírico-analítica, comumente assumida nas pesquisas do campo técnico-organizacional. Essa perspectiva tradicional busca "regularidades e verificações objetivas por meio da observação controlada ou da experimentação" (Thiollent, 1985:73) e seus desdobramentos naturais, representados pelo pragmatismo, comportamentalismo e funcionalismo, sob a égide inspiradora do positivismo.

Por sua vez, a orientação crítica pressupõe uma condução epistemológica, teórica e metodológica

> cuja característica comum consiste em oferecer perspectivas diferentes das precedentes que correspondem a um interesse na mudança, na transformação da realidade existente mais do que na simples manutenção ou eficientização [Thiollent, 1985:73].

Demo (1985:165) acrescenta que essa perspectiva significa "conceber a realidade como crítica e montar para a sua captação um instrumental crítico. Precisa, para tanto, da pluridimensionalidade do conflito, capaz de questionar radicalmente o real e propor uma superação profunda".

Todavia o autor alerta que a nova situação assumida não adquire imunização crítica, mas deve ser analisada como uma formação social que contém suas contradições internas suficientes para ser historicamente superada.

Como fica evidenciado por meio das interpretações de Thiollent e Demo, os estudos que seguem uma orientação crítica revelam uma identificação com a perspectiva de condução dialética, que privilegia a relação dinâmica entre sujeito e objeto e valoriza as contradições entre os fatos observados e a atividade criadora dos sujeitos, entre o todo e a parte, entre o saber e o agir.

Em relação ao processo educativo e de comunicação, percebeu-se a necessidade da apreensão do "método Paulo Freire de aprendizagem". Esse educador propõe uma nova concepção da relação pedagógica. Não se trata de conceber a educação apenas como transmissão de conteúdos por parte do educador. Pelo contrário, trata-se de estabelecer um diálogo, o que significa que aquele que educa está aprendendo também. A pedagogia tradicional também afirmava isso, só que em Paulo Freire o educador também aprende com o educando, da mesma maneira que este aprende com aquele. Não há alguém que possa ser considerado definitivamente educado ou definitivamente formado. Cada um, a seu modo, junto com os outros, pode aprender e descobrir novas dimensões e possibilidades da realidade na vida. A educação torna-se um processo de formação mútua e permanente.

Outro elemento muito importante nesse processo pedagógico é que a educação é uma tarefa criativa. Por isso, o educando tem de construí-la ativamente, sendo sujeito que cria seu próprio aprendizado sem deixar de considerar os saberes existentes. Abandona-se a ideia de que o educador "deposita" os saberes. A partir da tese sobre a relação entre a educação e o processo de humanização, Paulo Freire caracteriza duas concepções opostas de educação: a "bancária" e a "problematizadora".

Na concepção bancária, o educador é o que sabe, e os educandos os que não sabem; o educador é o que pensa, e os educandos, os pensados; o educador é o que diz a palavra, e os educandos são os que escutam docilmente; o educador é o que opta e prescreve sua opção, e os educandos, os que seguem a prescrição; o educador escolhe o conteúdo programático, e os educandos jamais são ouvidos nessa escolha e se acomodam a ela; o educador identifica a autoridade funcional que lhe compete, com a autoridade do saber, que é antagônica à liberdade dos educandos, pois estes devem se adaptar às determinações do educador; e, finalmente, o educador é o sujeito do processo, enquanto os educandos são meros objetos.

Na concepção bancária, predominam relações narradoras, dissertadoras. A educação torna-se um ato de depositar (como nos bancos); o "saber" é uma doação dos que se julgam sábios aos que nada sabem.

A educação bancária tem por finalidade manter a divisão entre os que sabem e os que não sabem, entre os oprimidos e opressores. Ela nega a dialogicidade, ao passo que a educação problematizadora funda-se justamente na relação dialógica entre educador e educando: ambos aprendem juntos.

O diálogo é, portanto, uma exigência existencial, que possibilita a comunicação e permite ultrapassar o imediatamente vivido. Ultrapassando suas "situações-limite", o educador-educando chega a uma visão totalizante do programa, dos temas geradores, da apreensão das contradições até a última etapa do desenvolvimento de cada estudo.

Paulo Freire refere-se à categoria diálogo não apenas como método, mas como estratégia para respeitar o saber do aluno. Para que um movimento de aprendizagem constitua um esforço coletivo, é necessário que a experiência seja a fonte primordial do conhecimento. Do contrário, ela se reduz apenas a um conhecimento intelectual que não leva à formação crítica da consciência nem ao fortalecimento da cidadania, isto é, não leva à criação e ao desenvolvimento das organizações e movimentos populares.

Considerações finais

Partindo da crítica à formação acadêmica do administrador, que está cada vez mais distante das necessidades da sociedade civil, a experiência do Escritório-Modelo de Gestão de Projetos Comunitários tentou repensar essa formação, fazendo com que ela inclua sua verdadeira dimensão no processo educativo, deixando de ser orientada pela lógica do mercado e atendendo às necessidades do "ser do humano" perante as novas demandas da sociedade. Portanto, torna-se imprescindível à formação do administrador como gestor social que este atenda e reivindique uma série de direitos da população baseado em um profundo sentido crítico da realidade e sensibilidade sociais.

Verificou-se a importância de propiciar a aproximação entre o "estudante de administração" e a realidade social que o envolve, com a finalidade de eliminar a dicotomia existente entre teoria e prática. É fundamental que ele se preocupe com os resultados das suas futuras ações administrativas e antecipe as consequências de seu agir no dia a dia, exercendo responsabilidade para a construção do conhecimento mediante a troca que só é possível "com o outro". Por isso, é importante que o processo de formação dos administradores valorize mecanismos comunicativos que considerem a produção de conhecimento um produto social em permanente reconstrução, em que o saber da academia seja parceiro dos outros saberes circulantes na sociedade.

Implícito nesse processo educativo está o desenvolvimento do senso crítico e da sensibilidade à participação cidadã na gestão pública e ao trato das diversidades culturais e sociais. Esse gestor deve estar orientado para uma ação gerencial democrática, a partir de elementos conceituais e técnicos que permitam instituir e nortear mecanismos de participação e integração. A ação gerencial deve ser negociada para que haja o compartilhamento das responsabilidades sociais. O processo de construção de uma nova ordem social deve ser desenvolvido a partir de um projeto de educação que tem como um dos pilares o conceito de corresponsabilização. Dessa forma, além de os projetos terem sido discutidos e endossados pelas comunidades beneficiárias, outro ponto relevante a ser comentado é que todos os participantes dos encontros atuaram no processo de construção de todos os projetos, ocorrendo, assim, um envolvimento e interesse do grupo pelas diversas problemáticas.

A experiência baseou-se na construção de um novo conceito de gestão social, que procura construir o conhecimento através da produção social. Por meio da metodologia de pesquisa-ação, foi possível uma aproximação maior dos alunos com as comunidades, estabelecendo uma forte interação e tentando compreender os problemas e o saber "tácito" das comunidades mediante o diálogo.

Diante do quadro de crescentes transformações por que passam a ciência e a vida em geral, e das necessidades de um eterno repensar o papel do administrador numa sociedade em que o público e o privado assumem cotidianamente novas formas, torna-se necessário que os estudos/pesquisas em administração considerem os condicionamentos locais, incluam a cultura e envolvam traços resultantes do processo histórico-social e também aqueles característicos da sociedade moderna, urbana, rural, regional e planetária.

Como diz Walter Benjamin (1997:163), falando dos mendigos de Moscou:

> Sabem num tempo certo de um canto ao lado da entrada de certa loja onde lhes é permitido se aquecer por dez minutos; sabem onde podem ir buscar, em determinado dia da semana, numa certa hora, crostas de pão, e onde existem vagas para dormir em tubulões amontoados uns sobre os outros. Com centenas de esquemas e variantes transformaram a miséria numa grande arte.

Referências

BENJAMIN, W. *Obras escolhidas*. São Paulo: Brasiliense, 1997. v. 2: Rua de mão única.

CHAUI, M. *O que é ideologia*. São Paulo: Brasiliense, 1981.

DEMO, P. *Metodologia científica em ciências sociais*. São Paulo: Atlas, 1985.

FREIRE, P. *Educação como prática da liberdade*. Rio de Janeiro: Paz e Terra, 1983a.

_____. *Extensão ou comunicação?* Rio de Janeiro: Paz e Terra, 1983b.

_____. *Pedagogia do oprimido*. Rio de Janeiro: Paz e Terra, 1983c.

LOJKINE, J. *A revolução informacional*. São Paulo: Cortez, 1995.

SILVA, A. C. Z. da et al. Análise do processo de uma experiência em construção de projetos comunitários: para repensar a formação do administrador. *Revista Brasileira de Administração Pública*, v. 5, n. 32, p. 155-169, 1998.

TENÓRIO, F. G. *Flexibilização organizacional, mito ou realidade?* Estudo de caso nas empresas Eletrobras, Embratel, Furnas e Petrobras. Tese (doutorado) – UFRJ, Rio de Janeiro, 1996.

_____. Gestão social: uma perspectiva conceitual. *Revista* da *Administração Pública (RAP)*, Rio de Janeiro, v. 32, n. 5, p. 7-23, set./out. 1998.

THIOLLENT, M. Organização do trabalho: problemas metodológicos. In: FLEURY, A. C. C.; VARGAS, N. (Org.). *Organização do trabalho*: uma abordagem interdisciplinar. São Paulo: Atlas, 1985.

10. Depoimentos

Depoimentos observantes

Neste capítulo, denominado "Depoimentos", há testemunhos e/ou artigos que descrevem experiências de ex-alunos da EBAPE, assim como de professores e ex-alunos de outras IES que, ao longo desses 30 anos, colaboraram com as atividades desenvolvidas pelo PEGS. Depoimentos de ex-alunos participantes dos cursos na Cáritas serão também expostos. Alguns desses depoimentos serão relatados de forma livre, isto é, sem preocupação com a sistematização das exposições – são testemunhos das percepções que cada um dos ex-alunos vivenciou quando de suas ações, quer como monitor, quer como pesquisador, nas atividades do PEGS. Em outros casos, esses testemunhos serão relatos extraídos de artigos que foram publicados em diversos periódicos acadêmicos e, por via de consequência, são exposições que obedecerão, em geral, aos formatos exigidos por esses tipos de publicações.

Por que optamos por este formato de exposição? Porque numa atividade que foi inicialmente projetada pelo "bloco do eu sozinho", mas com pretensões participativas, não fazia sentido, apesar das boas intenções, expor o relato de uma experiência de três décadas apenas pela subjetividade de um intérprete. Seria necessário, portanto, que outros interpretassem o histórico da experiência, quer no formato de relatos livres ou por meio de exposições escritas de modo mais sistematizado, como apontamos. Acreditamos que esses dois formatos poderão justificar, ou não, as pretensões iniciais do programa não só como proposta conceitual – gestão social –, mas também como proposta metodológica – participação social. Além disso, acreditamos que os textos apresentados poderão servir de referência teórico-prática para futuras ações acadêmicas semelhantes às aqui exibidas.

O primeiro "depoimento observante" será a fala do professor Efraín Naranjo na abertura do I Encontro Latino-Americano de Gestão Social,[1] que ocorreu na cidade de Quito (Equador), nas dependências da Universidad Andina Simon Bolívar. O segundo será a exposição da coordenadora de projetos da Cáritas, Janete Rodrigues Salgueiro, que desde o final de 1989 vem acompanhando o trabalho ali implementado pelo PEGS. Na sequência, alguns ex-alunos que frequentaram os cursos desenvolvidos na Cáritas também darão seus depoimentos. Esperamos, com isso, completar, ainda que de modo sucinto, as ações do PEGS como atividade extensionista da FGV EBAPE.

Abertura do I Encontro Latino-Americano de Gestão Social[2]

Os problemas que nossa região atravessa exigem uma atuação crítica dos centros de educação superior. Devemos assumir o papel de geradores de conhecimento, um conhecimento orientador, um conhecimento que permita estimular processos de transformação de nossa sociedade. É o momento em que as ciências administrativas, como parte das ciências sociais, devem estimular um processo de mudança que permita desenvolver os fundamentos epistemológicos e metodológicos apoiados em nossa história, de modo a permitir um processo de emancipação das pessoas nas organizações.

---

[1] O II Encontro Latino-Americano de Gestão Social foi realizado, de modo *online*, em outubro de 2021, pela Universidad del Valle, em Cáli (Colômbia).

[2] Autor: Efraín Naranjo, professor da Escuela Politécnica Nacional del Ecuador. (Texto traduzido do espanhol por Ronald Polito.)

Para que permitam a emancipação das pessoas nos espaços organizacionais, os postulados epistemológicos devem ser desenvolvidos na periferia; jamais o discurso imperante estimulará processos de transformação. É necessário romper com o centro hegemônico, com o discurso gerencial, porque, segundo Dussel (1996), os homens da periferia têm a mente limpa para pensar a realidade, porque nada têm que ocultar, porque somos vítimas dos processos de opressão impostos pelo centro.

Não é possível continuarmos sendo imitadores ou repetidores das correntes de pensamento impostas pelo discurso gerencial, por meio do qual se garante a continuidade do centro hegemônico. É necessário pôr fim a essa visão de títeres da educação, contaminada por uma carga instrumental sem consciência de seus fundamentos teóricos.

O novo capitalismo, fruto da Terceira Revolução Industrial, caracterizada pelas tecnologias da comunicação, tem estimulado uma nova ordem internacional, em que o centro hegemônico, o imperialismo, possui uma política de produção dos desejos, das necessidades, os quais são conduzidos pelos meios de comunicação massiva, a dominar os povos periféricos. É um imperialismo ideológico, portanto devemos tomar consciência dessa situação e estimular um processo de transformação.

Nessa ordem de coisas, no mês de março do ano de 2019 a Red Ecuatoriana de Universidades y Escuelas Politécnicas para Investigación y Posgrados (Redu) aprovou a formação da Red de Estudios Organizacionales y Tecnología (Reoyt), formada por pesquisadores da Escuela Politécnica Nacional; Universidad Andina Simón Bolívar-Sede Ecuador; Universidad del Azuay; Pontificia Universidad Católica del Ecuador e Instituto de Altos Estudios Nacionales, cujo objetivo é estabelecer um programa e um grupo de pesquisa que aborde os estudos organizacionais e as tecnologias para estimular processos de transformação, para contribuir na reflexão crítica, acadêmica e interdisciplinar no campo da administração, a partir da realidade do Equador e do Sul geopolítico.

Os estudos organizacionais estimulam uma crítica ao funcionalismo da administração. Esse campo de conhecimento foi estimulado desde a década de 1960 por pensadores brasileiros como Alberto Guerreiro Ramos, Mauricio Tragtenberg e Fernando Prestes Motta. Também se constituem fundamentais as contribuições de Enrique Dussel, a partir da Filosofia da Libertação; Aníbal Quijano, com todo o seu trabalho ao redor dos colonialismos; e a contribuição de um dos pensadores mais brilhantes do Equador: refiro-me ao *ethos* barroco de Bolívar Echeverría (2000). É igualmente importante considerar as contribuições da escola anglo-saxônica desenvolvidas na década de 1990 por David Knights, Hugh Willmott e Matt Alvesson.

Também a partir da prática, contamos com a maior experiência de desenvolvimento comunitário: o processo de desenvolvimento da Parroquia Salinas, na província de Bolívar, que se iniciou em 1970 e constitui um exemplo de superação de uma comunidade. Seu trabalho visa melhorar o bem-estar das pessoas e foi um processo que respondeu às necessidades de sua população e que se estruturou como resultado de um resgate de práticas comunitárias com a condução do padre Antonio Polo, e atualmente constitui o caso de desenvolvimento de maior sucesso no Equador e em nível regional. É um exemplo de superação a partir da periferia, porque não se aplicou nenhum dos postulados da ficção gerencial, como inovação, empreendimento ou liderança.

No interesse de propor alternativas à ortodoxia gerencial, apresenta-se a gestão social, cujos postulados epistemológicos surgem a partir da periferia. É uma corrente de pensamento que atualmente está sendo discutida em diferentes âmbitos regionais e cuja principal incumbência é priorizar o interesse coletivo sobre o interesse particular, o mesmo que se sustenta nos princípios da cidadania deliberativa. É uma gestão orientada pela racionalidade comunicativa, o que implica que os acordos são alcançados comunicativamente, o que deve constituir os fundamentos para a construção de organizações democráticas e justas.

Quero registrar meu reconhecimento a todos os pesquisadores que participam deste evento. De maneira especial, destaco o apoio do professor Fernando Guilherme Tenório por seu compromisso com as pessoas que mais sofrem as consequências do sistema de produção capitalista.

A percepção desde a Cáritas Arquidiocesana do Rio de Janeiro[3]

É o carinho da Igreja para seu povo
(Papa Francisco, 17/5/2013).

A palavra Cáritas vem do latim e significa amor, fazer o bem, ajudar o próximo sem interesse. Por sua vez, Cáritas, como instituição, é uma confederação de organizações humanitárias da Igreja Católica atuando em diversos países. A primeira que surgiu foi em 1897, na Alemanha (Freiburg). É uma entidade de promoção e atuação social que trabalha na defesa dos direitos humanos, em defesa da vida, na construção de uma sociedade justa, igualitária e plural em favor dos excluídos. O papa Francisco, quando falou para os agentes da Cáritas, disse: "Cáritas é uma família humana em favor da criação". No conjunto, rege-se pela doutrina social da Igreja e orienta sua ação de acordo com a solidariedade em resposta às situações mais graves de pobreza, exclusão social e emergências decorrentes de catástrofes naturais ou calamidade pública. No Brasil, foi fundada em 1956 e, no Rio de Janeiro, em 1968. Foi no Rio de Janeiro, em 1970, a pioneira no trabalho de assistência a refugiados no Brasil.

A Cáritas luta por um mundo no qual triunfem o amor, a paz, a liberdade, a justiça e a solidariedade, para que todos possam prosperar e as vozes dos excluídos sejam ouvidas na construção de uma sociedade mais fraterna em busca do bem comum. Promovendo o desenvolvimento humano integral das pessoas das comunidades mais desfavorecidas para que sejam capazes de prosperar e viver em paz e

[3] Autora: Janete Rodrigues Salgueiro, coordenadora dos projetos da Cáritas.

com dignidade, a Cáritas busca um mundo no qual os mais pobres sejam ouvidos, os governos e instituições sejam justos e responsáveis e as comunidades mais pobres tenham condições de influir nos sistemas e sejam ouvidas em suas decisões. Ainda segundo o papa Francisco, a Cáritas é testemunho vivo do amor de Deus para toda a criação, trabalhando com todas as pessoas, de todas as confissões religiosas e com os não crentes.

A Cáritas atua promovendo e defendendo ações coletivas por meio de homens e mulheres, para que sejam capazes de empoderar-se a fim de participar do desenvolvimento de seu próprio sustento e sejam capazes de influir nos sistemas e decisões que os afetam. Portanto, defendendo os direitos humanos, pretende promover a boa administração e o acesso igualitário a serviços essenciais, como educação, assistência médica, proteção social, trabalho decente, assim como acesso igualitário a recursos básicos, como água, alimentação, energia, moradia e terra, ou seja, defende o direito básico para que todos tenham uma vida digna. Dado esse plexo necessário de ações, o espaço de construção coletiva é um dos princípios presentes na dinâmica da Cáritas, pois cada vez mais nos convencemos da necessidade de atuarmos em parcerias, isto é, fazer com, fazer juntos. Isto nos obriga, cada vez mais, a nos relacionarmos com uma cada vez maior rede de instituições, para fazer frente aos desafios que nos são apresentados.

No final dos anos 1980 e a partir do início dos anos 1990, a Cáritas Arquidiocesana do Rio de Janeiro procurou levar às obras sociais/comunidades a oportunidade de vivenciarem uma vida mais digna por meio da formação de lideranças a fim de promover o exercício da crítica e autocrítica, com o objetivo de potencializar as comunidades na capacidade de acesso à informação e autonomia, estimulando, com isso, a participação social nos destinos da comunidade e sociedade. Para tanto, iniciamos esses desafios por meio da formação de lideranças com a participação de voluntários que acreditaram na proposta de um mundo mais digno para os desfavorecidos. Quando iniciamos essas atividades de formação, a diretoria da Cáritas tinha a seguinte composição: presidente, cardeal d. Eugenio de Araújo Sales; diretor d. Narbal da Costa Stencel e diretor executivo dr. Cândido Feliciano da Ponte Neto, que acolhiam com espírito positivo a proposta de a instituição ser parceira na luta pelas transformações sociais, através da formação, junto aos agentes das obras sociais e comunidades.

Por intermédio da assistente social e consultora em desenvolvimento comunitário Helena Bertho da Silva e do professor Fernando Guilherme Tenório, da FGV EBAPE, que voluntariamente passaram a atuar com a assistente social da Cáritas Jane Miranda Cardoso e comigo, foi iniciado o I Curso de Elaboração de Projetos Comunitários. Ao longo dos anos, esses cursos foram se multiplicando, tanto nas obras sociais comunitárias quanto em outros espaços da Igreja. Ocorreu então o desdobramento dos cursos em Elaboração de Projetos Comunitários, Administração de Projetos Comunitários e Avaliação de Projetos Comunitários, que tiveram a participação de pessoas ligadas à Igreja Católica e de outros segmentos religiosos. A partir de então, o professor Fernando Guilherme Tenório já não conseguia sozinho ministrar os cursos e passou a trazer da FGV EBAPE alunos do mestrado/doutorado para, também de forma voluntária, fazerem parte da equipe de instrutores oferecendo o saber teórico (acadêmico) ao saber prático (vida em comunidade). Em 1991, com apoio da Cáritas, foi feito o lançamento do livro *Elaboração de projetos comunitários: uma abordagem prática*, no qual descrevia todo o processo de confecção de projetos de modo coletivo em prol das comunidades.

Posteriormente, o cardeal d. Orani João Tempesta substituiu d. Eusébio Oscar Scheid na Arquidiocese do Rio de Janeiro. Com a mudança, foi criado o Vicariato da Caridade Social, do qual faz parte a Cáritas. Assume a coordenação do vicariato e preside a Cáritas monsenhor Manuel de Oliveira Manangão, mantendo-se como diretor executivo o dr. Cândido Feliciano da Ponte Neto, que apoiou desde então a parceria com a FGV, inclusive auxiliando, com recursos da Cáritas e da EBAPE, a manutenção do Laboratório de Transferência de Tecnologias Sociais (LTTS).

As atividades do PEGS com a Cáritas foram ampliadas com o lançamento do curso Formação Política e Cidadania: os Conselhos Municipais como Referência, cujo objetivo é mobilizar e qualificar os agentes para atuar nos conselhos municipais, contribuindo dessa maneira para o fortalecimento da cidadania em nossa sociedade. A fim de atender aos propósitos do Encontro de Paris, que entre outros propõe a diminuição de CO_2 no planeta, foi criado o curso Gestão Comunitária e Sustentabilidade Ambiental, atividade desenvolvida com a participação de alunos de mestrado e doutorado da UFRJ/Coppe/Sage. E com o intuito de atender à Campanha da Fraternidade de 2019, passou a ser implementado o curso Gestão e Economia Solidária, que, de certa forma, resgata o histórico do início do cristianismo, assim como atende à "Economia de Francisco".

Hoje, a Cáritas, devido a essa trajetória de 30 anos em parceria com a FGV EBAPE/PEGS/LTTS, participa, representando a sociedade civil organizada, como membro da Comissão de Avaliação da FGV EBAPE. E as formações realizadas por meio dessa parceria promovendo a interação entre professores, alunos de graduação e pós-graduação da FGV EBAPE em rede com outras instituições de ensino superior do estado do Rio de Janeiro têm oferecido, além dos cursos mencionados, a inclusão digital por meio de aulas de informática. Os resultados obtidos ao longo dessa parceria, que já dura três décadas, têm contribuído de forma relevante para a construção de um espaço participativo e democrático, acreditando que um mundo melhor é possível.

Depoimentos de ex-alunos da EBAPE

Carlyle Tadeu Falcão de Oliveira

Agradeço ao professor Fernando Guilherme Tenório o convite para participar deste capítulo do livro e a oportunidade de relatar minha experiência com o Programa de Estudos em Gestão Social (PEGS). Peço licença aos leitores para escrever na primeira pessoa, por entender que estarei apresentando um relato com minhas próprias perspectivas enquanto discente, pesquisador e docente, desde que entrei para o PEGS.

O início dessa experiência foi meu ingresso no Mestrado Acadêmico em Administração Pública da Escola Brasileira de Administração Pública e de Empresas da Fundação Getulio Vargas (FGV EBAPE), em 2006. Já no primeiro semestre desse ano, tive o primeiro contato com o professor Tenório quando ele ministrava a disciplina "Teoria das organizações". Apesar de ter tido uma formação em engenharia, havia concluído três cursos de pós-graduação *lato sensu*, nos últimos três anos, na área de gestão e achava-me relativamente preparado para um Mestrado em Administração Pública. Logo percebi que a minha formação de cunho positivista contrastava com a abordagem crítica adotada pelo professor nas suas aulas. Autores como Guerreiro Ramos, Habermas, Paulo Freire não faziam parte do meu cardápio literário, e isso me inquietava e, ao mesmo tempo, me instigava a buscar mais conhecimento sobre essa nova epistemologia.

No segundo semestre de 2006, matriculei-me na disciplina "Gestão social", oferecida pelo professor, cuja proposta programática era uma primeira etapa teórica e preparatória nas salas de aula da FGV em que a turma discutia os ensinamentos de Paulo Freire, Clodovis Boff e sobre tecnologia social. Completados cinco encontros em forma de seminários e debates sobre as bases epistemológicas da gestão social, partíamos para a fase de extensão da disciplina, quando íamos às instalações da Cáritas do Rio de Janeiro para os 10 encontros previstos com membros de diversas comunidades do Rio de Janeiro a fim de cumprirmos com nosso papel de docentes do curso Elaboração de Projetos Comunitários. Eu já havia atuado como professor de ensino superior em três faculdades particulares, mas era a primeira vez que lidava com a realidade concreta de pessoas que desejavam transformações em suas vidas e de sua comunidade. Creio que esse aspecto tenha sido o mais significativo para a experiência docente que eu e meu grupo (uns 10 colegas) tivemos no momento em que entramos para o PEGS: sermos os facilitadores de um aprendizado que poderia proporcionar mais leveza na vida de quem sempre carregou pesados fardos.

Esse foi o ponto de inflexão na minha trajetória como professor e pesquisador. Os três últimos semestres do mestrado (2007 e 2008) foram dedicados a absorver essa experiência e transformá-la em produtos acadêmicos. Eu e alguns dos meus colegas escrevemos e apresentamos quatro artigos em congressos, publicamos três capítulos de livros e reescrevemos o livro *Gestão comunitária* (Tenório, 2008), com base nas edições anteriores sobre o tema e que havia sido o principal conteúdo para os cursos na Cáritas.

Finalizado o mestrado, trabalhei como consultor em projetos na área pública, atividade que consegui conciliar com o doutorado em administração na FGV. Nesse período, por falta de tempo, mantive-me afastado do PEGS.

Com a tese defendida no final de 2013, voltei-me para as questões que considerei mais importantes para minha carreira profissional: a docência e a pesquisa. Nesse sentido, estive um ano e meio envolvido no Programa Nacional de Pós-Doutorado da Capes, realizado na Universidade Federal Fluminense (UFF), em Niterói (RJ). Nessa instituição, estabeleci fortes vínculos acadêmicos com o Programa de Pós-Graduação em Administração, tendo permanecido como professor convidado até o presente momento.

Em 2015, ingressei, por meio de concurso público, na Faculdade de Administração e Finanças (FAF) da Universidade do Estado do Rio de Janeiro (Uerj), assumindo o cargo de professor adjunto para ministrar disciplinas da área de administração pública. Com a carreira de magistério definida, pude retomar o caminho da gestão social, que estava em estágio de "espera" desde 2008.

Procurei novamente o professor Tenório, que me apresentou aos novos cursos do PEGS: Gestão Comunitária com Ênfase em Sustentabilidade Ambiental e Formação Política e Cidadania: os Conselhos Municipais como Referência. Coloquei-me novamente à disposição do programa, reiniciando o trabalho de extensão e ensino nos cursos em andamento. Já no início do ano seguinte (2016), estive com a equipe de professores de outras instituições encarregada de elaborar o mais novo curso da Cáritas-RJ/PEGS: Economia Solidária.

A partir desse ano, inicia-se uma nova fase de consolidação das minhas experiências vivenciadas na Cáritas-RJ/PEGS, com o desenvolvimento de projetos de extensão, ensino e pesquisa a partir da Uerj e em parceria com o PPGAd-UFF, cujos resultados eu os apresento a seguir.

Ensino

Na graduação da FAF-Uerj, passei a ministrar os temas de gestão social e economia solidária nas disciplinas "Tópicos especiais em gestão pública 1" (TEGP1) e "Tópicos especiais em gestão pública 2" (TEGP2), respectivamente. Tanto os conteúdos de gestão social quanto os de economia solidária estão baseados nos programas desenvolvidos pelo PEGS. O novo currículo do curso da FAF-Uerj, que entrará em vigor em 2020, apresentará esses dois temas não mais em forma de tópicos especiais, mas como disciplinas eletivas da grade curricular do curso. Ressalto que tive, em média, 25 alunos por turma (perto de 100 alunos já cursaram as disciplinas) e alguns trabalhos de conclusão de curso (TCC).

No Programa de Mestrado em Administração do PPGAd-UFF, ofertei as disciplinas "Economia solidária" e "Gestão social" como optativas, nos terceiro e quarto bimestres de 2018 do curso, tendo atendido a sete e seis alunos, respectivamente, em cada turma. Já para o ano de 2019, encontram-se matriculados 15 alunos na disciplina "Economia solidária", com a mesma perspectiva de mestrandos para a de gestão social. Embora o conteúdo das disciplinas também estivesse baseado no PEGS, a abordagem para os mestrandos foi aprofundada nos seus aspectos críticos, epistemológicos e metodológicos.

Extensão

Um importante aprendizado do PEGS foi a indissociabilidade do ensino com a extensão e a pesquisa. A práxis fornece a riqueza da realidade social, o exercício da cidadania e a motivação científica aos estudos de gestão social. Com essa compreensão, criei o Laboratório de Gestão e Tecnologia Social na Uerj para propiciar aos alunos, tanto dessa instituição quanto da UFF, o campo para aproximar a teoria da prática. Dois projetos emergiram do laboratório em 2018 e encontram-se em andamento: o Projetos Solidários, oferecido para alunos da terceira idade da Universidade Aberta da Terceira Idade (Unati) da Uerj, e o curso Formação em Economia Solidária, oferecido para membros do Fórum Municipal de Economia Solidária do Rio de Janeiro (FMESRJ). O primeiro possui dois módulos: o de "Economia solidária", que já foi dado no primeiro semestre de 2019, e o de "Elaboração de projetos comunitários", que continua no segundo semestre de 2019, perfazendo um total de 28 encontros de uma hora e 40 minutos (cada aula). Ele está com 13 alunos matriculados da terceira idade e é pioneiro na Unati, com uma proposta diferenciada dos demais cursos que têm o foco em áreas de entretenimento, idiomas, artes e saúde. O curso de projetos solidários é acompanhado diretamente por mim, uma graduanda da FAF-Uerj (estagiária) e uma pesquisadora mestranda do PPGAd-UFF, ambas em estágio docente. O segundo projeto consiste em oferecer um curso de introdução à economia solidária aos participantes das redes do FMESRJ. Consta de 10 aulas de três horas cada e está baseado na experiência do curso dessa mesma área oferecido pela Cáritas-RJ, sendo que esse público já se encontra inserido no movimento de economia solidária. A demanda por esse curso surgiu da observação participante que mestrandos do PPGAd-UFF realizaram, desde 2018, durante as plenárias do fórum, que acontecem uma vez por mês. Esse curso será ministrado por mim, na FAF-Uerj, com apoio de mestrandos do PPGAd-UFF em regime de estágio docente.

Pesquisa

Em 2018, abri, no PPGAd-UFF, o Grupo de Pesquisa de Gestão Social e Economia Solidária junto ao CNPq. Nosso primeiro trabalho de equipe de pesquisa foi a elaboração do artigo "O papel das universidades no fomento às políticas públicas de Economia Solidária no estado do Rio de Janeiro", que recebeu menção honrosa do Congresso de Administração, Sociedade e Inovação, em 2018, na área de ensino e pesquisa. Cabe destacar que há três dissertações em fase de elaboração, com projetos de pesquisa já defendidos, cujos objetos de estudo são os dois projetos de extensão já citados. Como produtos parciais desses pesquisadores, sob minha orientação, conseguimos produzir os seguintes artigos científicos em 2019: "Tecnologia social no campo da administração: uma experiência na Universidade Aberta da Terceira Idade da Universidade do Estado do Rio de Janeiro" (VI Congresso Brasileiro de Estudos Organizacionais – CBEO); "Projetos solidários: um caso de extensão universitária para grupos da terceira idade" (revista *Debates Insubmissos*, artigo aceito ainda não publicado); "A economia solidária e o papel das universidades em seu fomento: uma experiência no município do Rio de Janeiro e seu Fórum Municipal" (II Congreso Nacional de Economía Social y Solidaria, Buenos Aires).

Esses resultados têm sido bem recebidos pela direção da FAF-Uerj, que já manifestou a intenção de aproximar essa experiência do Mestrado em Ciências Contábeis-Uerj, assim como criar outras possibilidades de projetos com mais faculdades da instituição.

Desse modo, e seguindo o aprendizado com o PEGS, passo a reproduzir, para meus alunos, a rica experiência da práxis subsidiando a pesquisa e proporcionando o ensino socialmente transformador.

Ericka Omena Erickson

É com enorme prazer que escrevo sobre minha experiência no Programa de Estudos em Gestão Social (PEGS), como aluna do Mestrado em Administração Pública da Escola Brasileira de Administração Pública e de Empresas da Fundação Getulio Vargas do Rio de Janeiro (FGV EBAPE). Foi por meio da disciplina "Gestão social I" que me tornei participante do PEGS, no ano de 1999. Naquela época, eu não imaginava o impacto que esses meses de colaboração com um grupo tão diverso teria em minha trajetória profissional.

Como bacharel em administração pela Universidade Federal Fluminense, fiquei surpresa com um programa de extensão oferecido através de um curso de administração, especialmente com a inclusão de comunidades de baixa renda. Meu pouco conhecimento sobre extensão em administração era limitado ao que via em raras propagandas de cursinhos sobre gerência de pequenos negócios oferecidos pelas universidades ao público em geral.

Proveniente de uma família de classe média, eu nunca tinha estabelecido relações de solidariedade autênticas com comunidades de baixa renda. Estudei em escolas privadas desde o primário, onde fui preparada para passar no vestibular. Já na universidade pública, nos anos 1990, não tínhamos cotas, e minha sala de aula era reflexo da elitização do ensino superior. Ao completarem a graduação, muitos dos meus colegas do curso de administração foram trabalhar em empresas multinacionais, enquanto eu continuei meus estudos, pois queria trabalhar no ensino superior, e ingressei no mestrado da FGV EBAPE.

O processo de transformação pelo qual passei no PEGS teve início já na parte teórica da disciplina "Gestão social I", a qual envolvia somente mestrandos. Ao lermos e discutirmos autores associados à Escola de Frankfurt, como Habermas e Horkheimer, e outros, como Paulo Freire, eu já notava a expansão de minha consciência crítica e a mudança do meu olhar social e político. Ficou claro que teríamos de passar por essa mudança de perspectiva para atuarmos como facilitadores em um curso cujos objetivos incluíam a troca de conhecimentos, em que todos os participantes assumem a condição de indivíduos ativos e todos os saberes são considerados de igual importância. Como Habermas (2004:92) afirmou em relação ao agir comunicativo:

> É só na qualidade de participantes de um diálogo abrangente e voltado para o consenso que somos chamados a exercer a virtude cognitiva da empatia em relação às nossas diferenças recíprocas na percepção de uma mesma situação. Devemos então procurar saber como cada um dos demais participantes procuraria, a partir de seu próprio ponto de vista, proceder à universalização de todos os interesses envolvidos.

Oferecemos um curso de elaboração de projetos comunitários em parceria com a Cáritas. A Arquidiocese do Rio de Janeiro era o local dos nossos encontros semanais com líderes de várias comunidades. Durante os três meses do curso, também fomos visitar o local onde alguns dos projetos já estavam sendo implementados, incluindo uma farmácia de ervas naturais.

À medida que as semanas passavam, a relação entre todos os participantes era fortalecida e minha vontade de atuar nas comunidades com as quais estávamos trabalhando aumentava. Durante esse período, comecei também a voluntariar aos sábados em um projeto comunitário cuidando de crianças enquanto os pais delas participavam de oficinas sobre diversos tópicos. Lá, pude ver em primeira mão a realidade do ambiente onde muitas crianças viviam: favelas com chão de terra batida, onde riachos de esgoto corriam entre casas feitas de papelão.

A imersão em comunidades diferentes da minha, combinada com a construção de laços de solidariedade com as mesmas, despertou em mim não só um comprometimento com o avanço da justiça e equidade social, mas também uma decepção com o sistema de ensino superior em administração. A conscientização de que eu e milhares de outros estudantes de administração não fomos expostos a oportunidades de participar em similares programas de extensão durante a graduação gerou em mim um sentimento de frustração que me motivou a agir.

Assim, o primeiro fruto de minha experiência com o PEGS foi minha dissertação de mestrado, cujo tema foi extensão universitária. Com o título *Escolas de administração e comunidade: a interação necessária*, o estudo teve como objetivo analisar a estruturação da extensão em uma instituição de educação superior em administração, o que foi realizado por meio de explorações teóricas e do estudo de caso da Faculdade de Administração da Universidade Federal Fluminense. Nela, expus as consequências da dissociação entre o ensino, pesquisa e extensão.

> De acordo com suas características atuais na instituição em foco, foi possível compreender que estas bases, que suportam o desenvolvimento da extensão, ainda não estão adequadamente consolidadas. A principal consequência deste cenário é o desequilíbrio e dissociabilidade entre ensino, pesquisa e extensão. Isto, por sua vez, gera a prevalência da reprodução de conhecimentos que muitas vezes foram gerados em ambientes com características distintas da sociedade brasileira e da comunidade onde a Universidade está inserida. Diante um cenário onde é urgente a necessidade de conhecimentos comprometidos com a solução de problemas que impedem a sustentabilidade do desenvolvimento do Brasil, é necessário que esta instituição se renove para corresponder aos desafios da sociedade atual [Melo, 2002:2].

Ao final do mestrado, por motivos pessoais, fui morar em San Francisco, na Califórnia, Estados Unidos. Lá encontrei um campo fértil para a implementação de projetos similares aos que estavam sendo implementados no PEGS. Como coordenadora de educação comunitária da ONG Marin County Grassroots Leadership Network (Rede de Lideranças Comunitárias de Marin County), criei um curso de capacitação de líderes comunitários – a Grassroots Leadership Academy (Academia de Lideranças Comunitárias) –, o qual foi oferecido anualmente por 10 anos com a participação de mais de 150 pessoas.

Participantes trabalhavam juntos na criação ou no desenvolvimento de projetos comunitários. O foco dos projetos era a participação cívica popular, incluindo registro e educação não partidária de eleitores, identificação de referendos para a arrecadação de recursos para creches, entre outros. Com nossa equipe e outros parceiros, também oferecemos cursos mais avançados para que graduados da Academia de Lideranças Comunitárias pudessem participar como membros de comissões e conselhos públicos – importantes instrumentos de diálogo entre o poder público e a população.

Meu trabalho na promoção do desenvolvimento de lideranças comunitárias foi reconhecido com prêmios concedidos por organizações como a Comissão de Direitos Humanos do Condado de Marin, o Partido Democrata da Região da Baía de San Francisco, o Centro de Justiça Social de Marin, entre outras. Também recebemos recursos e apoio de diversas fundações filantrópicas, como a Marin Community Foundation, a Marguerite Casey Foundation e a California Endowment.

Como afirmei em minha dissertação de mestrado, as sementes foram plantadas durante minha participação no PEGS, com frutos de diversos tipos sendo gerados em vários aspectos de minha vida. Por exemplo, como voluntária, participo do grupo dos Amigos do Movimento dos Sem-Terra (MST) e contribuo para a sustentabilidade da organização e a divulgação de informações sobre o movimento ao redor do mundo. Atualmente, trabalho como coordenadora de projetos educacionais, promovendo a participação de diversos atores em decisões públicas sobre educação infantil e creches, setor em que posso atuar na promoção de equidade social, na redução da pobreza extrema e diretamente beneficiar mulheres e crianças por meio da transformação de políticas públicas. Nos últimos anos, coordenei campanhas voltadas para a aprovação de projetos de leis que hoje beneficiam milhares de famílias de baixa renda e imigrantes.

Tenho certeza de que, sem minha experiência no PEGS, essa não seria minha trajetória. O programa expandiu meus horizontes e enriqueceu minha perspectiva sobre a importância da pesquisa, ensino e prática da administração em colaboração com comunidades e líderes comunitários. Repito o que afirmei em minha dissertação: "Meus agradecimentos também são dirigidos a Fernando Guilherme Tenório, coordenador da experiência. Espero que os benefícios desse inovador e admirável projeto sejam multiplicados e potencializados ao longo do tempo" (Melo, 2002:6). Gratidão eterna por esse trabalho transformador e meu contínuo comprometimento com a multiplicação das sementes PEGS, das quais me beneficiei.

> O educador já não é o que apenas educa, mas o que, enquanto educa, é educado, em diálogo com o educando, que, ao ser educado, também educa. Ambos, assim, se tornam sujeitos do processo em que crescem juntos e em que os "argumentos de autoridade" já não valem. Em que, para ser-se, funcionalmente, autoridade, se necessita de estar sendo com as liberdades e não contra elas [Freire, 1967:68].

Eduardo Gusmão da Costa

Um encontro, na gestão social, da prática com a teoria, do empírico com o científico: um despretensioso relato de percepções extraídas do curso de formação de conselheiros municipais na Cáritas

Corria o ano de 2007 quando ainda lutava com a avalanche de teorias cientificas que caíam sobre mim no Mestrado em Administração e Desenvolvimento Empresarial (Made). As dificuldades da graduação agora davam saudades. O tempo corria rapidamente, as disciplinas avançavam e a perspectiva da dissertação se aproximava, assim como a escolha do tema e do orientador. Sem que me desse conta, o prazo já se esgotava e minha busca pelo orientador me levou a várias tentativas fantasiosas de todo mestrando em busca do tema. Sendo minhas vivências profissionais bastante ecléticas, acabei por rodar por quase todo o departamento em busca do orientador. Àquela altura, já um redentor. Um dia, uma professora com larga experiência foi categórica: "Com a sua vivência em questões sociais aqui no departamento só uma pessoa pesquisa neste campo". Aí veio o veredicto de que só o coordenador do programa poderia me orientar. Não sei se o desespero era maior pelo prazo ou por ser orientado pelo coordenador, que dividia a coordenação com aulas, orientações e uma farta produção acadêmica. Bem, não tinha mais tempo nem opções. Fui consultá-lo e ele me recebeu atenciosamente, mas pronto para ir para a sala de aula. Expus minha pretensão e ele disse que poderíamos conversar. Em nosso primeiro encontro, me apresentou um texto que deveria ser lido e fichado. O texto era "Gestão social: uma perspectiva conceitual" (Tenório, 1998).

Sem opção, comecei a leitura, só que, ao começar, fui tomado de impacto pela abordagem. Esta ia ao encontro de valores que cultivava em minha vivência nas questões sociais, especificamente no movimento comunitário de associações de moradores, do qual participava desde 1977, aos 15 anos. Nesse processo, de forma empírica, vivenciei discussões que orbitavam em torno daquele texto. Meu entusiasmo aumentava a cada palavra, a cada frase, encontrando definições e conceitos, como uma abordagem para tudo aquilo que havia vivido até bem pouco tempo.

Desse encontro teórico com experiência participativa surgiu um entusiasmo em relação ao tema. Tal fato foi logo percebido pelo orientador, que pouco tempo depois me falou de um encontro sobre o tema "gestão social": era uma edição do Encontro Nacional de Pesquisadores em Gestão Social (ENAPEGS). Posteriormente, enviamos um artigo que foi selecionado, ou seja, eu havia sido batizado em meu primeiro artigo científico, escrito com meu orientador, sobre o tema gestão social.

Posteriormente, concluí minha dissertação sobre o tema, com o título *Avaliação da gestão social no polo comercial Saara situado no centro da cidade do Rio de Janeiro*, 2009. Tudo isto dito não no sentido de alimentar uma biografia ou bibliografia pessoal, mas somente para ilustrar a pertinência da gestão social para aqueles que foram forjados nos variados movimentos sociais, como foi o caso deste autor. O desdobramento foi, posteriormente, a conclusão do mestrado e o acompanhamento da produção no campo da gestão social. Após três anos passados, a vontade de continuar a mergulhar nessa temática de forma mais aprofundada acabaria por acontecer ao ser selecionado para o Programa de Pós-Graduação em Ciência, Tecnologia e Inovação (PPGCTIA) da Universidade Federal Rural do Rio de Janeiro (UFRRJ), que tem como uma de suas linhas de pesquisa a gestão social no estabelecimento de políticas públicas. Ocorreu, então, um raro reencontro na vida acadêmica: um orientador de dissertação de mestrado ser o mesmo orientador da tese de doutorado do mesmo orientando – coisas da gestão social.

Após o início do doutorado, meu orientador me convida para participar de um curso ministrado por ele (Formação Política e

Cidadania: os Conselhos Municipais como Referência), realizado na Catedral Metropolitana do Rio de Janeiro. Minha presença nesse primeiro contato com o curso me gerou um dilema entre o desejo de estar na plateia como aluno ou estar naquele espaço como instrutor, compartilhando experiências agora já revisitadas em seus processos históricos e contextualizadas na perspectiva teórica da gestão social. Naquele momento, me veio à mente a vontade traduzida por Demo (1993:51): "Entre as mais eficientes formas de participação política estão os trabalhos de conscientização e organização". O mesmo Demo (1993), citado por Tenório (2007:20), afirma: "Participação é um processo de conquista, não somente na ótica da comunidade ou dos interessados, mas também do técnico, do professor, do pesquisador, do intelectual".

Pude perceber naquele público faces e falas que, de uma maneira ou de outra, participaram do período de redemocratização brasileira que culminou com a promulgação da Constituição de 1988. Eram estratos variados da população brasileira que, na maioria, tinham como origem os movimentos eclesiásticos da cidade do Rio de Janeiro. Percebi um ecletismo étnico e de classes sociais naquele público, o que, na definição de Darcy Ribeiro, era o povo brasileiro.

Uma vontade de aprender participação vibrava na sala da Cáritas, na diocese, o que se repetiu após minha primeira participação como instrutor voluntário do tema "os conselhos municipais". Os espaços dialógicos do curso com os participantes nunca seriam suficientes frente ao vazio de participação deixado por anos sem democracia participativa, tendo como consequência gerações inteiras sem o exercício de práticas democráticas mais elementares, como eleger seus dirigentes nos níveis municipal, estadual e federal.

A sede de falar, de ter voz, de aprender caminhos, de se instrumentalizar para a participação era latente. Todo o instrumental que o curso fornecia instigava em seus participantes uma necessidade de empoderamento oral pelo conhecimento adquirido, pela tomada de consciência de seus espaços de poder institucional e institucionalizados pelos conselhos e sua força. Os conhecimentos apresentados de forma estruturada sobre as possibilidades abertas, caminhos, vocabulários e ferramental da legislação em seus vários níveis dava a todos mais poder participativo e decisório que precisava ser canalizado.

Porém ali fermentava em paralelo um rico processo que estava em curso com a participação de atores que começaram a vir de movimentos sociais diversos. As relações dialógicas começaram a ficar mais plurais em seu espectro representativo da sociedade organizada. O que nas minhas primeiras participações se caracterizava pela participação da comunidade católica ligada à Cáritas agora se caracterizava por vários movimentos da sociedade organizada.

Eram participantes movimentos sociais os mais variados: associação de deficientes visuais, sindicatos, associações de classe, conselhos municipais de educação, assistência social, representantes dos poderes públicos municipais os mais variados e muitos outros. Uma grande rede se formava e tinha seu lugar-comum e de consenso nas dificuldades encontradas na ação participativa nos processos decisórios e reivindicatórios junto ao poder público em seus mais variados níveis. Tal processo gerava uma catarse coletiva de difícil controle, dado seu represamento de séculos de ausência de participação democrática e vida cidadã.

Sim, eu pude perceber uma grande rede formada a cada edição e baseava minha abordagem nas possibilidades, que essas redes proporcionam, de aprendizagem e ação participativa. Entrei nesse processo acreditando poder compartilhar minhas experiências e os conceitos de gestão social. Acabo quase me afogando em um mar de experiências, aprendizagem e participação em que todos trocam a todo momento os papéis de instrutor e aluno. Agora entendo o porquê de minha dúvida inicial ao assistir ao primeiro encontro: se queria ficar à frente da turma ou sentado assistindo. Aqui se confirmam, na prática, o valor dos saberes do mundo e da vida. Nesse espaço tão rico de saberes participativos, mesmo estando à frente da turma, instruindo, preciso, na maioria das vezes, sentar e aprender como bom aluno de gestão social.

Lamounier Erthal Villela

As atividades de extensão como intermediação entre teoria e prática, o ensino e a pesquisa

A pedido do professor Fernando Guilherme Tenório, coordenador dos cursos de extensão do PEGS, venho fazer este depoimento sobre minha experiência na docência do módulo "Dinâmica política dos atores sociais" nas edições do curso Formação Política e Cidadania: os Conselhos Municipais como Referência, onde atuo desde 2009 na Cáritas Arquidiocesana do Rio de Janeiro e nas edições desse curso na Cáritas de Valença (RJ), na Cáritas de Nova Friburgo (RJ) e também no município de Maricá (RJ). Inicialmente, gostaria de ressaltar como essa experiência foi um divisor de águas tanto na minha vida profissional quanto na pessoal, pois me possibilitou o contato direto com os conselheiros municipais, protagonistas da sociedade civil, sua "sabedoria" na arte de negociar, de expor problemas, de apresentar dúvidas e indignações sobre o funcionamento de alguma política pública. Tudo isso sempre foi para mim um aprendizado e fonte de inspiração e renovação. Para desenvolver meu depoimento, vou descrevê-lo em três etapas:

- minha participação como docente nos cursos na Cáritas;
- os impactos da prática de extensão em minha vida acadêmica;
- os desdobramentos das práticas de extensão na Universidade Federal Rural do Rio de Janeiro (UFRRJ) até a criação do Programa de Ensino, Pesquisa e Extensão em Desenvolvimento Territorial em Políticas Públicas (PEPEDT).

A experiência nos cursos da Cáritas

No ano de 2009, o professor Tenório concorreu a um edital da Faperj que lhe permitiu equipar o Laboratório de Transferências de Tecnologias Sociais (LTTS) já anteriormente instalado em uma sala da Cáritas, na Catedral Metropolitana do Rio de Janeiro. O laboratório tem como objetivo fomentar a relação ensino-pesquisa-extensão por meio da transferência de conhecimentos teóricos e práticos, instrumentais e substantivos em tecnologias capazes de alterar realidades sociais. Logo, o curso Formação Política e Cidadania: os Conselhos Municipais como Referência é voltado para ampliar a participação direta da sociedade civil nos processos decisórios deliberativos, como é o caso dos conselhos municipais.

O foco de minha atuação é no modulo que desenvolvi, que trata da dinâmica política dos atores sociais. A primeira recomendação que recebi do professor Tenório foi sobre a importância de como transmitir a mensagem para os participantes do módulo, a maioria conselheiros municipais com diferentes formações, anos de escolaridade e oriundos dos mais diversos bairros e regiões do Rio de Janeiro e Grande Rio. Ele me alertou de que eu deveria estar atento, pois não seria a mesma prática de uma sala de aula na graduação ou na pós-graduação da universidade. Ali o meu papel seria mais de incentivar e mostrar a importância de um conhecimento a ser utilizado pelos conselheiros municipais em suas ações referenciadas nas políticas públicas.

A preocupação com o diálogo, como advertido pelo professor Tenório, é a mesma do filósofo Jürgen Habermas (2012) em sua teoria do agir comunicativo. A ação comunicativa deve gerar razoabilidade, racionalidade e criticidade em todos os envolvidos em uma deliberação na busca de um consenso baseado no bem comum, e não apenas nos interesses individuais e egoístas. Importa, nessa experiência, a capacidade de dialogar, passar a mensagem em uma linguagem que todos compreendam e, assim, possam expor seus pontos de vista e trocar saberes.

Desse modo, o exercício da extensão não deve ser uma ação hierárquica, em que o professor domina o conhecimento e o transmite de modo linear. Na extensão, a prática deve ser de como o conhecimento do professor pode ser compreensível e adequado à racionalidade do interlocutor. Logo, é importante a intersubjetividade no exercício do aprendizado, sendo capaz de mostrar que o aspecto teórico apresentado no momento pode servir para a compreensão de uma dada realidade mutante.

Elaborei o material para minhas aulas e essas anotações foram posteriormente retrabalhadas, constituindo assim um capítulo para o livro *Gestão social e conselhos gestores* (Tenório e Kronemberger, 2016). O capítulo recebe o mesmo nome do módulo que ofereço no curso: "A dinâmica política dos atores sociais". Assim, vou explicando a lógica do poder dos envolvidos em uma dada situação nos processos de lutas e conquistas sociais: como a história vai alterando diferentes narrativas de poder e como todas as conquistas sociais foram frutos de lutas e de movimentos sociais; como esses movimentos encontram ambientes que podem ser mais favoráveis ou desfavoráveis; como o jogo de poder pode influenciar positiva ou negativamente na capacidade de ação dos atores políticos; como a sociedade civil organiza suas representações por meio de conselhos comunitários, ONGs, associações, sindicatos, entre outras estruturas organizacionais para poder ter voz na deliberação das políticas públicas.

Essa temática favorece o diálogo e trocas de saberes e experiências dos participantes do curso. Em cada tópico do texto, os participantes trazem seus exemplos e ilustram os aspectos teóricos. Tal exercício permite uma aproximação entre teoria e prática, ampliando o grau de abstração da turma sobre os conceitos trabalhados, tornando-se mais fácil entender o jogo de poder e a importância das representações sociais nas deliberações da esfera pública. Assim, valorizam seu conhecimento e a importância de sua representação como um ator social. Tal prática dialógica nos leva a uma imersão, e o tempo parece voar naqueles momentos, pois são muitas as falas e muito rica cada vivência.

Os impactos da prática de extensão em minha vida acadêmica

Ainda quando trabalhava em dois programas de pós-graduação nas universidades Candido Mendes e Estácio de Sá, em 2006 iniciei um grupo de pesquisa sobre desenvolvimento local. Tal grupo teve o foco em investigar como se dava o processo participativo dos atores da sociedade civil, do Estado e do mercado na condução de arranjos produtivos locais (APL) do estado do Rio de Janeiro. A pesquisa desse grupo tornou-se objeto de meu estágio de pós-doutoramento realizado na FGV EBAPE, orientado pelo professor Tenório.

A síntese dessa pesquisa foi publicada no livro *Gestão social e gestão estratégica: experiências em desenvolvimento territorial* (Tenório, 2013) com os recursos obtidos no projeto Gestão Social: Ensino, Pesquisa e Prática, coordenado pelo PEGS atendendo ao edital Pró-Administração nº 09/CII-2008. Resumindo: toda pesquisa que trata da participação social necessita de pesquisa de campo e, por sua natureza, precisa ser uma pesquisa aplicada. Nesse sentido, o pesquisador deve ter a habilidade de participar e dialogar com diferentes atores e buscar entender suas lógicas e racionalidades. Para tal aprendizado, a prática em extensão universitária irá aportar ao pesquisador uma dialogicidade e intermediação com os diferentes interlocutores de sua pesquisa. Nesse contexto, os espaços passam a ser vistos como territórios habitados e dotados de relações de poder.

Em 2010, participei de um concurso público para professor de carreira universitário e, aprovado, fui trabalhar no Departamento de Economia da UFRRJ. A universidade, localizada em Seropédica, região do Grande Rio, vizinha do município de Itaguaí e onde se elaboram megaempreendimentos, é cenário de grande efervescência social e econômica.

Para entender como se dão essas mudanças, seus impactos, a participação e o controle social, montei o Laboratório de Pesquisa em Desenvolvimento Territorial e Políticas Públicas (LPDT). No início, contava com ajuda de poucos envolvidos, mas minha inserção como professor permanente no Programa de Pós-Graduação em Ciência, Tecnologia e Inovação em Agropecuária (PPGCTIA) me levou a iniciar pesquisas como orientador de doutorado com o enfoque nas políticas públicas, gestão social e territórios.

No mesmo período, com o apoio de outros professores, montamos o Programa de Pós-graduação em Desenvolvimento Territorial e Políticas Públicas (PPGDT). Em razão da sinergia de ações junto aos meus orientandos, foi possível concorrer, em 2014, a uma chamada do Conselho Nacional de Desenvolvimento Científico e Tecnológico (CNPq) e do Ministério do Desenvolvimento Agrário (MDA) para bolsa de pesquisador extensionista. Nesse edital, minha experiência na Cáritas Arquidiocesana nas atuações para formação de conselheiros municipais foi de suma importância. Obtivemos o edital e iniciamos as atividades de extensão nos municípios da baía da Ilha Grande (BIG) por intermédio do Núcleo de Extensão em Desenvolvimento Territorial (Nedet).

Os desdobramentos das práticas de extensão na UFRRJ até a criação do PEPEDT

O Nedet surge com o objetivo de apoiar ações de extensão e assessoramento técnico a comunidades rurais em todo o país. O programa se concretizou na parceria entre Secretaria de Desenvolvimento Territorial (SDT/MDA), Secretaria de Políticas para as Mulheres (SPM) e CNPq. No cerne do Nedet está a articulação da extensão universitária com os representantes da sociedade civil e os poderes públicos para o fortalecimento da agricultura familiar. Ações coordenadas pelo depoente no Nedet BIG, por mim coordenado, vão abranger os agricultores em suas organizações sociais e as diversas instâncias públicas, notadamente as secretarias de agricultura e instituições de apoio à agricultura dos seguintes municípios do território rural da baía da Ilha Grande (BIG): Seropédica, Itaguaí, Mangaratiba, Rio Claro, Angra do Reis e Paraty.

Com a extinção do MDA em 2017, o programa Nedet foi também desativado pelo CNPq, após um longo trabalho de extensão no sentido de fortalecer laços entre a UFRRJ e os agricultores e seus representantes e interlocutores. Com o fim do financiamento e bolsas, as atividades do Nedet estimularam a criação de redes e fortaleceram ações de controle social nos municípios da BIG. Nessa etapa, o Nedet vai se tornar o atual Programa de Ensino, Pesquisa e Extensão em Desenvolvimento Territorial (PEPEDT), com o apoio da Reitoria e da Pró-reitoria de Extensão da UFRRJ, por reconhecerem a importância dessa atividade para a universidade. Nesse momento, as ações do colegiado passaram a promover o desenvolvimento territorial na região. Basicamente, são os seguintes os atores com que o PEPEDT constrói interlocuções e que fazem parte do Colegiado da Baía Grande: agricultores, cooperativas de pequenos agricultores, secretarias municipais, indígenas, quilombolas, instituições de pesquisa e extensão rural, caiçaras e pescadores artesanais, sindicatos e associações rurais.

Destaco as principais ações já devolvidas por intermédio do PEPEDT em suas atividades de extensão: inserção de agricultoras de Itaguaí e Seropédica na feira de agricultura orgânica da UFRRJ; capacitação técnica e política, por meio de cursos de extensão, dos agricultores e de representações de comunidades rurais do território em temáticas como gestão social, políticas públicas, desenvolvimento rural e controle social; participação das cooperativas de agricultores rurais e trabalhadores do campo em espaços decisórios do território, como o Conselho Nacional de Segurança Alimentar e Nutricional (Consea) e o Colegiado BIG; participação de agricultores locais no Programa de Aquisição de Alimentos (PAA), inclusive do restaurante universitário da UFRRJ; estímulo a maior integração dos órgãos de assistência técnica, ensino, pesquisa e extensão rural e entre os poderes municipal e federal, trazendo benefícios a outros projetos da universidade e acordos de cooperação UFRRJ-municípios. Está em processo a criação de um consórcio intermunicipal entre as secretarias de agricultura visando atrair mais recursos para o território; gerar emprego e renda no campo;

diluir os custos dos projetos para o campo e criar acordos de cooperação entre municípios do território; maior diálogo com as comunidades tradicionais da BIG e inserção de seus representantes no colegiado territorial; estímulo ao poder público e à sociedade civil para buscar conhecimento na universidade; estabelecimento de diálogo entre representações do Executivo municipal fora do âmbito dos acordos político-partidários e em nome do desenvolvimento rural. Estamos desenvolvendo atividades de extensão para criação de turismo rural de base sustentável nas serras do Piloto e Matoso; unindo esforços para desenvolver um Plano Territorial de Desenvolvimento Rural Sustentável (PTDRS).

Enfim, são diversas as atividades de extensão que o grupo de pesquisadores organizado na estrutura do PEPEDT vem elaborando. Aqui, tenho orgulho em descrevê-las, pois todas essas ações são um desdobramento de minha participação inicial nos cursos da Cáritas. Também me orgulho dessa construção conjunta, pois alguns de meus orientandos atuam também na Cáritas junto ao PEGS. A atividade de formação de conselheiros continua sendo uma prioridade, de modo que estamos montando, em paralelo à Cáritas, nossa segunda edição do curso similar oferecido na UFRRJ.

Ficam sempre vivos alguns depoimentos dos participantes desses cursos em nossa memória. Em um desses depoimentos, uma conselheira de Seropédica me disse que, após o curso, a visão dela sobre a universidade era outra. Antes, ela via a universidade como um espaço fechado e hoje ela se sente parte desse espaço. A inclusão social, o bem comum e a sustentabilidade são os objetivos dessas ações de extensão.

Nossa capacidade de publicações científicas sobre esses temas se ampliou de modo significativo. O conjunto de nossas produções científicas também é relevante para tornar públicas nossas ações. São teses de doutorado, dissertações de mestrado, monografias de graduação, artigos em revistas científicas nacionais e internacionais, capítulos de livros, material didático. A união faz a força! A extensão universitária é uma intermediação entre a teoria e a prática, entre o ensino e a pesquisa.

Obrigado, professor Tenório, por abrir esta porta em minha vida!

Carlos Frederico Bom Kraemer

Para discorrer sobre a minha experiência nos projetos de extensão coordenados pelo Programa de Estudos em Gestão Social (PEGS) em parceria com a Cáritas, é necessário abordar minha própria trajetória profissional e acadêmica.

Entrei, no ano de 2003, no Mestrado Acadêmico em Administração Pública ofertado pela Escola Brasileira de Administração Pública e de Empresas da Fundação Getulio Vargas (FGV EBAPE). Em um primeiro momento, meu tema de pesquisa teria como objeto o papel do turismo no comércio exterior. Ao longo do curso, tive a oportunidade de participar de uma edição do Programa Gestão Pública e Cidadania,[4] como avaliador técnico de um dos projetos a serem analisados pelo programa a convite do professor Fernando Guilherme Tenório, que era um dos membros do programa.

Tivemos uma capacitação na FGV, em São Paulo, e lá pude conhecer a temática da inovação das políticas públicas no contexto da participação social, por exemplo. Foi tal discussão que suscitou que era essa temática que me chamava a atenção. Foi nessa viagem que pude conhecer melhor os temas de pesquisa coordenados pelo professor Tenório por meio do PEGS. Voltei de São Paulo já como seu orientando, mudando meu tema de pesquisa no mestrado. A partir desse momento, fui me envolvendo nas pesquisas do PEGS. Foi assim que iniciei minha trajetória nos estudos da gestão social.

Ao longo do curso de mestrado, os alunos orientandos do professor Tenório faziam uma disciplina intitulada "Gestão social II", que tinha como objetivo a participação dos projetos de extensão na Cáritas. Dessa forma, meu primeiro contato com os projetos na Cáritas foi em 2004. Naquele período, o curso de capacitação e formação para a comunidade era Elaboração de Projetos Comunitários. Nós, alunos,

[4] O Programa Gestão Pública e Cidadania tinha como um de seus objetivos a disseminação de inovações de governos subnacionais brasileiros. O programa partia da iniciativa conjunta da Fundação Getulio Vargas de São Paulo (FGV Eaesp) e da Fundação Ford.

participávamos na condução de alguns temas, assim como no apoio ao desenvolvimento do curso. Foi, também, o meu primeiro contato com a extensão. Desde aquele momento, o nível de envolvimento dos alunos dos cursos sempre me chamou a atenção. Muitos nunca haviam tido contato com o ambiente universitário, mas traziam um entusiasmo acalentador. Percebi a importância da extensão naquele período.

Após o mestrado, em 2005, iniciei minha atuação profissional como professor do ensino superior na iniciativa privada. Até meados de 2007, eu me dedicava basicamente ao ensino e lecionava as disciplinas na área de economia por causa da minha graduação. Comecei a perceber que estava me faltando o envolvimento com a pesquisa. Dessa forma, procurei o professor Tenório na FGV e fui me envolvendo novamente no grupo do PEGS.

Paralelamente, em 2009, prestei um concurso para docente na área de administração pública, na Universidade Federal Fluminense (UFF), no polo de Volta Redonda. Uma das etapas do concurso consistia em elaborar e apresentar um plano de trabalho. Nesse plano, tratei de uma dimensão acerca da extensão. Nesse contexto, levei a perspectiva de desenvolver a experiência do PEGS, junto com a Cáritas, pela UFF em Volta Redonda.

Tomei posse como professor da UFF no final de 2010. Já havia iniciado na Cáritas, coordenado pelo PEGS, o desenvolvimento de um novo curso de formação, intitulado Formação Política e Cidadania: os Conselhos Municipais como Referência. Participei desse curso desde sua primeira edição, inclusive colaborando na elaboração do conteúdo de uma das aulas. Os materiais elaborados com esse curso tiveram como resultado a edição de um livro, no ano de 2016, intitulado *Gestão social e conselhos gestores*.

Dessa forma, desde o ano de 2010 venho participando ininterruptamente dos cursos de formação coordenados pelo PEGS e Cáritas, o que sempre foi muito importante para meu entendimento da importância e do propósito da atividade extensionista e do papel das universidades diante das comunidades. Outra questão, como sempre salientou o professor Tenório, foi nosso papel político em trabalhar e discutir, junto com os alunos dos cursos, a importância da temática da gestão social no que concerne à própria defesa das instituições e democratização do Estado. Os cursos não ficaram restritos ao Rio de Janeiro e participei de edições ofertadas nos municípios de Nova Friburgo, Maricá e Valença.

Quando ingressei na UFF como professor, meu primeiro projeto desenvolvido na instituição foi levar o curso de formação dos conselhos municipais para Volta Redonda. Ofertamos o curso em Volta Redonda no ano de 2013. Na primeira edição, o curso contou com professores da própria UFF que tinham alinhamento com as temáticas de gestão social, participação social e economia solidária, e professores e pesquisadores envolvidos nos projetos da Cáritas junto ao PEGS. Dessa forma, estabeleceu-se uma parceria entre a UFF e o PEGS/Cáritas.

Pela UFF, ofertamos o curso Formação Política e Cidadania: os Conselhos Municipais como Referência nos anos de 2013 a 2016. Começamos a oferecer outros cursos de formação envolvendo temáticas acerca dos conselhos municipais no município de Resende, em parceria com a prefeitura do município. Nesse caso, contamos com professores da UFF de Volta Redonda, mas mantendo a parceria com o PEGS/Cáritas. As ações de extensão promovidas pelos professores da UFF, tendo como referência a parceria com a Cáritas e o PEGS, resultaram em uma publicação relatando essa experiência na revista *Nau Social* (Oliveira et al., 2013/2014).

Em 2014, uma das edições do curso foi ofertada em Volta Redonda. Submetemos o projeto de extensão e fomos contemplados em um edital financiado, na época, pelo Ministério da Educação e Cultura (MEC). Trata-se do ProExt.[5] Foi um período importante, pois partici-

---

[5] O Programa de Extensão Universitária (ProExt) tinha o objetivo de apoiar as instituições públicas de ensino superior no desenvolvimento de programas ou projetos de extensão que contribuíssem para a implementação de políticas públicas. O programa foi criado em 2003, tendo ênfase na inclusão social. Em 2016, foi a última edição. Disponível em: <http://portal.mec.gov.br/index.php?option=com_content&view=article&id=12241&ativo=488&Itemid=487/proext-temas>. Acesso em: jul. 2020.

pei de um evento em Brasília que envolvia a discussão acerca das ações de extensão universitária e sua relevância para o desenvolvimento do país. Nesse sentido, pude conhecer diversas experiências de extensão, assim como compartilhar nossa experiência. Com o recurso adquirido, tivemos a participação de vários bolsistas dos cursos de graduação do Instituto de Ciências Humanas e Sociais (ICHS), no qual sou lotado.

Em 2018, o PEGS e a Cáritas, com a participação de professores da Uerj, Coppe/UFRJ, UFRRJ e UFF, desenvolveram um novo curso na temática da economia solidária. A primeira edição foi no próprio ano de 2018, e em 2019 houve a sequência para uma segunda edição. Nesses dois anos do curso sobre a economia solidária, tivemos a colaboração de quatro professores da UFF.[6] Nesse desdobramento, nós, da UFF em Volta Redonda, ofertaremos um curso,[7] também sobre economia solidária, que está sendo coordenado a partir do PET Gestão Social.[8]

Retornando ao início desta "fala", minha formação profissional e acadêmica se confunde com meu envolvimento no PEGS e sua parceria com a Cáritas, pois são 16 anos, dos quais 10 anos ininterruptos envolvido em seus projetos. Desse modo, meu entendimento nos estudos da gestão social, participação social, democracia participativa, assim como minha atuação no ensino, está relacionado diretamente com essa minha vivência junto às instituições já citadas. De alguma forma, tento sempre ser um professor melhor no que concerne à formação dos alunos das disciplinas que leciono. Nesse sentido, a experiência que obtive junto à extensão me propiciou entender melhor um dos pilares do ensino superior. Sendo assim, desejo que a minha pequena colaboração possa continuar nessa bela história já construída ao longo de 30 anos.

---

6 Carlos Frederico Bom Kraemer, Luís Henrique Abegão, Júlio Cesar Andrade de Abreu e Thais Soares Kronemberger.

7 O curso iniciará em setembro de 2019.

8 O Programa de Educação Tutorial (PET) é um programa criado pela Coordenadoria de Aperfeiçoamento de Pessoal de Nível Superior (Capes) em 1979. É um programa integrado por grupos tutoriais de aprendizagem e busca propiciar aos alunos condições para a realização de atividades extracurriculares. Estas devem envolver as áreas de ensino, pesquisa e extensão. Disponível em: <http://www.petgestaosocial.uff.br/site/?page_id=2>. Acesso em: jul. 2020.

Ana Paula Gomes Jelihovschi

Trabalhar com o professor Tenório no PEGS e na Cáritas era como respirar ar puro entre os carros da cidade.

Por mais que estivesse muito feliz e realizada por estar no mestrado da FGV e vivenciá-lo com o máximo de leveza possível, sentia que faltava prática no meu dia a dia. O mestrado exigia muita leitura, elaboração de propostas de pesquisas e estudos para provas. Sem dúvida, foi um período de grandes aprendizados, tanto para a minha vida pessoal quanto profissional. Terminei o mestrado em 2017, trabalho em uma empresa de TI em São Paulo e ainda hoje percebo os reflexos desses aprendizados no meu cotidiano. Tenho muito orgulho de ter feito parte da EBAPE e das conquistas que tive durante esse período. Contudo, por mais que sentisse muito orgulho de estar onde estava, sentia falta de atuações que tivessem vínculo com os meus valores pessoais. Trabalho desde os 15 anos e sempre achei importante alinhar teoria e prática nas minhas atividades. Ou seja, estudar sempre foi minha prioridade no período em que assim deveria ser, e tive sorte de ter nascido em uma família que pôde me dar condições para isso, mas, ao mesmo tempo, queria ter minha independência financeira, e, mais que isso, impactar a sociedade de forma positiva e significativa. Achava importante atuar em algo que tivesse valor para as pessoas e que fizesse alguma diferença no mundo. Seguindo essa linha, me graduei em psicologia trabalhando desde o primeiro período da faculdade com estágios de grande impacto social e atuando em diferentes trabalhos voluntários. Por isso, durante o mestrado sentia falta de realizar algo na prática que tivesse algum impacto social e estivesse alinhado com os meus valores pessoais. Foi quando soube que o professor Tenório, que eu mal conhecia, mas diziam ser bravo, estava em busca de alunos que pudessem trabalhar com ele em seus projetos. Resolvi arriscar. Após uma conversa em que nos conhecemos e ele me explicou melhor sobre o PEGS e seu projeto na Cáritas, me empolguei com a ideia e começamos a trabalhar juntos. Fiquei muito feliz com a confiança que ele teve em mim desde o início e, quanto mais lia sobre gestão social, mais achava que fazia sentido estar ali.

Depois que estive pela primeira vez na Cáritas e entendi a relação entre o que estava estudando sobre gestão social e o projeto do professor, senti-me muito privilegiada por participar. Conheci pessoas dispostas a aprender para poder colocar em prática seus aprendizados e melhorar nossa sociedade. Foi muito enriquecedor ouvir as histórias dessas pessoas e ter o privilégio de compartilhar com elas o que estava aprendendo sobre elaboração de projetos. Aprendi muito convivendo com as turmas que acompanhei nos anos de 2016 e 2017 e nas conversas que tive com o professor e com outras pessoas da equipe, como Riyuzo Ikeda Júnior, Thais Kronemberger e Alex Vargas.

Como disse no início do texto, trabalhar com o professor Tenório era encher o pulmão de ar puro onde este às vezes parecia não existir. A área acadêmica me parece se limitar a um mundo particular e teórico. Esse mundo corre o perigo de ficar desconexo com a realidade da vida real de muita gente, podendo perder seu valor por conta disso. Poder estar em um projeto de extensão alinhando teoria e prática vinculada a um dos meus propósitos foi algo que me motivou muito no período em que estive na FGV, e foi muito gratificante acompanhar o impacto na vida das pessoas envolvidas no projeto. Hoje, quando possível, mantenho contato com o professor Tenório, e temos um artigo publicado sobre patriotismo constitucional. Ainda assim, sinto falta das histórias que ele me contava quando tínhamos reunião e da oportunidade de estar envolvida em um projeto de tanto valor. Fico feliz por ter feito parte disso e pelo efeito que esse projeto tem na vida das pessoas e na sociedade há mais de 30 anos.

Depoimentos de ex-participantes nos cursos da Cáritas

Francisco[9]

Como efetivamente eu trabalho na causa social já há 13 anos, a inclusão desses cursos nessa área foi fundamental não só por serem temas que estão na atualidade, mas também por serem temas que são importantes para a sociedade de modo geral. A causa social se associa muito a esses temas pela questão da multiplicação. A informação que é gerada, a qualidade dessa informação, tem uma condição melhor de ser transmitida. Quando é uma informação mais solta, a gente não a leva tão a sério, a gente não é tão motivado a ser multiplicador. Mas tem sido muito bom adquirir esse conhecimento adicional para a causa social e poder estar transmitindo isso lá fora. De certa forma, eu associei a sequência desses três cursos para essa busca de implementação de coisas novas para a mobilização social. Estávamos conversando sobre o fórum (de economia solidária), a dinâmica, o fato de que as pessoas estão muito afastadas, os próprios conselhos. E, quando a gente fez o curso de conselho, nós tivemos a motivação das visitas aos próprios conselhos. Eu já fazia parte de algumas intervenções, seja no nível de saúde ou de educação e no âmbito local, como o Conselho Escola Comunidade, o assunto territorial e o Conselho Gestor da Área de Saúde. Então, quando a gente passa essa percepção para outras instâncias, para outros níveis, a gente percebe que o problema é muito parecido. E naquele momento, quando foram feitas as visitas aos conselhos, viu-se que o problema toma proporções maiores porque sai de um assunto que é de gestão local e vai para distrital; os problemas são os mesmos, mas agrega mais pessoas com a mesma carência. Então muda de lugar, mas o problema é o mesmo. E, dependendo do local, o problema incha mais ainda porque a população não tem acesso ao serviço público para resolvê-lo. E isso, para o quesito causa social que eu venho de-

[9] Ex-aluno dos cursos Gestão e Economia Solidária e Formação Política e Cidadania.

fendendo ao longo dos anos, tem muito a ver com essa possibilidade de engajamento das pessoas. Os próprios conselhos precisam desse engajamento. E esses conselhos que estivemos visitando, como o de saúde distrital e municipal, foram um bom exemplo de que eles têm necessidade de absorver pessoas com esse tipo de conhecimento. Então, quando se comentou desse tipo de curso para que a gente pudesse ter uma motivação a mais para estar lá junto com eles, foi muito bom. E eles mesmos, do conselho, comentaram que nós tínhamos que participar mesmo, porque tínhamos conhecimento do problema: "Vocês estão vendo o problema". Por isso o curso é fundamental e também a motivação das pessoas no engajamento, a participação social. E nesse nível de economia solidária mais ainda, para participar ativamente no desenvolvimento local, visto que estamos falando de uma metrópole e algumas cidades do interior conseguem ter uma mobilização, uma articulação melhor do que aqui na metrópole. Na metrópole, o pessoal está cada vez mais individualista e a gente tem que quebrar algumas barreiras para dar o que há de bom, e esses cursos têm sido fundamentais para isso.

A questão do espaço físico mesmo, em termos de sala onde estivemos e os materiais a que tivemos acesso e equipamento, tudo isso é muito positivo, realmente veio favorecer muito o movimento das aulas. Eu, particularmente, adoro trabalhar com divulgação, em termos de PowerPoint, por exemplo, que facilita a apresentação e pode colocar vídeos e imagens. Então eu achei todas as participações muito boas em função de toda essa possibilidade que vocês têm para desenvolvimento. E a questão de equipe realmente está sendo maravilhosa, porque, efetivamente, temos conseguido um bom histórico de vocês com relação ao conhecimento para transmitir. A questão de administrar os cursos e colocar em dia fluiu muito bem, e isso foi ótimo. Agora, o pensamento é: qual curso virá pela frente para podermos dar sequência também. Ainda temos muita coisa para fazer pela população de uma forma geral.

Eu vou só acrescentar algo, puxando para o lado social, a questão de que... Eu estava vendo um material esses dias, até pela própria questão da circulação em que usamos o WhatsApp e o Google, algumas outras formações, alguns outros cursos, como pós-graduação, que inclusive agora tem um MBA que tem a ver com essa sequência desses estudos que fiz aqui, que é um MBA de Responsabilidade Social em Terceiro Setor da UFRJ. Eu achei muito interessante, porque casa diretamente com esse tema que estou trabalhando, que é a responsabilidade social, a questão da conscientização que as pessoas estão perdendo. Desenvolvendo muito em cima dessa questão de que todo mundo quer dinheiro, todo mundo precisa de dinheiro e acaba focando só nisso, deixando a família de lado.

Então, tem muita coisa que precisa ser feita com essa visão de sociedade, coletividade, à qual, no caso, os cursos deram a introdução, mas de um aprofundamento nisso, eu sou a favor. Levanto a bandeira. Inclusive sobre a responsabilidade social que eu venho trabalhando nas escolas. Então eu apoio ter a continuação de outros cursos para complementar esses que já fizemos e sempre abraçando essa questão da causa social de uma forma geral para articulação, rede, integração, e não somente como no exemplo dos conselhos, porque realmente está tudo muito dissipado, as pessoas estão deixando muito que os outros resolvam e ninguém está querendo assumir a responsabilidade. Então, nesse sentido, nós temos que continuar com a conscientização e chamar as pessoas para a causa. Nós temos que pensar na coletividade e não só no individual.

Espero poder estar em outros...

Lúcia Martins[10]

Sobre a sustentabilidade ambiental, nós estamos ainda tentando conscientizar para a gente poder desenvolver o projeto. Quanto a política e cidadania, nós já avançamos bastante, porque começamos a

---

[10] Ex-aluna dos cursos Gestão Comunitária com Ênfase em Sustentabilidade Ambiental e Gestão e Economia Solidária.

ter relacionamento com os conselhos municipais, conselhos estaduais e conselhos distritais. Com isso, estamos conseguindo encaminhar as famílias para resolver seus problemas. Já na economia solidária, estou aprendendo ainda, engatinhando (no tema), agregando conhecimento. Mas são muito importantes esses cursos. Não posso deixar de falar sobre o curso de informática, que é uma ideia maravilhosa. Este ano eu não vim porque achei que ia lotar e, como sempre, penso que devemos deixar o próximo ter a vez de aprender também... Mas no próximo eu vou voltar... Eu não fiz por causa disso, porque pensei que muitos iriam querer fazer e eu que já tinha feito iria tirar a chance de alguém. Mas no próximo eu venho.

O curso em si é excelente, os temas são muito interessantes. Só que muito importante é quem ministrou, quem colaborou, e os multiplicadores. Porque com multiplicadores eu me sinto muito à vontade, quando eu chego na sala de aula eu me sinto muito bem pelo carinho, pela atenção e com a responsabilidade que os multiplicadores tiveram para com os alunos desse curso. Eu saio daqui com todos vocês no coração, na mente e apreciando demais vocês pelo que fazem para poder nos dar mais conhecimento. Porque é um conhecimento necessário que, se eu tivesse adquirido enquanto trabalhava, poderia ajudar muito mais do que ajudei as pessoas. Mas não é só pelo tema, é a maneira como vocês, multiplicadores, passam a informação para a gente.

Referências

DEMO, P. *Participação é uma conquista*: noções da política social participativa. 2. ed. São Paulo: Cortez, 1993.

DUSSEL, E. *Filosofía de la liberación*. Bogotá: Nueva América, 1996.

ECHEVERRÍA, B. *La modernidad de lo barroco*. México DF: Ediciones Era, 2000.

FREIRE, P. *Educação como prática da liberdade*. 32. reimp. Rio de Janeiro: Paz e Terra, 1967.

HABERMAS, J. *A ética da discussão e a questão da verdade*. São Paulo: Martins Fontes, 2004.

______. *Teoria do agir comunicativo*: sobre a crítica da razão comunicativa. São Paulo: Martins Fontes, 2012. v. 2.

MELO, E. *Escolas de administração e comunidade*: a interação necessária. Dissertação (mestrado em administração pública) – FGV EBAPE, Rio de Janeiro, 2002.

OLIVEIRA, V. C. S. et al. Perspectiva de contribuição do projeto "Formação Política e Cidadania: os Conselhos Municipais como Referência" em Volta Redonda, RJ: análises preliminares. *Nau Social*, v. 4, n. 7, p. 143-158, nov. 2013/abr. 2014.

TENÓRIO, F. G. Gestão social: uma perspectiva conceitual. *Revista de Administração Pública (RAP)*, Rio de Janeiro, v. 32, n. 5, p. 7-23, set./out. 1998.

______ (Org.). *Cidadania e desenvolvimento local*. Rio de Janeiro: FGV Ed.; Ijuí: Ed. Unijuí, 2007.

______ (Org.). *Gestão comunitária*: uma abordagem prática. Rio de Janeiro: FGV Ed., 2008.

______ (Org.). *Gestão social e gestão estratégica*: experiências em desenvolvimento territorial. Rio de Janeiro: FGV Ed., 2013.

______; KRONEMBERGER, T. S. (Org.). *Gestão social e conselhos gestores*. Rio de Janeiro: FGV Ed., 2016.

Anexos

I. Análise de dados dos participantes dos cursos LTTS/PEGS*

Introdução

O Programa de Estudos em Gestão Social (PEGS), da Escola Brasileira de Administração Pública e de Empresas da Fundação Getulio Vargas (FGV EBAPE) em parceria com a Cáritas Arquidiocesana do Rio de Janeiro (Carj), desenvolve ações de capacitação por meio da extensão universitária desde 1989. Expandiu-se com o projeto da Fundação de Amparo à Pesquisa do Estado do Rio de Janeiro (Faperj), Edital nº 14/2010, "Transferência de tecnologias em gestão social", de tal modo que foi possível a criação de um laboratório com suporte em informática na Catedral Metropolitana do Rio de Janeiro (Laboratório de Transferência de Tecnologias Sociais: LTTS) e, assim, facilitar o oferecimento de novos cursos.

Os três cursos oferecidos atualmente contam com a coordenação geral do professor doutor Fernando Guilherme Tenório, da EBAPE, e a parceria matricial da Carj, por meio da assistente social Janete Salgueiro, além de uma extensa rede de professores voluntários das seguintes instituições de ensino superior (IES): Universidade Federal Rural do Rio de Janeiro (UFRRJ), Universidade Federal Fluminense (UFF) – Volta Redonda, Universidade Federal do Rio de Janeiro (UFRJ), Universidade do Estado do Rio de Janeiro (Uerj). Conta também com professor voluntário da Fundação de Apoio à Escola Técnica (Faetec)

---

* Autora: Thássia Andryna Silva de Paula, mestranda da Universidade Federal Rural do Rio de Janeiro (UFRRJ).

e com a colaboração da Controladoria-Geral da União (CGU), além da coordenação e administração de alunos e pesquisadores de graduação e pós-graduação de diferentes formações e de IES. Essa rede interdisciplinar foi fundamental na construção dos referidos cursos e na prática do conceito de gestão social e controle social, sendo ambos os eixos norteadores de toda a ação desenvolvida ao longo das aulas, de forma direta ou indireta, para os alunos. De tal modo, compreende-se a gestão social como um "processo gerencial participativo onde a autoridade decisória é compartilhada entre os envolvidos" (Tenório, 2016:13). A gestão social é um meio para que processos decisórios se tornem acessíveis à sociedade, de modo que a sociedade civil possa, de forma coletiva, dialógica e cidadã, alcançar maior autonomia política e social, a fim de que suas necessidades sejam atendidas.

Método da pesquisa

A pesquisa abarca três cursos de extensão universitária: Formação Política e Cidadania: os Conselhos Municipais como Referência; Gestão Comunitária com Ênfase em Sustentabilidade Ambiental; Gestão e Economia Solidária. A natureza dos instrumentos de coleta de dados é compreendida distintivamente para cada curso. Assim, temos: no primeiro, foram as fichas cadastrais dos anos de 2016 e 2017; no segundo (períodos de 2013, 2014, 2016, 2017 e 2018), foram as fichas cadastrais e os respectivos projetos elaborados; no terceiro, no ano de 2018, a coleta de dados teve como instrumento as fichas cadastrais e os formulários de avaliação.

No curso Formação Política e Cidadania: os Conselhos Municipais como Referência, as fichas cadastrais foram preenchidas no início pelos alunos e são compostas por questões abertas e fechadas. Quanto ao perfil, buscou caracterizar: (1) a faixa etária, (2) distribuição por área da Região Metropolitana do Rio de Janeiro (RMRJ) e, em relação à cidadania participativa, (3) participação em conselhos.

No curso Gestão Comunitária com Ênfase em Sustentabilidade Ambiental, as fichas cadastrais foram preenchidas ao início pelos alunos e são compostas por questões abertas e fechadas. Quanto ao perfil do aluno, buscou-se caracterizar: distribuição por gênero, distribuição por área da RMRJ e, por último, os projetos elaborados, que constituíram o trabalho final do curso, realizados em grupo, considerando: (1) a quantificação de projetos finais de cada curso; (2) os temas dos projetos elaborados; (3) as comunidades da RMRJ às quais foram direcionados os projetos.

No curso Gestão e Economia Solidária, as fichas cadastrais aplicadas são preenchidas no início pelos alunos e são compostas por questões abertas e fechadas. Quanto ao perfil do aluno, buscou-se caracterizar: (1) distribuição por gênero; (2) distribuição por área da RMRJ; em relação à cidadania participativa; (3) atuação em grupos, entidades, ONGs; (4) atuação em grupos relacionados à temática da economia solidária. Quanto aos formulários de avaliação, preenchidos no final do curso, apresentam-se os trechos escritos pelos alunos sobre a importância da economia solidária que estão destacados por recuo e identificados, ao final da citação, por E (entrevistado).

O desenvolvimento da extensão universitária e o atendimento à sociedade: os cursos Gestão Comunitária com Ênfase em Sustentabilidade Ambiental; Gestão e Economia Solidária; Formação Política e Cidadania: os Conselhos Municipais como Referência

Os cursos Formação Política e Cidadania: os Conselhos Municipais como Referência, Gestão Comunitária com Ênfase em Sustentabilidade Ambiental e Gestão e Economia Solidária constituem uma atividade de extensão universitária e são destinados à sociedade civil da RMRJ. São organizados no âmbito do Programa de Estudos em Gestão Social (PEGS) da Escola Brasileira de Administração Pública e de Empresas da Fundação Getulio Vargas (FGV EBAPE), realizados trimestralmente, em parceria institucional com a Cáritas Arquidiocesana do Rio de Janeiro (Carj/RJ).

Neste ano de 2020, a parceria entre as referidas instituições comemora 31 anos e se justifica pela atuação, histórico e diálogo da Carj com movimentos sociais e pastorais dessa organização em trabalhos em diversas comunidades do Rio de Janeiro, além da inserção em diversas regiões desse município realizada no Laboratório de Transferências de Tecnologias Sociais (LTTS), com suporte em informática, na Catedral Metropolitana do Rio de Janeiro.

O principal objetivo do curso Formação Política e Cidadania: os Conselhos Municipais como Referência é capacitar e mobilizar a sociedade civil para a maior participação em instituições de diálogo e interação com o Estado, como os conselhos municipais de políticas públicas. O curso Gestão Comunitária com Ênfase em Sustentabilidade Ambiental tem como objetivo mobilizar e qualificar a comunidade com a finalidade de conscientizar acerca dos problemas ambientais existentes em suas realidades sociais locais, por meio da sustentabilidade ambiental e elaboração de projetos. E, por último, o curso Gestão e Economia Solidária pretende introduzir as formas solidárias de fazer economia, com a finalidade de se contrapor ao *mainstream* econômico, por meio de modos alternativos de produção e comercialização.

Os cursos oferecidos pelo PEGS/EBAPE e Cáritas, além de serem fundamentados pela ótica da gestão e do controle social, possuem uma metodologia para a ação extensionista baseada nos princípios educacionais de Paulo Freire e no trabalho em comunidades de Clodovis Boff, integrando-se ao método de pesquisa-ação de Michel Thiollent.

> As metodologias adotadas nos cursos baseiam-se na pedagogia emancipatória de Paulo Freire (2007), na filosofia de trabalho com comunidades de Clodovis Boff (1986) e no conceito de pesquisa-ação de Thiollent (1998), no qual os discentes e pesquisadores têm um envolvimento orgânico e

uma relação intersubjetiva com os sujeitos integrantes do processo [Kronemberger et al., 2012:163].

> [...] educar e educar-se, na prática da liberdade é tarefa daqueles que sabem que pouco sabem – por isto sabem que sabem algo e podem assim chegar a saber mais – em diálogo com aqueles que, quase sempre, pensam que nada sabem, para que estes, transformando seu pensar que nada sabem em saber que pouco sabem, possam igualmente saber mais [Freire, 1985:15].

O curso Formação Política e Cidadania: os Conselhos Municipais como Referência, com carga de 36 horas, contou com 12 encontros. A estrutura do curso consiste em aulas teóricas das seguintes temáticas: gestão social – conceito; a trajetória do sistema de proteção social e o papel dos tecnoburocratas; Constituição Federal de 1988: o marco legal para a participação social no Brasil; dinâmica política dos atores sociais; conselhos: institucionalização, composição e funções; controle social e conselhos municipais; os conselheiros municipais; os conselhos na prática: potencialidades e limitações.

Durante o ano de 2017, foram oferecidas duas edições desse curso.[1] A primeira ocorreu na diocese do município de Valença (RJ),[2] no período de 28 de julho a 2 de setembro, com 32 inscrições. As capacitações em Valença-RJ ofereceram o conteúdo programático similar ao da capital, no entanto as aulas foram condensadas nos fins de semana, caracterizando-se como um curso intensivo.

O referido curso conta com apoio de pesquisadores e professores voluntários do Programa de Pós-Graduação em Ciência, Tecnologia e Agropecuária (PPGCTIA) da Universidade Federal Rural do Rio de

---

1 Além deste, nos anos de 2015 e 2016 foram oferecidos cursos de Formação Política e Cidadania: os Conselhos Municipais como Referência nos municípios de Maricá (RMRJ) e Nova Friburgo (Região Serrana do estado), respectivamente.

2 Município localizado no Vale do Paraíba fluminense.

Janeiro (UFRRJ), com professores voluntários da Universidade Federal Fluminense (UFF), polo de Volta Redonda (RJ), e da Fundação de Apoio à Escola Técnica do Estado do Rio de Janeiro (Faetec), bem como da Controladoria-Geral da União (CGU).

O curso Gestão Comunitária com Ênfase em Sustentabilidade Ambiental, com carga de 30 horas, contou com 12 encontros. Sua estrutura é dividida em duas etapas, sendo a primeira reservada à sustentabilidade ambiental. Dessa maneira, as temáticas são as seguintes: introdução ao problema ambiental; ciclo de vida do produto; desperdício alimentar; resíduos sólidos. Na segunda etapa, as aulas são dedicadas à elaboração dos projetos que serão realizados pelos alunos ao final do curso. Os temas das aulas são: definição do projeto e etapa de identificação; construção do problema; objetivos, parceiros e beneficiários; justificativa; metodologia e cronograma de atividades; orçamento. A ideia é que, ao longo das aulas, os alunos possam ganhar e trocar conhecimentos para que, no final, apresentem seus projetos comunitários.

> O projeto deve ter uma estratégia de ação na qual a comunidade deixe de ser o sujeito passivo para ser o sujeito determinante do processo de transformação de sua condição socioeconômica e política. O projeto só alcançará resultados positivos se a população a ser beneficiada se envolver em todas as etapas de sua elaboração [Tenório, 1995:18].

O referido curso conta com apoio de pesquisadores e professores voluntários do Instituto Alberto Luiz Coimbra de Pós-Graduação e Pesquisa de Engenharia (Coppe), via Laboratório de Sistemas Avançados em Gestão (Sage) da Universidade Federal do Rio de Janeiro (UFRJ), com professor voluntário da Universidade do Estado do Rio de Janeiro (Uerj) e também com doutorandos voluntários do Programa de Pós-Graduação em Ciência, Tecnologia e Agropecuária (PPGCTIA) da Universidade Federal Rural do Rio de Janeiro (UFRRJ).

Desde a primeira edição do curso, no período compreendido entre 2013, 2014, 2016 e 2018,[3] foram, no total, 121 alunos inscritos, com 63 concluintes e a concretização de 20 projetos com ênfase na sustentabilidade ambiental em suas comunidades.

O curso Gestão e Economia Solidária, com carga de 25 horas, contou com 10 encontros. Sua estrutura é dividida em teoria e prática. A parte teórica visa expor os conceitos da economia solidária. A parte prática se dá por meio de visita técnica à Cooperativa de Trabalho e Produção de Catadores de Materiais Recicláveis (Coopefuturo), em Irajá, no Rio de Janeiro, com a finalidade de expor o processo de abertura a empreendimentos considerados da economia solidária e às organizações que financiam os empreendimentos sociais. Ao todo foram teorizados nove temas: histórico e construção do conceito de economia solidária; o movimento da economia solidária e suas formas de articulação; a política pública de economia solidária; educação popular e economia solidária; empreendimentos de economia solidária – natureza e aspectos legais; desafios da autogestão – relações interpessoais e racionalidade econômica; comercialização, prestação de serviços e construção de redes na economia solidária; finanças solidárias; as incubadoras tecnológicas e cooperativas populares (ITCP) e suas metodologias. O curso tem apoio de professores voluntários das seguintes IES: UFRJ Coppe/Sage, UFRRJ, UFF (polo Volta Redonda) e Uerj.

O curso em questão teve sua primeira turma em 2018, contou a inscrição de 48 alunos e 30 concluintes, com uma parcela destes já envolvida com práticas da economia solidária, como também com alunos que desejavam aprender mais sobre essa nova perspectiva de fazer uma economia.

---

[3] Em 2015, o curso Gestão Comunitária com Ênfase em Sustentabilidade Ambiental não foi realizado. No lugar deste, foi oferecido o curso Formação Política e Cidadania: os Conselhos Municipais como Referência. Desse modo, o respectivo curso foi oferecido em 2015.1 e 2015.2, além de uma realização extra no município de Maricá (RJ).

Análise dos dados

A análise está dividida em três seções contendo uma ou duas subseções direcionadas para cada curso. Destarte, a primeira seção será direcionada para o curso Formação Política e Cidadania: os Conselhos Municipais como Referência, com uma subseção: "O perfil do aluno". A segunda seção, para o curso Gestão Comunitária com Ênfase em Sustentabilidade Ambiental, com duas subseções: "O perfil do aluno" e "Projetos elaborados". A terceira seção, para o curso Gestão e Economia Solidária, com duas subseções: "O perfil do aluno" e "Entrevistas do formulário de avaliação".

O curso Formação Política e Cidadania: os Conselhos Municipais como Referência

O perfil do aluno

Os dados nos revelam, em relação ao perfil do aluno, a variável da faixa etária no município do Rio de Janeiro, no ano de 2017. Observa-se que há uma disseminação maior do curso na faixa etária que vai de 47 a 57 anos, que representa 38% do total de matriculados, seguindo-se 24% da totalidade entre as idades de 58 a 68 anos, enquanto os intervalos de 25 a 35 anos, 36 a 46 anos e 69 a 80 anos representam uma porcentagem, em relação ao total semelhante, variando entre 10% a 14% do conjunto.

Na análise dos dados é visto que 76% dos alunos, ou seja, mais da metade da totalidade, estão na faixa etária de 47 a 80 anos. Dessa maneira, o curso teve uma predominância maior nos grupos com maior faixa etária.

Ao observar os dados da faixa etária dos alunos do ano de 2016, é possível notar algumas diferenças se compararmos com 2017. O grupo de maior expressão, em termos de anos de vida, se dá na faixa entre

58 e 68 anos, correspondendo a 30% do total, seguido de 26% entre as idades de 36 a 46 anos. Os dois grupos representam 56% do todo, diferentemente do ano de 2017, pois o grupo de 36 a 46 anos teve pouca expressão, se comparado com a totalidade. Já a faixa etária do grupo de 69 a 80 anos, em 2016, foi um pouco mais expressiva, representando 17% e tendo, em 2017, apenas 14%. Na faixa etária de 25 a 35 anos, pode-se observar que houve um aumento de 1% do ano de 2016 para 2017.

Sendo assim, ocorre maior predominância nas faixas etárias com mais idade, embora o público-alvo do curso seja bem heterogêneo e diversificado em termos de anos de vida. O fator que responde à questão de faixas etárias com mais idade reflete algo predominante no curso, voltado para possíveis lideranças ou conselheiros municipais, que seria a maior participação, no conselho, da pessoa idosa, seja ele da esfera municipal ou estadual.

São canais responsáveis por difundir o curso entre os diversos bairros do Rio de Janeiro, além de impactar os municípios metropolitanos e da Baixada Fluminense, os diversos meios de propagação, tais como aviso em pastorais e nas paróquias, redes sociais, *e-mail* para antigos alunos que já participaram de algum outro curso oferecido pelo PEGS/EBAPE e Carj, como também a visita ao prédio da Prefeitura Municipal do Rio de Janeiro, logo sendo possível adentrar em diversas sedes dos conselhos municipais.

Por conseguinte, comparando os anos de 2017 e 2016, a quantidade de bairros do município do Rio de Janeiro que foram citados foi de 20 em 2016 para 26 no ano de 2017, sendo possível, dessa maneira, verificar maior abrangência do curso em diferentes locais do município em análise, difundindo-se em realidades diferentes. Além disso, entre os municípios citados estão: Niterói (2016), Maricá (2017 e 2016), São Gonçalo (2017).

O público predominante do curso possui faixas etárias mais altas, embora seja bem heterogêneo e diversificado. São lideranças comunitárias e conselheiros municipais, com maior representatividade no Conselho de Direitos da Pessoa Idosa, seja em âmbito municipal ou estadual.

Em vista disso, outro dado importante é a atuação em conselhos. Em 2016, a porcentagem dos alunos inscritos no curso Formação Política e Cidadania: os Conselhos Municipais como Referência que atuavam diretamente nos conselhos municipais era de 52% do total, enquanto em 2017 foi de 41%, justificando assim a lógica de o curso ser voltado tanto para lideranças da sociedade civil quanto para possíveis lideranças, sendo, dessa maneira, o processo de participação social um marco entre os alunos.

O outro apontamento é com a relação à quantidade total de alunos: observa-se um aumento no total de concluintes do curso de 23 para 29 em 2017.

O curso Gestão Comunitária com Ênfase em Sustentabilidade Ambiental

O perfil do aluno

Os dados nos revelam, em relação ao perfil do aluno, que na variável gênero se percebe uma participação ativa do público feminino no curso Gestão Comunitária com Ênfase em Sustentabilidade Ambiental, pois, ao longo de todas as edições, a participação das mulheres envolvidas é bem superior ao se comparar com o público masculino. As informações foram extraídas das fichas cadastrais dos 121 alunos inscritos, com objetivo de conhecer o público-alvo do curso no tangente a gênero, no período compreendido entre 2013 e 2018, em que se evidencia que mais da metade dos atores envolvidos é do público feminino. Sendo assim, a participação das mulheres no ano de 2013 foi de 70% contra 30% da participação do gênero oposto. Em 2014, os dados nos revelam 64% da participação feminina contra 36% dos homens. Em 2016, 73%

de mulheres e 27% de homens. Em 2017, 62% de mulheres e 38% de homens e, em 2018, 80% de mulheres e 20% de homens.

No tangente às regiões que são impactadas e beneficiadas diretamente pelos projetos elaborados pelos alunos, há a relação direta com os participantes do curso e suas respectivas comunidades. Os grupos que são formados nas turmas para elaboração dos projetos têm como fio condutor a proximidade do espaço geográfico de cada aluno na inserção do grupo, sendo observado que esse fato é o primeiro a ser considerado pelos integrantes que irão compor cada grupo.

Dessa maneira, o curso tem como externalidade positiva a aproximação de pessoas com objetivos em comum de promover em suas respectivas comunidades a sustentabilidade ambiental. Os projetos são pensados numa primeira observação de um problema ambiental comum a todos que vivem nas comunidades que irão recebê-los ou que vivem no entorno das mesmas.

No que diz respeito às regiões que são impactadas na RMRJ, observa-se que há uma participação de diversos atores oriundos de todas as zonas administrativas do Rio de Janeiro, a saber, zonas Norte, Sul, Oeste e Centro, e uma forte participação da Baixada Fluminense do estado do Rio de Janeiro, tendo como municípios de abrangência: Itaguaí, Duque de Caxias, Nova Iguaçu, Japeri e Belford Roxo. Temos também os municípios da Baixada Litorânea: São Gonçalo, Niterói e Maricá, sendo estes últimos com uma pequena participação comparando-se ao todo.

No entanto, o ano de 2013 contou com alta participação da região da Baixada Litorânea, tendo, no total, 10 alunos da referida região. Em segundo lugar, a Zona Norte com 10 participantes seguida das zonas Oeste e Sul. Na primeira turma do curso, o número de inscritos foi de 27 alunos, com 14 concluintes.

Em 2014, observa-se um cenário bem distinto da distribuição das regiões se comparado ao ano anterior, ocorrendo uma maior participação da Zona Norte, seguida da Baixada Fluminense, Zona Oeste e, logo após, a Zona Sul e a Baixada Litorânea.

Na segunda turma, o total de alunos inscritos no curso corresponde a 22, com 13 concluintes. A região com maior participação foi a Zona Norte, com oito alunos inscritos, a Zona Oeste e a Baixada Fluminense, com cinco alunos cada, e a Zona Sul. A Baixada Litorânea contabilizou quatro alunos.

No ano de 2016, na terceira turma do curso, observa-se uma maior participação de alunos oriundos da Baixada Fluminense, Zona Norte e Zona Oeste do município do Rio de Janeiro. O curso, no total, teve 15 alunos inscritos e 12 concluintes. O ano de 2016 é marcado pela alta participação da Baixada Fluminense com seis alunos, seguida da Zona Norte com cinco e da Zona Oeste com quatro. Embora a Zona Norte tenha tido, nos anos de 2013 e 2014, uma alta participação, é interessante observar a participação social dos municípios da Baixada Fluminense, que apresentou uma tendência de elevação de alunos vindos de municípios distantes da região central do Rio de Janeiro, onde se localiza o LTTS.

Em 2017, o total de alunos inscritos foi de 27, semelhante ao da primeira turma do curso, em 2013, sendo que em 2017 os números de concluintes e de projetos finais foram maiores se comparados ao ano de 2013, com a mesma quantidade de inscritos. Assim, concluíram com êxito 17 alunos.

É possível observar uma participação bem significativa da Zona Oeste, tendo um aumento duplicado em relação às turmas anteriores de 2013, 2014 e 2016. Seguem-se a Zona Norte com sete alunos – evidenciando assim que a Zona Norte, em todos os anos analisados até agora, tem uma representação significativa – e a Zona Sul, que também apresentou um aumento de participação se comparada os anos anteriores.

No ano de 2018, o curso teve 30 alunos inscritos. Vale destacar que na realização desse curso em 2018 houve grande representação de alunos da Baixada Fluminense e das zonas Norte e Sul do Rio de Janeiro. A última turma registrou 19 alunos concluintes, com participação significativa de diversas localidades da RMRJ.

Dessa maneira, o curso cumpre seu papel social de agente transformador de realidades distintas de variadas localidades da RMRJ, por meio da dialogicidade de atores com múltiplas dimensões espaciais, com o objetivo comum de promover a sustentabilidade ambiental em suas respectivas regiões, levando assim a gestão social a múltiplos espaços por meio de projetos comunitários.

Projetos elaborados

Ao todo, no período compreendido entre 2013 e 2018, houve 20 projetos elaborados como trabalhos finais no curso Gestão Comunitária com Ênfase em Sustentabilidade Ambiental.

No ano de 2013, houve três projetos, divididos em três grupos. Embora a participação dos atores sociais dos municípios fluminenses de São Gonçalo, Niterói e Maricá não representasse, em conjunto, uma parcela significativa dos alunos que tomaram parte no curso, é válido salientar que na primeira turma houve dois projetos direcionados em São Gonçalo e um na Baixada Fluminense:

- projeto de produção de húmus a partir de podas de árvores e rejeitos orgânicos, utilizando o processo de compostagem na Baixada Fluminense;
- projeto de promoção de campanha de conscientização dos moradores com relação ao descarte inadequado de lixo na rede de esgoto e sensibilização dos órgãos públicos quanto à manutenção da rede no município de São Gonçalo;
- projeto de implantação da coleta do óleo de cozinha no bairro Rocha, no município de São Gonçalo, e na Baixada Litorânea.

No ano de 2014, houve a elaboração de quatro projetos, divididos em quatro grupos. A distribuição nas regiões evidencia o motivo pelo qual houve dois projetos direcionados à Zona Norte, sendo seguidos de um projeto para a Zona Oeste e um projeto para a Baixada Fluminense:

- projeto de reestruturação do espaço da paróquia Sagrada Família para promoção do descarte adequado e reciclagem de resíduos sólidos no bairro Taquara, Zona Oeste da RMRJ;
- projeto de reaproveitamento de óleo de cozinha para confecção de sabão para lavar louça na Baixada Fluminense, no município de Itaguaí (RJ);
- projeto de manutenção das margens do rio Faria-Timbó e realização da coleta seletiva no bairro Engenho da Rainha, Zona Norte da RMRJ;
- projeto de mutirão de limpeza urbana junto aos moradores e realização de campanhas para incentivo à reciclagem nas residências no bairro de Oswaldo Cruz, Zona Norte da RMRJ.

No ano de 2016, tivemos três projetos divididos em três grupos:

- projeto de criação de um grupo de geração de renda por meio de economia sustentável e solidária na comunidade Guandu do Sena, no bairro de Bangu, Zona Oeste da RMRJ;
- coleta seletiva na Baixada Fluminense na comunidade Corte Oito, em Caxias (RJ);
- projeto de educação ambiental para melhor utilização dos recursos hídricos nas paróquias do Vicariato Norte, Subúrbio e Oeste da RMRJ.

No ano de 2017, foram cinco os projetos elaborados por meio de cinco grupos, apresentando tendência de um pequeno aumento em relação aos anos anteriores:

- projeto de recuperação ambiental, replantio e recomposição paisagística no entorno da praça de Santa Maria, no bairro da Taquara, Zona Oeste da RMRJ;

- projeto de captação de águas pluviais e reúso de águas servidas (Águas Cinzas);
- projeto Óleo, Meu Lindo: recolhimento de óleo na paróquia Nossa Senhora do Desterro, no bairro de Campo Grande, Zona Oeste da RMRJ;
- projeto Rua Limpa, Rua Linda: conservação da limpeza urbana na rua Pedro Américo, no bairro do Catete, Zona Sul da RMRJ;
- projeto Colhendo Saúde: hortas domiciliares nas paróquias São José e Nossa Senhora das Dores.

No ano de 2018, na última edição do curso Gestão Comunitária com Ênfase em Sustentabilidade Ambiental, o total de projetos foi igual a cinco, acompanhando o ano anterior:

- projeto de educação ambiental no Colégio Santa Teresa de Jesus;
- projeto Muro Sustentável, na Aldeia Maracanã;
- Projeto de reaproveitamento de resíduos orgânicos na cozinha da Casa de Saúde São José;
- projeto de reutilização do óleo de cozinha na comunidade Jardim Bela Vista, Campo Grande, Zona Oeste;
- projeto de reaproveitamento de resíduos orgânicos com ênfase em reeducação alimentar na Creche Nossa Senhora da Cabeça, Nova Iguaçu (RJ).

O curso Gestão e Economia Solidária

O perfil do aluno

A partir dos dados apresentados, observa-se que a participação do público feminino é bem marcante ao consideramos que, no total de 48 alunos inscritos no curso, 73% correspondem às mulheres em contrapartida a 27% do público masculino, evidenciando-se assim que os cursos desenvolvidos pelo PEGS e Carj têm um público fortemente marcado pela presença das mulheres.

Quanto à região de origem dos alunos, percebe-se uma participação alta da Zona Norte do Rio de Janeiro, seguida pela Zona Oeste, Baixada Fluminense e Zona Sul. Evidencia-se que a participação social dos alunos do curso Gestão e Economia Solidária oriundos das diversas áreas é bastante semelhante à do curso Gestão Comunitária com Ênfase em Sustentabilidade Ambiental, apresentando, dessa maneira, uma tendência de participação social bem significativa das zonas Norte, Oeste e da Baixada Fluminense.

Em relação à cidadania participativa, alunos então em associações, fóruns e entidades com temática da economia solidária, observa-se que 34% dos alunos inscritos estão articulados em espaços de discussão que envolvem a temática do curso, enquanto 66% não estão. No entanto, quando analisada a participação social em demais grupos, sejam associações, fóruns e entidades que não estão vinculados à temática da economia solidária, o número de não participação cai para 35%, enquanto 65% participam.

Dessa maneira, fica evidenciado que, embora haja uma participação social singular em grupos, como associações, fóruns e entidades com a temática que envolve a economia solidária, há uma participação significativa nos demais espaços de discussão social. No conjunto da cidadania participativa, é possível observar que 29 associações, fóruns e entidades são descritos na ficha cadastral pelos alunos, tornando-se parte constitutiva do curso Gestão e Economia Solidária, tendo em vista a participação dos alunos nesses respectivos espaços de discussão e participação social.

Entrevistas do formulário de avaliação

Nos formulários de avaliação, preenchidos ao final do curso, apresentam-se os trechos escritos pelos alunos sobre a importância da economia solidária que estão destacados por recuo e identificados ao final da citação por E (entrevistado).

> Um meio do desenvolvimento humano e inclusão social. Ajudando no desenvolvimento local [E1].

> A economia solidária cria um referencial de práticas e de valores construídos coletivamente, de forma autônoma e independente frente a uma economia de mercado [E2].

> Modelo de organização com desenvolvimento, cidadania e inclusão social [E3].

> Por ser um comércio justo, onde todos têm a mesma importância [E4].

> A importância da economia está diretamente relacionada a uma sociedade mais humanizada, igualitária e possível [E5].

Na percepção dos alunos sobre a importância da economia solidária, observa-se que os principais eixos – a coletividade, a inclusão social e o direito ao exercício da cidadania frente à economia capitalista – por eles apontados no formulário de avaliação apresentam-se de forma semelhante ao conceito de economia solidária proposto por Paul Singer (2002:10):

> A economia solidária é outro modo de produção, cujos princípios básicos são a propriedade coletiva ou associada do capital e o direito à liberdade individual. A aplicação desses princípios une todos os que produzem numa única classe de trabalhadores que são possuidores de capital por

igual em cada cooperativa ou sociedade econômica. O resultado natural é a solidariedade e a igualdade, cuja reprodução, no entanto, exige mecanismos estatais de redistribuição solidária da renda.

De forma geral, os resultados apontam para a conscientização dos alunos dos cursos Gestão Comunitária com Ênfase em Sustentabilidade Ambiental e Gestão e Economia Solidária acerca da importância da economia solidária e da sustentabilidade ambiental em suas comunidades, garantindo atuação da sociedade a fim de exercer a cidadania participativa, seja por meio da elaboração de projetos comunitários em suas respectivas regiões, como no curso Gestão Comunitária com Ênfase em Sustentabilidade Ambiental, ou por exercer a cidadania mediante a participação social em fóruns, ONGs, entidades da economia solidária, como no curso Gestão e Economia Solidária.

Referências

FREIRE, P. *Extensão ou comunicação*. 8. ed. São Paulo: Paz e Terra, 1985.

KRONEMBERGER, T. S. et al. Os conselhos municipais de políticas públicas sob o olhar da comunidade: uma experiência de extensão universitária. *Desenvolvimento em Questão*, Ijuí, ano 10, n. 21, set./dez. 2012.

SINGER, P. *Introdução à economia solidária*. São Paulo: Ed. Fundação Perseu Abramo, 2002.

TENÓRIO, F. G. (Coord.). *Elaboração de projetos comunitários*: uma abordagem prática. São Paulo: Loyola, 1995.

_____; KRONEMBERGER, T. S. (Org.). *Gestão social e conselhos gestores*. Rio de Janeiro: FGV Ed., 2016.

_____. Gestão social: conceito. In: _____; KRONEMBERGER, T. S. (Org.). *Gestão social e conselhos gestores*. Rio de Janeiro: FGV Ed., 2016.

II. Número de participantes dos cursos LTTS/PEGS (1991-2019)

Nesta tabela não foram computados os anos de 1989 e 1990, início das atividades de extensão com a Cáritas. Nos anos de 2020 e 2021, período da pandemia da Covid-19, foram aproximadamente 300 participantes nos três cursos implementados: Gestão Comunitária e Sustentabilidade Ambiental; Gestão e Economia Solidária; Cidadania e Controle Social com Ênfase nos Conselhos Municipais.

Ano	Curso	Matriculados	Concluintes
1991	Gestão de Projetos Comunitários	10	10
1992	Administração de Projetos Comunitários	13	12
1993	Avaliação de Projetos Comunitários	8	8
1994	–	–	–
1995	–	–	–
1996	–	–	–
1997	Elaboração e Administração de Projetos	38	24
1998	Elaboração de Projetos Comunitários	33	21
1999	Administração de Projetos Comunitários	40	21
2000	–	–	–
2001	Elaboração de Projetos Comunitários	44	27
2002	Administração de Projetos Comunitários	29	23
2003	Elaboração de Projetos Comunitários	51	29
2004	Administração de Projetos Comunitários	79	56
2005	Avaliação de Projetos Comunitários	38	26
2006	Elaboração de Projetos Comunitários	57	39
2007	Administração de Projetos Comunitários	28	18
2008	Elaboração de Projetos Comunitários	53	48
2009	Administração de Projetos Comunitários	66	44
2010.1	Formação Política e Cidadania	32	21

▼

▼

Ano	Curso	Matriculados	Concluintes
2010.2	Avaliação de Projetos Comunitários	30	23
2011.1	Elaboração de Projetos Comunitários	9	9
2011.2	Formação Política e Cidadania – Os Conselhos Municipais como Referência	20	11
2012.1	Conselhos Paroquiais com Ênfase em Elaboração de Projetos	13	9
2012.2	Formação Política e Cidadania – Os Conselhos Municipais como Referência	26	23
2012 (Volta Redonda)	Formação Política e Cidadania – Os Conselhos Municipais como Referência	45	22
2013.1	Gestão Comunitária com Ênfase em Sustentabilidade Ambiental	34	24
2013.2	Formação Política e Cidadania – Os Conselhos Municipais como Referência	28	15
2014.1	Gestão Comunitária com Ênfase em Sustentabilidade Ambiental	17	13
2014.2	Formação Política e Cidadania – Os Conselhos Municipais como Referência	41	26
2015.1	Formação Política e Cidadania – Os Conselhos Municipais como Referência	27	22
2015.2	Formação Política e Cidadania – Os Conselhos Municipais como Referência	38	21
2016.1	Gestão Comunitária com Ênfase em Sustentabilidade Ambiental	15	11
2016.2	Formação Política e Cidadania – Os Conselhos Municipais como Referência	26	19
2017.1	Gestão Comunitária com Ênfase em Sustentabilidade Ambiental	26	17
2017.2	Formação Política e Cidadania – Os Conselhos Municipais como Referência	29	19
2018.1	Gestão Comunitária com Ênfase em Sustentabilidade Ambiental	30	19
2018.2	Gestão e Economia Solidária	48	30
2018.3	Formação Política e Cidadania – Os Conselhos Municipais como Referência	65	40
2019.1	Gestão Comunitária com Ênfase em Sustentabilidade Ambiental	40	26
2019.2	Gestão e Economia Solidária	46	31
2019.3	Formação Política e Cidadania – Os Conselhos Municipais como Referência	94	60
Total		**1.357**	**917**

III. Publicações

A seguir, serão identificados, em ordem decrescente (2021 a 1990), os artigos, capítulos de livros e livros publicados pelo PEGS.

Artigos

TENÓRIO, Fernando G.; TEIXEIRA, Marco Antônio Carvalho. O conceito de gestão social e a democracia regressiva no Brasil após 2016. *Administração Pública e Gestão Social*, v. 13, n. 2, 2021.

_____; ARAÚJO, Edigilson Tavares de; Mais uma vez o conceito de gestão social. *Cadernos EBAPE.BR*, Rio de Janeiro, v. 18, n. 4, out./dez. 2020.

_____. A questão social acrescida. *NAU Social*, v. 11, p. 105, 2020.

_____; PARRA, F. L. "Bolivarianismo" ou "chavismo", eis a questão? Prolegômenos. *Revista Debates Insubmissos*, v. 3, p. 10-36, 2020.

_____; FONTOURA, Fernando Batista Bandeira da. Desenvolvimento organizacional multidimensional: uma perspectiva crítica para os estudos organizacionais. *REDES*: revista do desenvolvimento regional, v. 25, p. 191-210, 2020.

_____. Uma experiência em extensão universitária: o caso PEGS/EBAPE/FGV. *Ciências em Debate*, v. 4, p. 107-117, 2020.

_____; KRONEMBERGER, T. S.; IKEDA JÚNIOR, R. Extensão universitária com gestão social: a experiência do Laboratório de Transferência de

Tecnologias Sociais (LTTS). *Revista Debates Insubmissos*, Caruaru, ano 2, v. 2, n. 6, maio/ago. 2019.

IKEDA JÚNIOR, R. et al. O Programa de Estudos em Gestão Social (PEGS/EBAPE/FGV) como instrumento do desenvolvimento e da democracia. In: ENCONTRO NACIONAL DE PESQUISADORES EM GESTÃO SOCIAL (ENAPEGS), X., 2018, Juazeiro do Norte. *Anais*... Juazeiro do Norte: Universidade Federal do Cariri, 2018.

TENÓRIO, Fernando G.; WANDERLEY, Sérgio E. de Pinho Velho. Celso Furtado: um economista a serviço da gestão pública (1943-64). *Revista Brasileira de Administração Pública (RAP)*, v. 52, p. 1, 2018.

_____. Administração e a questão social: entre o robinsonismo e o étiennismo. *Organizações & Sociedade (O&S)*, v. 23, p. 460-486, 2016.

CANÇADO, Airton Cardoso; PEREIRA, José Roberto; TENÓRIO, Fernando G. Fundamentos teóricos da gestão social. *Desenvolvimento Regional em debate (DRd)*, v. 5, p. 4-19, 2015.

_____; _____; _____. Social management beyond procrustes? BEDi: ontological, epistemological and methodological considerations. *Business and Management Review*, v. 4, n. 5, jan., 2015.

_____ (Ed. convidado). Gestão social: teoria e prática. *Revista de Ciência da Administração*, v. 17, 2015. Ed. especial.

ZANI, F. B.; TENÓRIO, Fernando G. Gestão social do desenvolvimento: o desafio da articulação de atores sociais no Programa Territórios da Cidadania Norte-RJ. *Organizações & Sociedade (O&S)*, v. 21, p. 853-873, 2014.

TENÓRIO, Fernando G.; KRONEMBERGER, Thais Soares; LAVINAS, Laís Villela. Gestão social, extensão e Teologia da Libertação: uma análise a partir de um projeto junto a comunidades. *Revista de Ciências da Administração (RCA)*, v. 39, p. 224-235, 2014.

CANÇADO, Airton Cardoso; PEREIRA, José Roberto; TENÓRIO, Fernando G. Possibilidades da gestão social como campo do conhecimento científico: considerações sobre os critérios de demarcação. *NAU Social*, v. 5, p. 33-51, 2014.

TENÓRIO, Fernando G.; SOARES, Vanessa Brulon; ZARCONI, Lucas Farias. Por uma superação da relação falaciosa entre turismo e desenvolvimento local: uma análise do turismo em comunidades à luz da gestão social. *Cadernos Gestão Pública e Cidadania*, v. 19, p. 1-23, 2013.

KRONEMBERGER, Thais Soares; TENÓRIO, Fernando G.; DIAS, A. F.; BARROS, Ana Clara. Os conselhos municipais de políticas públicas sob o olhar da comunidade: uma experiência de extensão universitária. *Desenvolvimento em Questão*, v. 10, p. 146-177, 2012.

TENÓRIO, Fernando G. The Janus look of administration. Wich look? *International Journal of Management*, v. 29, n. 3, p. 383-397, set. 2012.

PEREIRA, José Roberto; ALLEBRANT, S. L.; SAUSEN, J. O.; TENÓRIO, Fernando G. A gestão social no contexto do Programa Territórios da Cidadania: os casos dos municípios de Braga, Campo Novo e Coronel Bicaco-RS. *Administração Pública e Gestão Social*, v. 3, p. 43-65, 2011.

TENÓRIO, Fernando G. A unidade dos contrários: fordismo e pós-fordismo. *Revista de Administração Pública (RAP)*, v. 45, p. 1141-1172, 2011.

CRUZ, Breno de Paula; MELO, W. S.; MALAFAIA, Fernando César Benevenuto; TENÓRIO, Fernando G. Extensão universitária e responsabilidade social: 20 anos de experiência de uma instituição de ensino superior. *Revista de Gestão Social e Ambiental (RGSA)*, v. 5, p. 6-16, 2011.

CANÇADO, Airton Cardoso; PEREIRA, José Roberto; TENÓRIO, Fernando G.; RIGO, A. S.; OLIVEIRA, V. A. R. Gestão social: conhecimento e produção científica nos Enapegs 2007-2010. *Administração Pública e Gestão Social*, v. 3, p. 115-137, 2011.

ZANI, F. B.; TENÓRIO, Fernando G. Gestão social do desenvolvimento: a exclusão dos representantes dos empresários? *Cadernos EBAPE. BR*, v. IX, p. 780-802, 2011.

CANÇADO, Airton Cardoso; TENÓRIO, Fernando G.; PEREIRA, José Roberto. Gestão social: reflexões teóricas e conceituais. *Cadernos EBAPE.BR*, v. IX, p. 681-703, 2011.

TENÓRIO, Fernando G. O drama de ser dois: um sociólogo engravatado. *Organizações & Sociedade (O&S)*, v. 17, p. 29-46, 2010.

_____. A modernidade e a pós-modernidade servidas em dois jantares. *Cadernos EBAPE.BR*, v. 7, p. 473-491, 2009.

_____. Gestão social: uma réplica. *Revista ADM.MADE*, v. 13, p. 1-4, 2009.

CARDOSO, R. L.; SARAVIA, E. J.; TENÓRIO, Fernando G.; SILVA, M. A. Regulação da contabilidade: teorias e análise da convergência dos padrões contábeis brasileiros aos IFRS. *Revista de Administração Pública (RAP)*, v. 43, p. 773-799, 2009.

TENÓRIO, Fernando G.; MONJE, P. Desarrollo local: una visión histórica del concepto. *Economía Crítica y Desarrollo*, Santiago de Chile, v. 3, n. 5, p. 95-123, 2008.

_____. Entrevista com Fernando Guilherme Tenório: coordenador do Programa de Estudo em Gestão Social da Fundação Getulio Vargas. *Revista Acadêmica Observatório de Inovação do Turismo*, v. 2, p. 1-9, 2007.

_____. A trajetória do Programa de Estudos em Gestão Social (PEGS). *Revista Brasileira de Administração Pública (RAP)*, v. 40, n. 6, p. 1145-1162, nov./dez. 2006.

_____. (Re)visitando o conceito de gestão social. *Desenvolvimento em Questão*, v. 3, p. 101-124, 2005.

_____; FIGUEIREDO, Paulo N.; BICALHO, Eduardo Barbuto; REIS, Gianne Cristina dos; ALMEIDA, Gisele Avena de; TEIXEIRA, Vanessa Siqueira A.; MAGALHÃES, Carla Marisa; DUTRA, José Luís. Implicações das mudanças tecnológicas para a administração pública brasileira: o caso do Ministério da Fazenda. *Cadernos EBAPE.BR*, v. 2, p. 1-73, 2004.

_____. Gestión pública o gestión social? Un caso de estudio. *Revista Chilena de Administración Pública/Estado, Gobierno, Gestión Pública*, v. 2, p. 78-96, 2003.

_____. PALMEIRA, J. N. Manutenção produtiva total: um estudo de caso no Brasil. *Revista Portuguesa e Brasileira de Gestão*, Lisboa, v. 2, p. 106-119, 2003.

_____. (Neo)tecnocratas ou (neo)bobos? Eis a questão. *Organizações & Sociedade (O&S)*, v. 10, p. 107-117, 2003.

STRAUCH, C. A.; TENÓRIO, Fernando G. Influências do modelo de gestão japonês no gerenciamento das cadeias de varejo. *Revista ADM. MADE*, v. 2, p. 25-44, 2002.

COUTINHO, M. M.; TENÓRIO, Fernando G. Notas sobre a participação cidadã na gestão pública na área de desenvolvimento urbano da cidade do Rio de Janeiro (mar. a dez. 1999). *Revista Brasileira de Administração Pública (RAP)*, v. 35, p. 229-234, 2001.

TENÓRIO, Fernando G.; ZIMBRÃO, A. C. S.; DUTRA, José Luís de Abreu; SILVA, L.; SILVA, M. C.; CERQUEIRA, L.; COUTINHO, M. M. Participação cidadã na gestão pública: relatório das práticas e das representações sociais (cidade do Rio de Janeiro e município de Nova Friburgo). *Cadernos EBAP.BR*, v. 112, p. 1-172, 2001.

_____. PEGS: 10 anos depois. *Revista Brasileira de Administração Pública (RAP)*, v. 35, p. 189-191, 2001.

_____; STORINO, G. R. A sociedade é protagonista na relação com o Estado? *Cadernos Gestão Pública e Cidadania*, v. 15, p. 1-27, 2000.

_____. Aliança e parceria: uma estratégia em Alves & Cia. *Revista Brasileira de Administração Pública (RAP)*, v. 34, n.3, p. 35-52, maio/jun. 2000.

REIS, Gianne Cristina dos; TENÓRIO, Fernando G. As transformações no mundo do trabalho. *Revista Brasileira de Administração Pública (RAP)*, v. 34, p. 221-223, 2000.

TENÓRIO, Fernando G.; COUTINHO, M. M. Breve relato do workshop de treinamento em avaliação de políticas sociais. *Revista Brasileira de Administração Pública (RAP)*, v. 34, p. 183-184, 2000.

PASSERI, E. L.; TENÓRIO, Fernando G. Gestão de recursos humanos: gerenciamento do impacto da tecnologia da informação no setor serviços, uma amostra. *Revista ADM.MADE*, v. 1, p. 10-22, 2000.

TENÓRIO, Fernando G.; SALES, I. C.; BERTHO, H.; ZIMBRÃO, A. C. S.; DUTRA, J. L. A.; SILVA, L.; BICUDO, V. R. Programa de capacitação comunitária para o desenvolvimento regional – o local como referência: proposta pedagógica e metodológica. *Revista Brasileira de Administração Pública (RAP)*, v. 34, p. 147-151, 2000.

_____; SALES, I. C.; BERTHO, H.; ZIMBRÃO, A. C. S.; DUTRA, J. L. A.; SILVA, L.; BICUDO, V. R. Programa de capacitação comunitária para o desenvolvimento regional – o local como referência: uma proposta metodológica preliminar. Parte I – Estratégia de intervenção. *Revista Brasileira de Administração Pública (RAP)*, v. 34, p. 261-266, 2000.

_____. Programa de Estudos em Gestão Social: memorial (dezembro de 1998). *Revista Brasileira de Administração Pública (RAP)*, v. 33, n. 2, p. 183-189, mar./abr. 1999.

_____; ZIMBRÃO, A. C. S.; PECI, A.; LEAL, C. D.; DUTRA, J. L. A.; SILVA, L.; BARROS, M. A. N.; CALDERON, P. A. L.; BICUDO, V. R. Análise do processo de uma experiência em construção de projetos comunitários: para repensar a formação do administrador. *Revista Brasileira de Administração Pública (RAP)*, v. 33, p. 155-169, 1999.

_____; COSTA, F. L. Bases conceituais e metodológicas para o estudo da participação cidadã na gestão pública: entre práticas e representações sociais. *Cadernos EBAP*, v. 93, p. 1-39, 1999.

_____. Inovando com democracia, ainda uma utopia. *Revista Brasileira de Administração Pública (RAP)*, v. 33, p. 229-238, 1999.

_____. Inovando com democracia, ainda uma utopia. *Novos Cadernos NAEA*, v. 2, p. 149-162, 1999.

BICUDO, V. R.; TENÓRIO, Fernando G. O impacto de modelos de gestão nas relações de trabalho e nos riscos à saúde dos trabalhadores: em busca de formas gerenciais participativas. *Revista Brasileira de Administração Pública (RAP)*, v. 33, p. 117-120, 1999.

DUTRA, J. L. A.; TENÓRIO, Fernando G. O processo de tomada de decisões nas cooperativas de trabalho. *Revista Brasileira de Administração Pública (RAP)*, v. 33, p. 153-156, 1999.

BARROS, M. A. N.; TENÓRIO, Fernando G. O terceiro setor como campo de pesquisa e mercado de trabalho para os profissionais de administração. *Revista Brasileira de Administração Pública (RAP)*, v. 33, p. 187-190, 1999.

TENÓRIO, Fernando G. Programa de Estudo em Gestão Social: memorial (dezembro de 1998). *Revista Brasileira de Administração Pública (RAP)*, v. 33, p. 183-189, 1999.

_____; COSTA, F. L. Relatório marco legal da participação cidadã no município do Rio de Janeiro. *Cadernos EBAPE.BR*, v. 95, p. 1-34, 1999.

_____. Um espectro ronda o terceiro setor: o espectro do mercado. *Revista Brasileira de Administração Pública (RAP)*, v. 33, p. 85-102, 1999.

_____ (Org.). Banco de dados sobre as relações trabalho-capital e sociedade-Estado. *Cadernos EBAP*, n. 99, nov. 1999.

_____ (Org.). Banco de dados sobre as relações trabalho-capital e sociedade-Estado. *Cadernos EBAP*, n. 97, ago. 1999.

_____. Formação para gestão social. *Revista Brasileira de Administração Pública (RAP)*, v. 32, n. 2, p. 209-212, mar./abr. 1998.

_____. Tecnologia da informação como instrumento de apoio ao analista simbólico. *Organizações & Sociedade (O&S)*, v. 5, 1998.

_____. Gestão social: uma perspectiva conceitual. *Revista Brasileira de Administração Pública (RAP)*, v. 32, n. 5, p. 7-23, set./out. 1998.

_____. O trabalho numa perspectiva teórico-crítica: um exercício conceitual. *Organizações & Sociedade (O&S)*, v. 4, n. 10, set./dez. 1997.

_____. Escritório-modelo de elaboração de projetos sociais. *Revista Brasileira de Administração Pública (RAP)*, v. 31, n. 6, p. 175-180, nov./dez. 1997.

_____. Gestão pública e cidadania: metodologias participativas em ação. *Revista de Administração Pública (RAP)*, v. 31, p. 101-125, 1997.

_____. Projeto cidadania e municipalidade. *Revista Brasileira de Administração Pública (RAP)*, v. 31, n. 4, p. 293-298, jul./ago. 1997.

_____. Globalização e gestão social. *Revista Brasileira de Administração Pública (RAP)*, v. 31, n. 2, p. 205-206, 1997.

_____. O Estado empresário brasileiro, notas histórico-ideológicas. *Cadernos EBAP*, v. 85, 1997.

_____. Superando a ingenuidade: minha dívida a Guerreiro Ramos. *Revista Brasileira de Administração Pública (RAP)*, v. 31, 1997.

______; ROZENBERG, Jacob E. Pesquisa: metodologias participativas, experiências. *Revista Brasileira de Administração Pública (RAP)*, v. 30, n. 6, p. 181-184, nov./dez. 1996.

______. Contiene dialogicidad la calidad? Un análises crítico de la calidad total. *Reforma y Democracia*, v. 6, p. 183-206, 1996.

______. O mythos da razão administrativa. *Revista de Administração Pública (RAP)*, v. 27, 1993.

______ et al. Planejamento e compromisso de gestão: a experiência do I Encontro de Dirigentes do Ministério da Agricultura e Reforma Agrária. *Revista de Administração Pública (RAP)*, v. 27, n. 1, p. 1214-1243, jan./mar. 1993.

______. O Programa de Estudos em Gestão Social da EBAP/FGV: relato de pesquisas com metodologias participativas. *EBAP: Cadernos de Pesquisa*, v. 5, 1993.

______. Zeus condena Sísifo. *Revista de Administração e Política*, Fundação Escola de Serviço Público do Estado do Rio de Janeiro, ano 15, n. 106, dez. 1992.

______. Projetos comunitários: elaborando um referencial teórico. *Revista de Administração Pública (RAP)*, v. 25, 1991.

______. O mito da participação. *Revista de Administração Pública (RAP)*, v. 24, 1990.

______. Tem razão a administração? *Revista de Administração Pública (RAP)*, v. 24, 1990.

Capítulos de livros

IKEDA JÚNIOR, R.; TENÓRIO, Fernando G. Aspectos metodológicos do projeto "Gestão Social e Cidadania: o controle social do desenvolvimento regional". In: CANÇADO, Airton Cardoso; TENÓRIO, Fernando G. *Controle social de territórios*: teoria e prática. Ijuí: Ed. Unijuí, 2018. v. 4, p. 29-52.

KRONEMBERGER, Thais Soares; GUEDES, Cezar Augusto Miranda; TENÓRIO, Fernando G. Desenvolvimento territorial rural em perspectiva comparada: Brasil e Argentina. In: TENÓRIO, Fernando G.; VILLELA, Lamounier Erthal. *Controle social de territórios*: teoria e prática. Ijuí: Ed. Unijuí, 2018. v. 3, p. 149-178.

AZEVEDO, Laércio P.; KRONEMBERGER, Thais Soares; TENÓRIO, Fernando G. Empreendedorismo *versus* gestão social. In: CANÇADO, Airton Cardoso; TENÓRIO, Fernando G. *Controle social de territórios*: teoria e prática. Palmas: EdUFT, 2018. v. 1, p. 95-122.

TENÓRIO, Fernando G.; ALTIERI, Diego; KRONEMBERGER, Thais Soares. Gestão e controle social: perspectiva comparada. In: CANÇADO, Airton Cardoso; TENÓRIO, Fernando G. *Controle social de territórios*: teoria e prática. Ijuí: Ed. Unijuí, 2018. v. 4, p. 103-136.

JELIHOVSCHI, A. P. G.; CRESPO, Antônio Alexander Franco; TENÓRIO, Fernando G.; KRONEMBERGER, Thais Soares. Interfaces conceituais entre patriotismo constitucional e gestão social: um estudo de caso. In: TENÓRIO, Fernando G.; VILLELA, Lamounier Erthal. *Controle social de territórios*: teoria e prática. Ijuí: Ed. Unijuí, 2018. v. 3, p. 17-42.

KRAEMER, Carlos Frederico Bom; VILLELA, L. E.; TENÓRIO, Fernando G. O Programa Nacional de Alimentação Escolar no município de Mangaratiba-RJ: um estudo a partir da gestão e do controle social. In: TENÓRIO, Fernando G.; ALLEBRANDT, Sérgio Luís. *Controle social de territórios*: teoria e prática. Ijuí: Ed. Unijuí, 2018. v. 2, p. 233-286.

IKEDA JÚNIOR, R.; VILLELA, L. E.; TENÓRIO, Fernando G.; NASCIMENTO, Carlos A. Sarmento. Um olhar sobre o controle social e o desenvolvimento no território dos megaempreendimentos sob a perspectiva de atores locais. In: TENÓRIO, Fernando G.; ALLEBRANDT, Sérgio Luís. *Controle social de territórios*: teoria e prática. Ijuí: Ed. Unijuí, 2018. v. 2, p. 309-340.

TENÓRIO, Fernando G. Gestão Social: conceito. In: ______; KRONEMBERGER, T. S. (Org.). *Gestão social e conselhos gestores*. Rio de Janeiro: FGV Ed., 2016. v. 3, p. 13-34.

_____. Gestão social: território e participação. In: _____. *Cidadania, território e atores sociais*. Rio de Janeiro: FGV Ed., 2016. v. 4, p. 61-86.

_____. A unidade dos contrários: fordismo e pós-fordismo. In: _____; VALLE, Rogerio. *Fábrica de software*. Rio de Janeiro: FGV Ed., 2013. p. 15-74.

_____. La gestión social como instrumento para el desarrollo de la industria creativa. In: FERRE LUES, Marcela. *Análisis crítico y perspectivas de la industria cultural*. Santiago de Chile: Ed. Arcis, 2013. v. 3, p. 35-42.

_____; LOPES, J. F. R.; MELO, W. S. O Programa Territórios da Cidadania: uma política territorial? In: TENÓRIO, Fernando G.; MONJES-REYES, Pablo; *Ciudadanía, territorio y políticas públicas*. Santiago de Chile: Ed. Arcis, 2013. p. 15-46.

_____. Escopo teórico. In: _____. *Cidadania e desenvolvimento local*: critérios de análise. Rio de Janeiro: FGV Ed., 2012. v. 1, p. 19-34.

_____. Gestão social, um conceito não idêntico? Ou a insuficiência inevitável do pensamento. In: CANÇADO, Airton Cardoso; TENÓRIO, Fernando G.; SILVA JR., Jeová Torres (Org.). *Gestão social*: aspectos teóricos e aplicações. Ijuí: Ed. Unijuí, 2012. p. 23-36.

_____. O drama de ser dois: um sociólogo engravatado. In: _____. *O Brasil em evidência*: a utopia do desenvolvimento. Rio de Janeiro: FGV Ed., 2012. p. 440-471.

_____; VILLELA, L. E.; DIAS, A. F.; MELO, W. S.; LOPES, J. F. R. A. Relação entre a sociedade civil e o Estado na formulação de políticas públicas na microrregião de Garanhuns. In: PEREIRA, José Roberto; CANÇADO, Airton Cardoso; SILVA JR.; Jeová Torres; RIGO, Ariádne Scalfoni (Org.). *Gestão social e gestão pública*: interfaces e delimitações. Lavras: Ed. Ufla, 2011. p. 59-78.

_____. Descentralização político-administrativa, gestão social e participação cidadã. In: DALLABRIDA, Valdir Roque (Org.). *Gestão territorial e desenvolvimento*: descentralização político-administrativa, estruturas subnacionais de gestão do desenvolvimento e capacidades estatais. Rio de Janeiro: Garamond, 2011. p. 73-93.

CANÇADO, Airton Cardoso; PEREIRA, José Roberto; TENÓRIO, Fernando G.; RIGO, A. S.; OLIVEIRA, V. A. R. Gestão social: conhecimento e produção científica nos Enapegs 2007-2010. In: SCHOMMER, Paula Chies; BOULLOSA, Rosana de Freitas (Org.). *Gestão social como caminho para a redefinição da esfera pública*. Florianópolis: Ed. Udesc, 2011. v. V, p. 167-190.

______; DIAS, A. F. Gestão social: ensino, pesquisa e prática – Pró-Administração – Capes. In: SCHOMMER, Paula Chies; BOULLOSA, Rosana de Freitas (Org.). *Gestão social como caminho para a redefinição da esfera pública*. Florianópolis: Ed. Udesc, 2011. v. V, p. 211-215.

DIAS, Anderson Felisberto; MACHADO, Beatriz dos Santos; OLIVEIRA, C. T. F.; OSIAS, Claudio de Souza; TENÓRIO, Fernando G.; MARCHITO, Mirella; ALGRANTI, Patricia; MUANIS, Rodolfo; SCHIMITT, Valentina. Intensidade do trabalho no setor hoteleiro da cidade do Rio de Janeiro. In: BARBOSA, Luiz Gustavo Medeiros. *Observatório de inovação do turismo*. Rio de Janeiro: FGV Projetos, 2011. p. 337-362.

TENÓRIO, Fernando G. Gestão social: uma réplica. In: RIGO, Ariádne Scalfoni; SILVA JR., Jeová Torres; SCHOMMER, Paula Chies; CANÇADO, Airton Cardoso (Org.). *Gestão social e políticas públicas de desenvolvimento*: ações, articulações e agenda. Recife: Ed. Univasf, 2010. v. 3, p. 53-60.

______; VILLELA, L. E.; DIAS, A. F.; LIMA, Mariana. Metodologia de construção dos critérios para a avaliação de processos decisórios participativos deliberativos na implementação de políticas públicas. In: CANÇADO, Airton Cardoso. *Gestão social e políticas públicas de desenvolvimento*: ações, articulações e agenda. Recife: Ed. Univasf, 2010. v. 3, p. 394-401.

______; DUTRA, José Luís de Abreu; TELLES, G.; SILVA, L. A. G.; SANTOS, P. C.; COUTO, R.; MENDONÇA, T. C. M. Gestão social e turismo: projeto turístico socialmente sustentável da Prainha do Canto Verde (Beberibe, Ceará). In: ESCOLA BRASILEIRA DE ADMINISTRAÇÃO PÚBLICA E DE EMPRESAS, NÚCLEO DE TURISMO (Org.). *Observatório de inovação do turismo*. Rio de Janeiro: FGV Ed., 2009. p. 91-129.

_____. (Re)visitando o conceito de gestão social. In: _____. *Gestão social*: práticas em debate, teorias em construção. Fortaleza: Imprensa Universitária, 2008. p. 39-59.

_____. Aprendizagens a partir da Espanha-Catalunha. In: _____. *Cidadania e desenvolvimento local*. Ijuí: Ed. Unijuí, 2007. p. 529-592.

_____. Cidadania. In: _____. *Cidadania e desenvolvimento local*. Ijuí: Ed. Unijuí, 2007. p. 25-70.

_____. Desenvolvimento local. In: _____. *Cidadania e desenvolvimento local*. Ijuí: Ed. Unijuí, 2007. p. 71-104.

_____. Desenvolvimento local com cidadania. In: _____. *Cidadania e desenvolvimento local*. Ijuí: Ed. Unijuí, 2007. p. 105-137.

_____. Método da pesquisa. In: _____. *Cidadania e desenvolvimento local*. Ijuí: Ed. Unijuí, 2007. p. 139-155.

_____. (Re)visitando el concepto de gestión social. In: VÉLEZ CANELO, Rosajilda. *Exclusión social, políticas incluyentes y gerencia social*. Lima: Foncodes; Indes, 2007. p. 160-175.

_____; MARQUES FILHO, H. Cidadania deliberativa: um estudo de caso. In: JACOBI, Pedro; PINHO, José Antonio (Org.). *Inovação no campo da gestão pública local*: novos desafios, novos patamares. Rio de Janeiro: FGV Ed., 2006. p. 99-118.

_____; SARAVIA, E. J. Esforços sobre gestão pública e gestão social. In: MARTINS, Paulo Emílio Matos; PIERANTI, Octavio Penna (Org.). *Estado e gestão pública*: visões do Brasil contemporâneo. Rio de Janeiro: FGV Ed., 2006. p. 107-132.

_____. (Re)visitando o conceito de gestão social. In: ADDOR, Felipe; LIANZA, Sidney (Coord.). *Tecnologia e desenvolvimento social e solidário*. Porto Alegre: Ed. UFRGS, 2005. p. 151-171.

_____. Obstáculos a la modernización de los gobiernos locales: la persistencia de formas tradicionales en la dominación política. Un estudio en el Nordeste brasileño. In: CONGRESO INTERNACIONAL DEL CLAD. Santiago de Chile, out. 2005. *Anales*... Clad, 2005.

_____. Inclusão social por meio de parcerias no apoio ao desenvolvimento local. In: CONGRESO INTERNACIONAL DEL CLAD. Madri, 2004. *Anales*... Clad, 2004.

_____. Trabalho voluntário: isonomia ou economia? In: ENCONTRO DE ADMINISTRAÇÃO PÚBLICA E GOVERNANÇA. Rio de Janeiro, 2004. *Anais*... ENAPG, 2004.

_____. (Neo)tecnocratas ou (neo)bobos? Eis a questão. In: VIEIRA, Marcelo Milano Falcão; CARVALHO, Cristina Amélia. *Organizações, instituições e poder no Brasil*. Rio de Janeiro: FGV Ed., 2003. p. 123-139.

_____. Assimetria na relação eu-tu. In: AGOSTINHO, Márcia E. et al. (Org.). *Convivencialidade*: a expressão da vida nas empresas. São Paulo: Atlas, 2002. p. 81-92.

_____. Parcerias em gestão social: uma experiência de organização para o desenvolvimento de comunidades. In: ENCONTRO DA ASSOCIAÇÃO NACIONAL DE PÓS-GRADUAÇÃO EM ADMINISTRAÇÃO. Foz do Iguaçu, 1998. *Anais*... Anpad, 1998.

_____. Metodologias participativas, experiências em gestão pública e cidadania. In: ENCONTRO DA ASSOCIAÇÃO NACIONAL DE PÓS-GRADUAÇÃO EM ADMINISTRAÇÃO. Angra dos Reis, 1997. *Anais*... Anpad, 1997.

_____. *A gestão universitária no contexto atual*: cadernos de avaliação institucional. Ijuí: Ed. Unijuí, dez. 1997.

Livros

TENÓRIO, Fernando G.; CANÇADO, A. C.; PEREIRA, José Roberto. *Gestión social*: epistemología de un paradigma. Cuenca: Universidad del Azuay/Casa Editora, 2019.

_____; WANDERLEY, Sérgio E. de Pinho Velho (Org.). *Peregrinos da ordem do desenvolvimento*. Ijuí: Ed. Unijuí, 2019.

_____ (Org.). *Controle social de territórios*: teoria e prática. Palmas: EdUFT, 2018. v. 1.

ALLEBRANDT, Sérgio Luís; TENÓRIO, Fernando G. (Org.). *Controle social de territórios*: teoria e prática. Ijuí: Ed. Unijuí, 2018. v. 2.

LAMOUNIER, Erthal Villela; TENÓRIO, Fernando G. (Org.). *Controle social de territórios*: teoria e prática. Ijuí: Ed. Unijuí, 2018. v. 3.

CARDOSO, Airton; TENÓRIO, Fernando G. (Org.). *Controle social de territórios*: teoria e prática. Ijuí: Ed. Unijuí, 2018. v. 4.

TENÓRIO, Fernando G.; VALLE, Rogério (Org.). *Gestão comunitária com ênfase em sustentabilidade ambiental.* Rio de Janeiro: FGV Ed., 2018.

_____. *Uma alternativa*: gestão social. Ijuí: Ed. Unijuí, 2016.

KRONEMBERGER, Thais Soares; TENÓRIO, Fernando G. (Org.). *Gestão social e conselhos gestores.* Rio de Janeiro: FGV Ed., 2016.

TENÓRIO, Fernando G. (Org.). *Cidadania, território e atores sociais.* Rio de Janeiro: FGV Ed., 2016.

CANÇADO, Airton Cardoso; PEREIRA, José Roberto; TENÓRIO, Fernando G. *Gestão social*: epistemologia de um paradigma. Curitiba: CRV, 2013.

TENÓRIO, Fernando G. *O pensamento organizacional sob o olhar de Janus*: ensaios críticos. Ijuí: Ed. Unijuí, 2013.

_____ (Org.). *Gestão social e gestão estratégica*: experiências em desenvolvimento territorial. Rio de Janeiro: FGV Ed., 2013.

MONJE-REYES, Pablo; TENÓRIO, Fernando G. (Ed.). *Ciudadanía, território y políticas públicas*. Santiago de Chile: Editorial Arcis, 2013.

TENÓRIO, Fernando G. (Org.). *Cidadania e desenvolvimento local*: critérios de análise. Rio de Janeiro: FGV Ed., 2012.

CANÇADO, Airton Cardoso; SILVA JR., Jeová Torres; TENÓRIO, Fernando G. (Org.). *Gestão social*: aspectos teóricos e aplicações. Ijuí: Ed. Unijuí, 2012.

TENÓRIO, Fernando G.; VALLE, Rogério (Org.). *Fábrica de software.* Rio de Janeiro: FGV Ed., 2012.

MONJE-REYES, Pablo; TENÓRIO, Fernando G. *Ciudadanía, participación y desarrollo local.* Santiago de Chile: Editorial Arcis, 2010.

TENÓRIO, Fernando G. (Org.). *Gestão comunitária*: uma abordagem prática. Rio de Janeiro: FGV Ed., 2008.

BARBOSA, Luis Gustavo Medeiros; TENÓRIO, Fernando G. (Org.). *O setor turístico* versus *a exploração sexual na infância e na adolescência.* Rio de Janeiro: FGV Ed., 2008.

TENÓRIO, Fernando G. *Um espectro ronda o terceiro setor, o espectro do mercado*: ensaios de gestão social. Ijuí: Ed. Unijuí, 2008.

_____ (Org.). *Tecnologia da informação transformando as organizações e o trabalho*. Rio de Janeiro: FGV Ed., 2007.

_____ (Org.). *Cidadania e desenvolvimento local*. Ijuí: Ed. Unijuí, 2007.

_____ (Org.). *Responsabilidade social empresarial*: teoria e prática. Rio de Janeiro: FGV Ed., 2006.

_____ (Org.). *Gestão social*: metodologias e casos. Rio de Janeiro: FGV Ed., 2004.

_____. *Um espectro ronda o terceiro setor*: o espectro do mercado. Ijuí: Ed. Unijuí, 2003.

PALMEIRA, Jorge Nassar; TENÓRIO, Fernando G. *Flexibilização organizacional*: aplicação de um modelo de produtividade total. Rio de Janeiro: FGV Ed., 2002.

TENÓRIO, Fernando G. *Flexibilização organizacional*: mito ou realidade? Rio de Janeiro: FGV Ed., 2002.

_____. *Tem razão a administração?* Ensaios de teoria organizacional. Ijuí: Ed. Unijuí, 2002.

_____. Gestão pública ou gestão social? Um estudo de caso. In: CONGRESO INTERNACIONAL DEL CLAD, Lisboa, 2002. *Anales*... Clad, 2002.

_____; FILHO, Humberto M. Cidadania deliberativa: um estudo de caso. In: CONGRESO INTERNACIONAL DEL CLAD. Lisboa, 2002. *Anales*... Clad, 2002.

_____. Uma experiência metodológica de pesquisa em administração pública. In: CONGRESO INTERNACIONAL DEL CLAD. Buenos Aires, 2001. *Anales*... Clad, 2001.

_____ (Coord.). *Gestão social*: metodologia, casos e práticas. Rio de Janeiro: FGV Ed., 1998.

_____ (Org.). *Gestão de ONGs*: principais funções gerenciais. Rio de Janeiro: FGV Ed., 1997.

_____ (Org.). *Elaboração de projetos comunitários*: abordagem prática. São Paulo: Loyola, 1995.

_____ (Org.). *Administração de projetos comunitários*: abordagem prática. São Paulo: Loyola, 1995.

_____ (Org.). *Avaliação de projetos comunitários*: abordagem prática. São Paulo: Loyola, 1995.

Verbetes de dicionários

TENÓRIO, Fernando G. *Gestão social*. In: GIOVANNI, Geraldo de; NOGUEIRA, Marco A. (Org.). *Dicionário de políticas públicas*. 2. ed. São Paulo: Ed. Unesp; Fundap, 2015. p. 411-413.

_____. *Democracia*. In: BOULLOSA, Rosana de F. (Org.). *Dicionário para formação em gestão social*. Salvador: Ed. Ciags, 2014. p. 45-47.

Este livro foi impresso nas oficinas gráficas da Editora Vozes Ltda.,
Rua Frei Luís, 100 – Petrópolis, RJ.